教育研究法

林重新◎編著

教育研究法

林重新◎編著

目　錄

第**1**章

●●●

教育研究的內涵

一、人類知識的來源

人類獲得知識的來源有：

1. 權威：訴諸權威是一種既簡單又快速的獲取知識的方式，權威包括教師、書本、專家、資訊媒體等，雖然方便，但也有其限制，有時權威人士所傳達的訊息不一定是正確的，也有可能具有某種的偏見。

2. 傳統：傳統是前人所遺留下來的經驗或智慧，同樣的，有些傳統不一定是對的，例如中國人非常相信黃曆，婚喪喜慶有時會看黃曆來選擇「好日子」，若禮拜天是好日子，則多數人會擠在這一天結婚，但是就沒有人做過調查，禮拜天好日子結婚的離婚率是否有明顯低於不是黃曆所言的好日子結婚的離婚率，傳統的影響非常的深遠，多數人未曾去探究其真偽。

3. 常識：常識是個人看起來合理的事，但是經過驗證之後不一定合理，例如，涂爾幹曾經透過實證的方式推翻了一般人的常識──自殺會模仿，涂爾幹發現臨近自殺率很高的國家，其自殺率不一定會因此而提高。

4. 媒體報導：目前是一個資訊發達的社會，媒體的影響相當的深遠，以台灣的發展為例，雖然電視台明顯的增加，但卻不一定越來越反映事實的真相，以前幾年美國在中東所打的波灣戰爭為例（沙漠風暴），幾乎所有的電視台都是從美國人的立場來報導的，其實美國人聯絡了那麼多的強國打贏這場戰爭也不是一件光榮的事，更不用提伊拉克的重大傷亡根本很少被報導。

5. 個人經驗：個人經驗是知識的重要來源，經驗論者洛克即認為知識必須透過感官知覺而取得，但是觀念主義反駁道經驗並非都是真實的，如夢境；再比如我們會觀察到水中的筷子會產生折射的現象，個人的經驗有時不是很準確，原因是受到許多因

素的干擾，例如，選擇性的觀察、過度概化、遺忘、回憶的干擾或者心向等。

6. 採用邏輯法則：最早提出有系統的推論方法是古希臘時代的亞里斯多德，他提出著名的演繹法（deduction），又稱為三段論法（syllogism），其推論的程序為：

大前提：所有的人都會死
小前提：蘇格拉底也是人
結論：所以蘇格拉底會死

在此大前提，小前提是一種命題（proposition），其論證的結論必須由前提而來，若前提為真則為有效論證，相反的，若前提為偽，則其後的推論是錯誤的，例如，不久的將來，若人可以透過基因工程而推翻人都會死的命題，則此種演繹推理的結果（人都會死）可能是錯的。在中古世紀，基督教曾大量引用演繹法來證明其學說確實可信，後來培根提出新工具——歸納法（inductive reasoning）作為歸納的原理原則，判斷真偽的方法，與演繹法對照，歸納法具有四項特色（張春興，民85）：

1. 歸納法的推理是依據一些具體的果實，而不是普遍性的原則。
2. 歸納法是以多個事例中彼此類似的地方作為推論的依據，所以歸納法又稱為類推論證（argument by analogy）。
3. 歸納法在邏輯上是採用「機率原則」，也就是在正常的情形下應該……，但也有可能產生例外，目前推論統計所設定的 α 值（第一類型錯誤）即是在計算推論錯誤的可能性有多少。
4. 在推論法中每一個命題所包含的名詞都一樣，不像在三段論法之中有大前提、小前提之分。例如：

第一事例：實驗組1號生明顯優於控制組1號生

第二事例：實驗組2號生明顯優於控制組2號生

第三事例：實驗組3號生明顯優於控制組3號生

……

歸納通則：實驗組明顯優於控制組

二、科學方法

科學是以嚴謹的態度與程序來追求知識，上述六種尋求知識的方法各有優、缺點，而科學的方法統整了歸納與演繹方法而成為歸納－演繹法（inductive-deductive method），其程序是先透過觀察來蒐集資料，並依據資料蒐集的結果來形成一個假設，再依假設來演繹其邏輯關係，最後將演繹的結果用來判斷假設之真、偽，在這樣的程序中，其最大的特色是含有假設的檢證，是為科學研究的基本特色。

科學是一種制度，用以產生知識，其起源大約是在歐洲的理性時代或啟蒙時代（1600～1800），當時，由於人們理性的覺醒，開始質疑傳統的權威，另一方面也強調邏輯與物質經驗，而科學的研究是從自然界開始而擴及人文科學。

由於科學知識的發達，產生了一批人信仰共同的科學的態度、規範、行為、價值觀、道德標準、技術與訓練，他們是一群專業的人士，稱為科學社群（scientific community）（朱柔若，民88）。科學社群的人士包括了許多的專業人士（律師、醫師、建築師……）與具有碩、博士學位的研究人員，科學社群具有五項的基本規範：(1)一視同仁：研究只依據其科學的價值加以判斷，而不依其作者之性別、年齡、種族或研究的地點來判斷；(2)組織化的懷疑論：科學家不應該理所當然的接受任何的證據，而應保持著質疑的態度對研究加以嚴密的審查與批判；(3)開放的心靈：科學家應保持客觀、中立、心思敏銳、

不排斥非預期的結果或新觀念，科學家應該接受或主動尋找與其本身立場相反的證據，對於所有高品質的研究，不管其立場是否與科學家本身的立場一致，都應該要誠實的接受；(4)共享主義：科學家所發現的科學知識是屬於每一個人，應與所有人共享，一個很好的例子，是美國在基因圖譜上的研究，其結果開放給世界科學人士的參考；(5)誠實：科學研究更重視誠實，包括證據的真、僞，是否遵守研究的倫理等（朱柔若，民88）。

科學也是一種轉化（transformation）的過程，是一種透過科學方法將思想、疑問發展爲假設（hypotheses）再轉變爲科學知識的歷程。

（一）量化的科學方法的步驟

簡單說，科學方法在形成一個假設之後，再以所蒐集的證據予以拒絕或接受假設，王文科（民88）認爲科學方法具有五個步驟，一般研究所喜歡給一個個案，然後以類似的五個步驟來考簡答題：

1. 選擇與界定問題：所選擇與界定的問題必須是可以驗證的，以實證的觀點來說，是否有靈魂存在？不是一個好的研究問題，因爲以現今的科技是無法證明的，但是我們對此類無法證明眞僞的問題並不是否定它的存在（因爲我們同樣也無法拿出證據證明它的不存在），而是保持一種「存疑」的態度。
2. 陳述假設：假設比問題更爲具體明確，用來指引證據蒐集的方向，假設是暫時性的，待證據蒐集充足之後再判定是要拒絕或接受假設。
3. 演繹推理與執行研究的程序：此部分包括研究的設計，例如，樣本如何取得？採用何種研究方式來進行？資料蒐集策略與工具包括哪些？
4. 蒐集並分析資料：包括資料的整理、編碼或輸入電腦，最後進

行統計分析。

5.肯定或拒絕假設,最後以資料蒐集的結果與假設對照,下結論。

(二) 質性的研究程序

此種研究程序是屬於量化的研究階梯,每一個步驟都是事先設定好了,次序上不可以異動,在資料的蒐集上則偏重量化的資料,目前質性研究的考題有日漸增多的趨勢,歐用生(民88)引用魯賓(Robins, 1983)的理論,將質性研究的程序定義為五個階段:(1)界定研究場所與人口取樣;(2)取得與登錄質的資料(即田野紀錄);(3)準備與實施焦點集中(focused)訪談;(4)發展及維持與被研究者的親善關係;(5)組織與分析資料。歐用生認為質性研究可歸納成六個階段:(1)界定研究問題;(2)選擇研究的場地;(3)進入現場與維持親善關係;(4)資料的蒐集與檢核;(5)資料的整理與分析;(6)撰寫並提出研究報告。

三、科學與研究

科學或科學方法有時與研究(research)並用,基本上科學與研究的目的皆包含對事實的發現,但科學比較偏重在基本(礎)方面的事實,而研究則偏向於蒐集達成目標的事實,王文科舉證《韋氏辭典》(*Webster's Dictionary*, 1980)對科學的定義為「有系統可循的自然或物理現象」的知識;藉觀察、實驗和歸納而確定的真理;將已知事實作有次序的安排,以歸成類或目;和實際有別的學理知識;原理的知識或發明、構設、機械等的規則,以和藝術有所分辨。」(p.14)。王文科引用Mould(1978)認為研究是「有計畫的和有系統的蒐集、

分析以及解釋資料，以獲致可靠的解決問題的歷程。」（p.14）。郭生玉（民84）將研究定義為：「利用有計畫與有系統的資料蒐集、分析和解釋的方法，獲得解決問題的過程。」（p.3）。簡單說，研究是一種探索、考驗或調查活動。

王文科（民88）引用貝斯特與卡恩（Best & Kahn, 1993）歸納研究共具有十二項的特徵：

1. 研究以問題的解決為導向。這些問題可以是很抽象的，例如，光有沒有質量；或者也可以是很生活化的，例如，如何改善汐止的水患。

2. 研究的目的在發展原理原則，以便有助於控制與預測，所有理論的發展都以長期而紮實的研究為基礎，以行動學派的理論為例，其長期研究所發展出來的論點包括古典制約、操作制約、嫌惡制約刺激效果律等，對教師的教學與班級經營上有很大的貢獻，例如，代幣制、正增強、負增強、懲罰原則、後效強化等都常運用在教室之中，成為教師預測與控制學生行為的策略之一。

3. 研究以可以觀察的經驗或實證的證據為主，研究很講求證據，當然這些證據必須是經過嚴謹的程序而取得的，有些不切實的證據是無法接受的，例如，有些人「聲稱」看到幽浮，或者有幽浮的照片，這一類證據在經過科學的分析之後，多半發現是偽造的或是某種自然界的現象，或者是一種人類的自我暗示，而且，證據的取得與呈現更應該本著「誠實」的原則，科學社群曾發現有不少偽造的證據或者證據本身有偏誤，其所造成的不良影響有時極為深遠，有一位英國研究者曾經將年代久遠的琥珀切開，將年代較近的家蠅放入，在將琥珀「復原」，使家蠅的歷史往前推了很長的一段時間（科學家只以琥珀的年代來斷定家蠅的年代，沒有察覺家蠅是被植入的）。

4. 研究嚴格要求準確的觀察與描述，爲了避免觀察的偏差，資料的蒐集必須是嚴謹而且是系統化的，例如，在量化的研究中給予受試者客觀化的標準測驗，並且嚴格要求測驗的信度與效應要高，並遵守施測的程序，有時爲了精確的記錄尙可以某些儀器（錄影機、錄音帶）來協助。在質性的研究中則以某些資料蒐集的策略來增加準確度，例如，長期資料蒐集原則、多元資料方法等。除了觀察要準確之外，其研究的情境與程序亦應詳細的記錄，在量化研究中詳細的記錄可以使複製更爲確實，以便供學界驗證研究結果的有效性，在質性研究中更要求研究者能夠作深度描述（deep description），以便瞭解意義所產生的脈絡關係。

5. 研究應盡量蒐集第一手或直接的資料。第一手或直接的資料是指當事人的敘述或是在事件發生時（或不久）所取得的資訊，較爲眞實可靠，若經過他人轉述或媒體報導，則可能失眞或受到扭曲，人的記憶並非如錄影機那般的精確、忠實，在回憶時偶會受到一些因素的干擾〔如動機、情緒、順攝抑制、倒攝抑制、完形（自動填補）、偏見〕，因此，資料本身的眞實性應該仔細的檢驗。

6. 研究活動是一種審愼設計的程序與嚴謹的分析。研究並非是一種嘗試錯誤，所有的程序都有詳細的規範，研究者必須恪守這些規範並發揮創意，這些規範包含研究方法、研究倫理、研究論文報告的格式、施測、樣本的取得、統計分析等，都有嚴格的定義與操作程序。

7. 研究需要專門的知識與技術。研究的走向越來越專門化，有些人終其一生只在一個非常專門、特殊的領域裏面鑽研，以研究法這門知識爲例，就要對研究法的哲學背景、各種研究方法（實驗法、人種誌研究法等）、統計學、測驗理論，以及某些技巧（訪談、觀察、實驗）有所瞭解。

8.研究應追求客觀、公正、合理。避免有偏見或者不合理的意識
　形態的介入，我們經常觀察到有些研究為了某種目的而扭曲事
　實，例如，商業目的或政治目的最為常見，販賣香菸的公司很
　少會把抽菸與得肺癌間關係的研究結果向社會大眾誠實的公
　布，執政黨對社會治安、民生經濟等之調查結果往往是與在野
　黨有極大的出入，有些研究是假科學研究之名，行社會控制之
　實。

9.研究的目的在解答某些待解決的問題。在人的好奇與自我實現
　的天性引導下，我們不斷的產生各種問題，並試圖解決問題。
　我們會去問火星是否適合人類的移民，於是我們積極的對這個
　紅色的星球進行各式各樣的研究以解決這個問題，包括火星的
　氣候、地質、生態調查、載人的工具實驗，直到最近發現證實
　火星上可能含有水。

10.研究的活動必須是有耐心的，不可急躁。許多卓越的研究都是
　　研究者窮畢身精力不斷努力的結果，例如，發現鐳的居禮夫
　　人、愛迪生對電燈的研究、達爾文的進化論等，有許多的例證
　　可以說他們的成功是綜合了熱情、毅力、耐心、智慧然後不屈
　　不撓在孤獨中成就的。

11.對於研究的過程必須要仔細的記載，並提出報告，仔細的記載
　　可以使其他學者可以更客觀、深入的評判研究的結果，一般研
　　究的結果是要在科學社群中被檢視，為了驗證上的精確，研究
　　者必須要詳細報導其實驗的歷程。

12.研究有時需要極大的勇氣。研究除了需要知識、技術與熱情之
　　外，有些更需要極大的勇氣，那是因為研究可能對現有的人類
　　倫理規範產生極大的衝擊（例如，複製人、基因工程研究），
　　對傳統權威挑戰（例如，哥白尼發現地球繞日對基督教地球中
　　心說產生的衝擊），對科學界產生衝擊（例如，愛因斯坦的相
　　對論），甚至對國家形象、國家領導者、政治菁英或偶像產生

衝擊，其研究的結果可能推翻一般人認為的「理所當然」而遭致危險與攻擊，一般人是不容易把持的。

以上所談的十二項標準可以視為「嚴謹」的標準，已經有不少的學校考「如何使一個研究嚴謹」或類似的考題，例如，「如何控制？控制的目的為何？」控制的目的當然就是讓一個研究變得更加的嚴謹，此為熱門考題，請注意，考生至少將標題記熟。

四、教育研究

吳明清（民80）認為教育研究（educational research）是一種以教育為對象，以教育為範圍及以教育為目的的一種問題解決的歷程，而教育研究本身即具備了科學研究與哲學研究的雙重性質。王文科（民89）則認為教育研究是「指採用科學方法探討教育領域的問題；基於研究重點的不同，分成理論的研究和實際的研究；論其目標乃在於組織教育的知識體系、解決教育的問題，與推動教育的發展。」（p.19）

研究或教育研究具有下列的目的（王文科，民89；朱柔若，民89）：

1. 探索（exploration）：探索性研究（exploratory research）往往是針對一個新的問題或者後續的正式研究作為釐清觀念確定問題的一種研究，通常是試探性質，在進行此種研究時必須秉持著開放的心胸、彈性、創造力與對事件的敏感性，探索性研究較常使用質性研究的方式，具有下列的目標：
   (1)目的在熟悉研究所牽涉到的基本事實、概念、人物或關鍵性問題。

(2)對事情的來龍去脈有較為完整的瞭解。

(3)產生一些概念，並且發展一些試驗性質的假設。

(4)決定是否要在進行後續研究。

(5)歸納問題，並且形成可以系統化處理的研究問題。

(6)發展出後續研究所需的技術與方向感。在量化的研究中，相關研究亦適合作為探索性的研究。

2.描述（description）：描述性研究（descriptive research）旨在對現況、研究情境、研究對象等作忠實而深入的介紹，並沒有試圖作推論。例如，對學校的描述性研究可以對下列變項探討：教師組成（性別、年齡、學歷、兼任行政工作）、學校環境（圖書設備、交通遠近）、社會環境等。描述性研究旨在呈現社會活動的圖象，在量化研究尤其在質性研究中更常使用，例如，田野調查、歷史研究或內容分析等，都要對情境作深入的描述。

3.解釋（explanation）：解釋性研究（explanatory research）是以描述性研究及探索性研究為基礎，試圖解釋事件發生的原因，例如，描述性研究可以指出各種數據呈現台灣經濟發展的衰退（失業率升高、房價貶值、投資減少等），但解釋性的研究則試圖找出造成經濟衰退的原因（例如，政爭、國際局勢、產業空洞化）以及這些原因的互動關係。

4.預測（prediction）：有些研究或理論的目的是用來作為預測之用，而預測的結果可以用來作為決策的參考，例如，在某項產品是否要投資生產前可以進行市場調查，某位候選人是否會當選這也可以用市場調查來進行預測。今天我們能夠坐在電視機前觀看氣象預報，是對氣象以及台灣過去百年的氣象演變有所記錄、研究的結果。

5.控制（control）：控制也是研究的特色之一，研究者控制變項

的目的在提升研究的嚴謹性，而控制的方法很多，研究所喜歡考「如何控制以減少誤差」的問題。例如，實驗者可以採用實驗組與控制組的方式來進行控制，以減少臨時事件或成熟效應的影響，其他如統計控制、情境的控制、研究方法、研究對象的選擇等都是一種控制。

五、理論

不論是要進行研究的研究本身或是對研究對象的切入角度都必須有理論（theory）來指引，這樣所做的解釋或預測才會紮實，因為理論本身具有邏輯上的一致性，可用來做預測。王文科（民89）定義理論「是一組交互關聯的構念（概念）、定義和命題，藉著確定諸變項之間的關係，對現象提供系統的觀點，其目標在解釋與預測該等現象。」（p.8）一個科學的理論具有下列特徵：

1. 綜合了許多觀察的結果。
2. 一個好的理論是具有啟發性的可以促進後續的研究。
3. 一種理論應該可以實證方式來證明其假設的正確性，若有證據來證明則可以彰顯其理論的正確性，反之，則其理論基礎會顯得薄弱，例如，佛洛依德所提出的潛意識動機理論由於很難提出具體證據以證明確實有潛意識的存在而遭到某些學者的批判。
4. 一項理論是一種工具，工具本身並無對或錯，只是針對某項議題的解釋或預測是否有用。
5. 理論應符合精簡原則。
6. 理論包含抽象的形式部分（formal aspect）與具體的實證部分（empirical aspect）。

7.理論是由某些概念所組成，而概念則包含了符號（字或詞）與
定義兩部分，而所有的概念都包含了一些假設（assumption）。

研究所曾考過理論的目的，以及好理論的特色，以上七點即為好
理論的特色，另再補充阿諾特（1976）所提的好理論的四個規準（朱
柔若，民86）：

1.功力（power）：即理論可以正確解釋各種不同現象的能力。
2.可檢驗性（testability）：理論可能產生錯誤的預測，不過希望
錯誤越少越好。
3.簡單性（simplicity）：理論具有較少的概念與關係，好的理論
是可以較少的概念（簡單性）以解釋較多的現象（功力）。
4.豐富性（fertility）：是指理論可以與以往的別的理論的解釋不
同，而提出全新的解釋，例如，天文學家以哈伯望遠鏡觀察宇
宙星際的年齡與以往預測的不同（較年輕），必須發展一種新的
理論（豐富性）來解釋此矛盾的現象。

六、教育研究的特徵

教育研究是一種社會科學研究，具有下列的特色（吳明清，民
80）：

1.人文性：教育的對象是人，主體也是人，因此教育研究首先必
須瞭解人性而關懷人性，最終在促進人的自我實現，例如，我
們研究體罰，並不是要發展各種體罰的方法作為控制之用，而
是想要瞭解體罰的優、缺點，以及是否有更好的引導學生的方
法；我們研究升學制度當然希望能創造一種公平的升學環境，

而且我們也希望學生能有更多自主的選擇，較少的考試壓力以及教師家長能夠給予學生較為自由、快樂的學習環境。

2. 規範性：教育研究不同於自然研究可以採取價值中立的立場，教育本身是一種價值性的活動，教人向善，做一個好的公民，因此，教育研究本身即具有某些的教育目的。

3. 科學性：教育研究是使用科學方法來蒐集與分析資料，雖然研究的對象是人，比較不容易控制，但是其所用的實證程序是與自然科學類似。

4. 多樣性：教育活動本身內容極為豐富多樣，因此，教育研究自然也具有多樣性，我們可以從哲學、心理學、社會學、行政學、經濟學或政治學等角度去探討教育的問題，亦可以從鉅觀或微觀的層次去探討，例如，有關教室行為的探討可以從社會學角度的衝突論來看，也可以從行為學派的立場來看，可以使用量化研究的觀察量表方式來蒐集資料，亦可使用深度訪談的方式來蒐集資料。

5. 實用性：教育研究的結果，應該能運用至日常教學情境中，以促進教學與學生的學習，例如，行動研究法即具有實用性，其目的在解決教師在教室內所遇到的問題。

6. 開放性：教育研究應該可以容納不同的理論，針對問題的性質從不同的角度來分析。

七、教育研究的範圍

基本上，教育研究有兩大取向：(1)對教育現象的認識；(2)改善教育的技術。從另一個角度來看，教育研究的問題可以分為理論上的問題（theoretical questions）與實際上的問題（practical questions）。理論上或教育現象的研究主題如：

1. 教育的目的或本質的問題：例如，教育的目的為何？是培養具獨立思考的個人或者具共同生活價值觀、善盡公民義務的個人？人性的本質是善？是惡？還是都有？教育是激發人的本性或是抑制導正人的惡性？這類的問題多是從哲學、心理學與社會學的層面來加以探討。

2. 教育的內容問題：例如，我們應該要教些什麼？目前國小的課程中除了一般國語、數學、社會等科目之外，尚有鄉土教學、母語教學、資訊教育與英語教育等。目前社會充滿了怪力亂神，我們是否應該教宗教教育？如果是的話，宗教教育該如何教？教些什麼？歷史應該呈現何種觀點？是史記上所記載的帝王、勝者的觀點，或者在黃土地上生活的廣大農民的觀點或者是邊緣人的觀點？

3. 教育方法上的問題：例如，建構教學是否優於傳統教學？如何以建構教學來培養學生問題解決的能力？建構教學如何評量？研究所喜歡考「何謂有效教學？教師如何促進有效教學？」，此類題目是屬於方法上的問題。

4. 教育的方式：例如，研究所考題「比較常態編班與能力編班的利弊得失」、「小班小校是否可以提升教學的品質？應該如何證明小班小校的品質優於傳統教學？」〔政大〕。學制的問題，例如，綜合高中、多元入學方案等此類的問題多屬於教育的方式問題。

5. 教育組織之研究：包括教育行政制度、教師會或教師評議委員會之功能、社會教育、幼稚教育、補習教育、隔空教育的問題等。

6. 教師與學生特質之研究：例如，教師心理衛生、學生個別差異的探討、資優生與特殊兒童之心理研究等。

另外一種研究取向是偏重於實際應用的問題，例如：

1.教師如何設計一個多元評量？
2.如何使用行爲學派的理論來從事班級經營？
3.教師自證預言如何影響師生間之互動？
4.對資優生或特殊兒童如何輔導？
5.何謂自閉症或過動兒？教師如何吸引這些學生的注意力？

有些學校的研究所考題喜歡出一些開放性的問題（例如政大），要求學生自行擬定一個研究題目，然後依題目發展一個研究設計，考生可以參考上述題目的類型來撰寫，同時應特別注意你所撰寫的題目應該是有意義的而且是可行的。您所擬定的題目性質會影響您的研究設計，因此，您應該以您所熟悉的研究方式來撰寫研究題目。

八、教育研究的分類

（一）依研究的用途來區分

依研究的功能分成兩大類：基礎（本）研究（basic research）與應用研究（applied research），基本研究又稱爲純粹研究（pure research），其目標在發展或擴展理論，並不著眼於理論在教室情境上的應用。基本研究可以是描述性的、探索性的或解釋性的，但通常是以解釋性居多。基本研究重視通則化，適用於多數，一般情境的解釋，常見的理論，例如，行爲學派的古典制約刺激、操作制約刺激，一些社會學理論，例如，衝突論、和諧論等是屬於基本研究。

應用研究強調的是這些原理原則在日常生活或教室情境上的應

用,其目的在解決實際問題。行動研究法具有應用研究的特質,心理學、認知心理學、發展心理學多數屬於基本研究,但教育心理學或教學心理學則多屬於應用研究,考試時容易出選擇題,問:以下何者屬於基本研究(應用研究)?

基本研究與應用研究之比較如下(朱柔若,民89):

基本研究	應用研究
1. 研究本身的結果是否令人滿意,是由科學社群其他的專家來判斷 2. 研究者對研究問題的選擇享有較大的自主權,在建構問題時亦可以發揮創意 3. 以絕對的學術性嚴謹來判斷研究的價值 4. 對一些基本的理論知識有所貢獻 5. 成功是因為研究的結果對知識有貢獻,被刊登在期刊上,為科學社群所接受	1. 研究即是工作的一部分,研究的結果是否令人滿意,是由教師及相關社會人士視問題解決程度而定 2. 研究問題局限於教室或特定的情境 3. 以研究結果的實用性為依歸,研究可能是嚴謹的,也可能是簡略的 4. 主要關心是研究的結果是否能通則化到一般的教育情境 5. 成功是因為具有實用性

(二) 從研究的時間面向來區分

若以時間的面向來區分,研究可以分為下列數種:

1. 橫斷研究(cross-sectional research):橫斷研究的程度是一次取足不同年齡層的樣本,一次對所有樣本同時施測,然後比較不同年齡層的測驗結果,例如,某研究者想要瞭解原住民與漢民族國小、國中與高中生之自我概念是隨年齡的增加而降低或者隨年齡的增加而提升,兩組受試之間的發展模式是否有明顯的差異,為了方便起見,該研究者可以一次取足原住民與漢民族國小、國中與高中之樣本,約好時間,同時接受自我態度測驗,即可以瞭解三個年齡層樣本在自我概念上的演變模式。

此種研究方法固然方便，但是容易受代間差異因素的影響而產生偏差。

2. 縱貫研究（longitudinal research）：縱貫研究的程序是針對同一個樣本，每隔一段時間重複施測以便瞭解受試者的發展模式，此種研究方式不會受代間差異的影響，但其缺點是，若研究的時間拉長，則受試者的流失率越高，而當受試者的流失率越高時，則越缺乏代表性。縱貫研究要求研究者長期的投注心力，困難度較高。

3. 世代分析（同期群研究）（cohort analysis）：所謂世代分析是以有共同生活經驗的人為對象所作的分析，本質上是屬於鉅觀分析，重點不是在特殊個案的分析，而是在一群具有相同類型的人，其所存在的特徵的調查，此具有相同類型的人可以是居住在某一社區的群體，同一時間上同一學校的同學，或在某年畢業、退休者，例如，X世代、Y世代或E世代即屬一個同期群的概念，這種研究的優點是不會產生像縱貫研究中流失率過高的缺點，因為只要是同一個世代，就可用來充當受試者。

4. 個案研究（case study）：個案研究的特性是針對某一個特定的時段，研究者檢視在此時段中許多的變項，通常研究的對象較少，但研究的範圍可以小至個人大至一個國家，甚至一個區域（例如，殖民國家對亞洲經濟發展的影響研究），個案研究是嵌入特定的時間與情境脈絡中。

（三）以資料蒐集的技術來區分

以量化的資料蒐集技術為主的研究方法有實驗法、調查法、相關法、內容分析法等，其特色是以數字為骨幹，重視統計分析，分敘如下：

1. 實驗法（experimental research）：實驗的目的是在證明變項間的因果關係，作為理論或假設發展的一種支持。許多教育與心理學的理論都是透過實驗法而發展出來的，例如，行為學派的理論中古典操作制約的理論是巴夫洛夫以狗為實驗對象所發展的，而操作制約刺激的實驗包含了老鼠走迷宮、餓貓壓槓桿取食物等實驗，實驗對人類知識扮演了重大的貢獻，包括在物理、化學等自然科學領域或人文科學領域等。因此，實驗法成為研究所最熱門的考試焦點，通常幾乎每年都會考相關的概念。

2. 調查研究（survey research）：調查研究可以在短時間內取得大量樣本的資料，適合用來研究意見、態度。最常見的一種方式是使用問卷（questionnaire）作為調查的工具，許多教育研究所的學生是以問卷調查來完成論文的，因為它最簡單、方便。此外，尚可以電話訪問、面對面訪問或蒐集現有資料（例如，學生的在學成績）的方式來進行調查，目前社會上充斥著各種民意調查，包括商業上的與政治上的，調查研究若嚴格的控制，其準確度頗高，例如，美國的蓋洛普民意調查，但也容易受有心人士所操控而影響調查的結果。

3. 相關法（correlational studies）：相關研究法的目的是找出變項間的關係程度，常使用皮爾森積差相關係數或者相關矩陣（correlational matrix）來作為分析的依據，相關研究可以作為一種探索性（pilot study）研究，目的在找出那些是重要以及那些不是重要的變項，以便作為正式研究中專注重要變項的參考。在測驗上相關研究可以用來建立建構效度，重測信度或內部一致性係數等，相關研究常是屬於量化研究的一部分，作為粗略呈現變項間關係的一種方式，其缺點是有相關不一定有因果關係，因果關係的證明恐怕還是必須留待實驗法去判定。

4. 內容分析法（content analysis）：內容分析法是介於質與量之

間，其分析方式可以量化方式中統計各類目發生的頻率來進行，亦可以質性的方式（例如，意識形態分析或潛在課程分析）的方式來進行，內容分析的對象是一般教科書、報紙或其他媒體，而分析的內容可以是文字或是非文字〔例如，影像（記錄片）、插圖、聲音等〕，亦可以現成的統計數字為分析的對象，例如，分析不同時期台灣婦女就業的比例。

（四）質性研究的方法

質性研究以文字的描述為骨幹，偏重微觀層次的分析，所有的技術包括參與觀察、教育人種誌、田野調查、歷史研究法或深度訪談等。

1.田野研究（field research），這裡所謂的田野不限於鄉間野外，而是指研究者使用參與觀察的方式來進駐現場。現場可以是一個自然環境，例如，米德的「薩摩亞人的成長」，也可以是一個人工環境，例如，研究者的研究對象是教室內教師與學生間互動關係的分析，田野研究所需的時間較長，研究者必須與研究對象建立親善關係，取得他們的信任，扮演某些角色，以便深入觀察瞭解對象的內心世界。

2.歷史研究法（historical research）：歷史研究是對過去所作的研究，只要是從現在以前的都算是過去，教育史就是一種歷史研究，歷史可以作為一種借鏡，不過歷史研究的缺點是受限於史料的取得，史料的保存並不容易，通常官方的史料保存得比較完善，而民間的史料較容易流失，可能導致結論上偏祖官方的說法，此外，史料也有真、偽之分，研究者必須對史料進行內在與外在鑑定以便判斷史料的確實性。

九、評鑑研究

　　評鑑研究（evaluative research）常用在教育行政上，具有評鑑與研究兩種特性，其中研究的特性使其研究的結果不僅止在證明（prove）學校辦學的優劣成效之外，更可以據以發展適合的改革方案，以促進辦學的績效，因此評鑑研究的目的不在證明而在改進（not to prove, but to improve）評鑑研究是屬於應用研究，亦即它使用了研究的理論，但評論研究與教育研究不一樣的地方是，量化的研究強調價值中立，目的是在發展基本理論或理論的運用，但評鑑研究必定是有價值觀的介入，目的是在作決策（decision-making）之用。例如，一般研究可以比較一般傳統教學與建構教學之優點、缺點、問題解決能力、計算進度、教學效率、學生接受度、滿意度、教師推動建構教學之意願等，之後對兩種教學法的利弊得失作公正客觀的陳述，但在評鑑研究中可能必須作某種決策，例如，要不要全面推動建構教學，但是要不要推動建構教學的決策是從某種立場來看的，而此種立場含有某些比較的規準（criterion），例如，是從教學的效率來看呢或是從培養學生問題解決能力的層面來看，如果純由效率的層面來看，則因為建構教學所花費的討論時間較多，因而不建議全面推行。

　　王文科（民89）總結（教育）研究與（教育）評鑑間的差異如下：

比較項目	（教育）研究	（教育）評鑑
研究目的	求取知識，發展理論	比較辦學成效，提升教學品質
研究結果	具有外在效度（可推論到類似群體）	用來作爲決策參考，具特殊性
原動力	出於好奇心與求知欲	出於行政上的要求
基本概念	建立因果關係	一種手段—目的連鎖
研究方法	量化與質性方法	量化、質性方法以及某些評鑑模式，例如CIPP模式或史鐵克模式
需要的訓練	多種研究法實施的能力，統計分析、操控變項能力	除研究法與統計等必要訓練之外，尚需方案計畫與管理能力
比較規率	內在效度、外在效度、信度	絕對標準（同類中表現最好者）相對標準（評鑑者所給予的標準）
功能	純粹研究、應用研究	形成性—總結性評鑑歷程—結果
問題的界定	問題的定義精確，研究範圍有限定	問題的界定比較鬆散，具有彈性
取向	傾向於微觀取向，觀察研究情境中細微的變化	鉅觀取向：觀察研究環境中相關的變化
資料蒐集	重視符合客觀、科學的嚴謹標準，資料必須具有信度、效度	廣泛蒐集各種資料，有些是客觀的資料，有些則是主觀的意見反映

十、教育研究的限制（王文科，吳明清）

　　教育研究是一種社會科學研究，是以人爲對象，人的變動性較大心思也很複雜，不容易控制，有下列的限制：

1.研究的題材複雜：研究的問題複雜是因爲教育研究是以人爲對象，而與人有關的問題眾多，往好處想是我們可以探索人的許

多不同的面相，但卻需要有許多不同的知識背景，而且，事件背後的成因有時錯綜複雜不易釐清因素間的因果關係，造成研究上的限制。例如，早期一般人皆以為學校教育對學生的學習成敗扮演著要的關鍵因素，但後來的調查卻發現原來影響學生學業成就的真正關鍵因素不是學校，而是家庭（英國曼徹斯特調查），而家庭因素非常的多，包括有家庭社經地位、父母教養態度、家庭使用的母語、父母對教育的看法等，除家庭因素外又包含了學生個人的因素（智商、能力、動機、態度），以及社會文化因素（例如，對男生與女生的期望），可以說這些因素是非常複雜的，不容易建立可以令人信服的因果關係模式。

2. 直接觀察的困難：主要的原因還是在於研究的對象是人，而人的研究對象有許多是抽象的，例如，價值、態度、思考、能力、人格等，以智力的研究為例，有許多的智力理論以及少數的一些智力測驗，似乎都無法涵蓋智力的全貌，我們試圖運用紙筆測驗或其他的方式來觀察智力，顯得較為粗略，窄化了智力。另一個例子是所謂的「社會期許性」，發生在回答自陳量表時，一般人「裝作」常態的現象，如此則不容易捕捉其對問題的真正看法，人的心思有時極為複雜，我們所觀察到的表現不一定能與其內在的想法劃上等號，因此，在社會科學研究裏，其信度與效度往往沒有自然科學來得高。

3. 不易精確的複製：在研究上複製（replication）的目的主要在驗證研究的真確性，如果別的研究者以相同的程序得出相同的結果，則可以證明先前研究的效度。但是以人為研究對象的社會科學研究卻比以物為對象的自然科學研究更不易複製，這個不容易複製的問題在質性研究中更為凸顯，質性研究是屬於個案研究的性質，而每一個個案都是特殊而唯一的，正如世界上沒有兩個人是相同的一樣，其不同點顯現在歷史文化、社會脈絡、政治、經濟、地理環境、成長經驗、特殊事件等種種因素

之上，不太可能再複製具有相同時空背景、脈絡的個案。

4. 觀察者與受試者的交互作用：為了蒐集資料，研究者多數會與被研究者產生某種形式的互動，即使研究者與被研究者之間並沒有面對面的接觸，但是只要受試者在「想像中」或「覺察到」自己被觀察，則可能會引發受試者的心理激起（seld-arousal），例如，研究法中有些專有名詞解釋互動的歷程——「曝光效應」，是指當受試者發覺被觀察時特意表現出較好的一面，類似高夫曼所說的印象整飾，另一個例子是「霍桑效應」，是指受試者的心理覺醒，覺得受到研究單位的重視與尊敬而表現更為卓越，這種交互作用當研究者與受試者的接觸次數越多時影響越為深遠，例如，在人種誌研究法中常用的參與觀察技術，研究者在長期進駐田野之後，可能受到研究對象的影響，認同了研究對象而在寫作研究時喪失客觀、公正超然的立場，相反的，也有可能研究者在某種層度上引發研究對象在思想與行為上的改變而脫離了當初研究的軌道。因為接觸所引發的交互作用是難免的，在後續的章節中會介紹一些減少此類交互作用的策略。

5. 實驗控制的困難：控制的目的在減少內在效度的威脅，減低誤差以增加嚴謹性或效度，但人與物不同，含有相當程度的自由意志而難以控制，例如，我們為了研究雜食與純吃素何者對健康比較有益，可以老鼠為實驗對象餵食不同程度內容的飲食，例如，純肉食組、雜食組（肉食＋蔬菜）與純素食組，並且控制三組老鼠的實驗情境相似（溫度、溼度、飲食量等），定期抽測老鼠的血液，觀察老鼠的活動量與健康情形。但這樣的實驗很難以人為對象來進行，即使有自願者免強配合，但影響人健康的因素甚多卻不容易控制，包括居住環境、運動量、遺傳體質、職業、是否有家庭、性格等，研究者很難把這些干擾的因素排除掉，這也就是為什麼菸商可以「理直氣壯」的說抽菸與

得癌症無關，即使證據中顯示抽菸者有明顯較高的得癌症的機率，因為有兩個原因：(1)有許多反證的存在：有些人抽菸，但還是很長壽；(2)影響生命長短的因素眾多，除了吸不吸菸之外，尚包含環境、體質、人格等因素，無法下結論說抽菸就是導致癌症的原因。

6.測量工具的誤差：社會科學的測量對象多數是抽象的，必須先將這些抽象的概念轉化成具體可衡量的特質，而其轉化的過程即可能產生某種程度的失真，此外，誤差也可能產生在施測的過程，例如，沒有按照規定施測，或是在測驗結果的解釋上，如主觀因素的介入。以測驗工具的效度為例，就沒有百分之百有效的工具，通常效度係數在0.85以上即是一個高效度係數的工具，但是高效度係數不一定就等於其衡量的結果是有效的，例如，某些智力測驗的效度都在0.8以上，但智力測驗真的能衡量一個人的智力嗎？

7.易受外力干擾：易受外力因素的干擾可以從幾個角度來說：

(1)研究的內容易受外力的影響，例如，前些時候流行EQ（情緒智商），就有一大堆的研究對EQ感到興趣，多數是以支持的態度來結論的，某些研究者可以嗅到政策的走向，為了取得研究的經費而趕搭流行的列車，有時甚至扭曲事實來符合決策者或資金來源者的意圖。

(2)另外一種外力干擾的現象來自執行研究的過程，可能是政治力或其他勢力的介入，這次教育部在選用漢語拼音方法的歷程就是一個很好的例子，其實走向國際化是一個大趨勢，因此選用那一種漢語的拼音版本答案是很明顯的。政治力的介入似乎是無遠弗屆的，當我們仔細思考時，可以發現在身旁就有很多的例證。

8.理論與實際的鴻溝：除了上述七點之外，筆者發現許多的研究結果所發展出來的理論或建議在實施上是有困難的，以教育部

所推動的建構教學為例，筆者曾實地走訪一些國小，發覺實施建構教學的頻率並不高，即使有關建構教學的理論相當的豐富，也許變遷本來就是一個緩慢的歷程，要教師接受建構教學，恐怕不僅止於理論上的齊備，還包括理論上的實用性（例如，建構教學的評量如何進行，如何在傳統的評量制度上執行建構教學的評量？）、家長的接受態度、學生思考學習方式的改變、學制上的配合（例如，國中、高中是否也實施建構教學）等等因素都說明了理論在實踐上的困難性。

以上所列舉的八點，可以回答研究的內在或外在效度的威脅有那些？應如何改進？（常考題）相關考題上，考生可以回答內在效度的威脅包含：測量工具、觀察者與受試者交互作用、實驗控制與直接觀察的困難等，此類考題常配合「如何提升研究的嚴謹性」一起考。

試題分析

一、試說明教育研究的功用以及對你的意義。〔市北師87〕

答：吳明清（民80）認爲教育研究具有下述的功能：

1. 建立教育理論：許多的教育理論是透過教育研究（實驗）而發展的，例如，行爲學派的操作、制約理論、增強原理、消弱原理、代弊制等，此外皮亞傑的認知發展理論、維果茨斯基的建構理論都必須透過研究以建立其理論的體系與運用上的指導。

2. 充實學術內涵：例如，可以運用心理學的知識於教育的情境而成教育心理學，可以以社會的理論來研究班上師生互動的關係而成教育社會學，教育學可以與心理學、社會學、政治學、經濟學與哲學等學科結合、研究，來擴展相關學術的內涵。

3. 啓迪教育知識：社會不斷的變動中，不斷形成新的觀念、新的方法與新的知識，研究者可以研究如何使用這些新知識、新方法於教育的情境之中，以促進教育知識的發展，例如，如何使用電腦來促進教學、如何促進學習動機、特殊兒童如何學習等。

4. 改進教學活動：例如，目前的教育思潮傾向於人文主義與後現代主義，可以研究如何使課程與教學的歷程更加的人性化、多元化，而目前強調的課程統整、鄉土教學與母語教學是很好的例子。

5. 協助行政決策：行政決策的制定、執行與評鑑亦需要以研究爲後盾，例如，要實施「多元入學」、「小班小校」、「建構教學」、「九年一貫國民教育」、「免試升學」，或者有新課程、新教法的實施前都需要經過完整的研究，以協助政策的執行。

6. 培養優良的師資：教育成敗的因素之一是教師的素質，教育研究可以針對師資培育來探索較佳的師資教育與在職進修的內涵，例如，師資培養的課程制度與管道的研究，如何促進教師

的在職進修，教師專業之研究（例如，教師級職制度）。

7.提升專業地位：提升教師專業地位的必要手段之一就是教師必須從事或參與研究，教師可以針對班上的師生互動問題進行行動研究，不斷的研究可以提升教師的專業知識。

其他學者對教育研究的功能（目的）有下列的看法：

1.教育研究的目的有二：擴充知識與解決教育情境中的問題。

2.賈馥茗：教育研究的目的在求知識與事實，知識的探討是屬於教育理論的部分，注重概念、思考、抽象的成分居多。而事實的探討著重在運用部分，注重實際運作的原理、規則，具體的成分居多。

3.Gay（1992）教育研究的功能在解釋、預測與控制教育的現象。

4.王文科、朱柔若等認為教育研究具有下列功能

(1)探索（exploration）：如探討人的本性是什麼？應該教些什麼？與如何教的問題。

(2)描述（description）：如描述目前高等或初等教育的狀況（師資、升學率、課程結構等）。

(3)解釋（explanation）：其目的在探討因果關係，例如，探討母語教學成效不彰的原因與改進之道。

(4)預測（prediction）：預測是在事件尚未發生之前即已進行，與解釋不同。上述探討母語教學效果不彰的原因，是此事件已經發生了，才去探討（類似領導理論中的偵探家式領導），而預測是防患於未然，顯然要比事後才進行的控制要來得更有效率，在教育領域裡有許多事件都必須事先予以預測、規劃，而這些預測、規劃之準確與可行與否端賴事前長期而系統化的研究，例如，對高等教育的投資與規劃，在台灣決心走向國際化之林的同時，那些高等教育應該擴充？擴充到什麼程度？需要多少的經費？這些都必須經過事先縝密

的研究。

5.教育研究對我的意義：對我而言，教育研究具有下列意義：

　(1)更深入瞭解教育的意義與內涵。

　(2)促進自我教育專業的提升，包括對教育哲學、理論、方法之瞭解。

　(3)培養獨立思考與從事教育研究的能力。

此題出題老師分為兩部分來問，前半是想瞭解考生對教育研究目的的一般性瞭解程度，而後半是想瞭解考生是否具備了獨立思考，知道他考研究所（目的在培養教育研究能力）的目的，因此，考生應該說出心中獨創的看法，以得到考官的認同。

二、解釋名詞：社會變項（social variables）。〔屏師88〕

答：所謂變項是指會隨情境而改變的特質，更精確的說是可以被分派不同數字或值的代號，例如，可以數字1代表男性，2代表女性，而社會變項是用來描述各人所在群體中之社會特徵，常見的社會變項有社經地位、性別、種族別、教育程度、宗教、職業類別等。

三、請依您自己的經驗，以國民中學或國民小學的教室（學生的班級）作為研究情境，舉出三個性質不同的變項，其中一個為「依變項」（dependent variable），一為相對應的「自變項」（independent），一為可能的「調節變項」（moderator variable）。先寫出變項的名稱，然後加以「定義」（需包含操作性定義，即operational definition），並進一步說明適於採用何種「尺度」（scale）來測量。〔暨南86〕

答：研究題目：台北市國小高年級生數學科建構教學與傳統教學之比較研究。

　1.自變項：

(1)自變項為教學法（建構教學與傳統教學)。

(2)量尺：類別（名義）變項，因為是「兩種」不同的教學法。

(3)操作性定義：

　　① 建構教學：其理論根源於認知學派皮亞傑與維果茨基的理論，重視原理、原則的學習，認為知識是主動建構的歷程。其教學程序為：教師佈題→學生討論→發表→辯正→教師解釋。

　　② 傳統教學：以講述法為主，注重數學運算、解題的練習。教師事先講解解題的規則、程序，學生模仿教師的方法。

2.依變項：

(1)數學科測驗的成績，其量尺為等距量尺（沒有絕對零點），操作性定義為數學科標準化測驗之成績。

(2)學生互動行為，其量尺為等距變項（百分比，頻率），操作性定義為學生在「學生互動行為量表」上的各種互動行為出現頻率，建構教學優於傳統教學的因素之一，就是可以促進師生間的互動，所以，在此項研究中必須要強調此依變項→互動行為之觀察，才會顯現出本研究的特色。

3.調節變項：考生在此必須要區別調節變項與中介變項之不同，以免犯錯而被扣分，中介變項是會影響研究結果，但未加以控制的，而調節變項是會影響研究結果，但加以控制的，因此考生在寫調節變項前，必須確定此變項是可以控制的，在此研究中我們比較，而且有意義控制的調節變項應該是性別與智力，因為智力（或能力）的高低，很可能影響建構教學的成效，性別的量尺為類別變項，智力為等距變項。智力的操作性定義是學生在魏氏智力測驗上的成績，以圖示來說明此研究之獨立變項、調節變項與依變項如下：

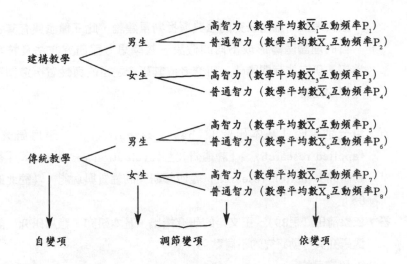

四、理論在教育研究的角色，並舉例說明之。〔國北師87〕

答：王文科定義理論為：「是一組交互關聯的構念（概念）、定義和命題，藉著確定諸變項之間的關係，對現象提供系統的觀念，其目標在解釋與預測該等現象」（p.8）

理論在教育研究上的功能有：

1. 理論具有啟發性，可以對未來的教育研究加以指引。

2. 理論可以幫助證明教育研究某些假設的正確性，例如，皮亞傑的認知發展理論可以用來建構兒童認知發展的階段性。

3. 理論可以作為一項教育研究之解釋或預測的工具，例如，以艾力克遜的理論來預測國小及國中學生之發展階段。

4. 理論可以協助將複雜的教育研究結果加以簡化，例如，佛洛依德將人類的動機全部化約為來自潛意識。

5. 理論具有豐富性，提供人類對現象解釋的不同觀點、視角，例如，我們可以由衝突論或和諧論的觀點來看班級中教師與學生的互動。同樣的，行為學派、人本學派與認知學派對個人的動機亦有不同的看法。

6. 理論提供教育研究的指引，例如，在教育研究中有質性研究的

派典理論、量化研究的派典與批判重建論，此三種派典有其各自的理論基礎形成不同的假設、哲學思考與研究方法及技巧等。研究教育問題時，研究者依其研究之目的與性質，遵循不同的理論。

五、請分別說明「基本研究」（basic research）、「應用研究」（applied research）、「評鑑研究」（evaluation research）、「行動研究」（action research）等四類研究的性質與功能。〔國北師85〕

答：依蔡清田（民89）、王文科的研究指出，基本研究、應用研究、評鑑研究與行動研究的不同點為：

　1.研究目的：

　　(1)基本研究：基本研究又稱為純粹研究（pure research），其研究的目的在追求基本的知識、發展理論、擴充理論或批判、修正理論，並不考慮實際運用的價值。

　　(2)應用研究：目的在解決目前的問題，或是將基本研究所發展的理論運用在實際的生活上，考驗理論的正確性與可行性。行動研究是屬於應用研究。

　　(3)評鑑研究：其目的在作決策之用（decision making），在作決策時有一些事先設定的標準（criteria）作為決策的參考標準，其歷程是一個價值判斷（value judgement）與選擇的歷程。黃政傑（民79）引用波範（W. J. Popham）的主張，認為評鑑與研究有三點不同：(1)探討的重點不同：雖然評鑑與研究均在瞭解現象，獲取知識，但研究最終必須形成結論，而評鑑最終是在做成決定；(2)是有關推論的問題，因為評鑑是針對特定的教育對象，因此其研究結果只能推論到有限的、類似的情境，而通常研究比較偏向於一般性的問題，其推論的情境比較廣泛；(3)教育研究在探討有關

教育現象的真理，而教育評鑑在強調某些教育現象的價值。

　(4)行動研究：蔡清田（民89）認為行動研究的目的有：(1)提高教育行政效率與學校管理效能；(2)增進教師從事教學革新之能力；(3)鼓勵教育實務工作者進行課程行動研究。黃政傑則認為行動研究的目的有：(1)解決教育實際問題；(2)促進教師專業成長；(3)促進教育改革；(4)結合理論與實務；(5)累積教育智慧。

2.專業訓練之要求：

　(1)基本研究：須接受研究法以及所研究項目之專業、嚴謹訓練，在社會科學領域內包含有研究法、測驗、統計等學科之訓練。

　(2)應用研究：除一般研究方法之瞭解外，尚須對將來實際運用情境有深入的瞭解以便將理論與實務結合。

　(3)評鑑研究：對研究方法（值與量）、態度、意見與效能等資訊之蒐集與觀察，與各種教育現象有深入的瞭解，此外，必須熟悉各種評鑑設計，例如，CIPP、差距模式。

　(4)行動研究：行動研究不需太多的研究法或統計方面的訓練，教師可以請教專家或與外來的專家共同進行行動研究，以圖教育情境中問題的解決。

3.有關研究問題：

　(1)基本研究：研究問題比較傾向理論性，界定嚴格。

　(2)應用研究：研究問題與實務有關，界定嚴謹。

　(3)評鑑研究：問題與評鑑對象有關，問題的界定比較鬆懈，有時是一些評鑑的參與者共同界定研究的問題。

　(4)行動研究：問題起因於實際工作者在工作情境中所遭遇的困擾，問題的界定不嚴格，行動研究的成敗主要著眼點是問題是否得到解決。

4. 資料蒐集方式：

(1)基本研究：量化研究重視數量化資料的蒐集，偏向於鉅觀取向，並且以統計來分析資料以接受或拒絕假設，質化的研究是屬於微觀取向，資料的蒐集以文字為主，進行歸納分析，資料蒐集過程嚴謹。

(2)應用研究：視情境選擇適當的資料蒐集方式，質、量皆可。

(3)評鑑研究：資料的蒐集比較多元、廣泛，而且質、量並重，除了硬性資料（hard data，數字、實證資料）外，也重視參與者意見、態度等資料的蒐集，同時，在評鑑事先設定的規準上，蒐集與規準相關的資訊。

(4)行動研究：資料蒐集的過程比較不嚴謹，富有彈性，教師可以使用測驗、觀察、訪問或較為主觀的評鑑方式，如評定量表來衡量學生改進的情形。

5. 假設：

(1)基本研究：極特定的假設，使用操作性定義，可以訴諸考驗。

(2)應用研究：視情形而定，可以嚴謹，也可以富有彈性。

(3)評鑑研究：問題的假設與事先設立的規準有關，有些評鑑研究的假設可以付諸考驗，例如，A校的學業平均數是否高於B校，但有些的評鑑假設則不容易付諸考驗，例如，A校之教學品質是否優於B校。

(4)行動研究：對實際問題的解決說明被視為假設，理想上希望行動研究的假設必須是嚴謹的，而且可以被驗證的。

6. 文獻探討：

(1)基本研究：對與研究相關的資料進行廣泛的閱讀、探討，希望能藉此充實研究者的知識，並展示研究者對該議題之瞭解。

(2)應用研究：視情況而定，有時同基本研究，有時不嚴格要

求。

(3)評鑑研究：視研究的性質而定，有些評鑑研究之文獻探討要求非常嚴謹有如正式研究，例如，有某種新政策、新教學法上市之前所做的評鑑研究，但某些評鑑研究之文獻探討則不嚴格要求，例如，常規性的評鑑研究。

(4)行動研究：文獻探討不嚴格要求。

7.抽樣：

(1)基本研究：試圖從母體中抽出具代表性的樣本，重視外在效度。

(2)應用研究：視情況而定，有時重視抽樣，有時只是個案研究的性質。

(3)評鑑研究：多數是屬於個案研究的性質，不重視外在效度，但有時與重大教育決策相關的評鑑研究，例如，多元入學政策實施之成效、高中職免試升學、九年一貫國教之教學成效，則重視抽樣與代表性。

(4)行動研究：屬於個案研究的性質，不重視抽樣或外在效度。

8.研究設計：

(1)基本研究：非常強調研究設計的嚴謹性，以量化研究中之實驗設計為代表，其他的研究方法，例如，問卷調查法、內容分析法、歷史研究法等，都會考慮到內在效度的威脅，而在研究設計中儘量予以排除。

(2)應用研究：視情況而定，有些嚴謹（例如，教育心理學之教學理論應用研究），有些不嚴謹，有許多內、外在效度之威脅，如行動研究。

(3)評鑑研究：包含基本研究之設計與評鑑研究設計。基本研究之設計又分為量化研究取向（實驗法、調查法），與質性研究取向（自然探究模式），而評鑑設計的型式很多，例如，史鐵克（R. E. Stake）的「外貌模式」（countenance model）將評鑑的歷程分爲三個階段：先在因素、過程因素與結果因素。

9.測量工具：

(1)基本研究：重視測量工具的信度與效度，通常使用標準化的測量工具若爲研究者自編之測量工具，也會要求經由先前測試來建立該工具的信度與效度。

(2)應用研究：視情形而定。

(3)評鑑研究：測量工具極爲多元，標準化與非標準化工具並用。

(4)行動研究：具有彈性，不限定工具之嚴謹性，教師可以選用標準化測量工具或自編的問卷、測驗卷或觀察表來衡量學生之改進情形。

10.資料分析：

(1)基本研究：重視研究結果推論的正確性，常使用到複雜的統計分析，所採取的態度是客觀、中立。

(2)應用研究：視情況而定。

(3)評鑑研究：資料的分析較具彈性，可以很嚴謹，也可以比較鬆散，所採取的態度是價值介入，研究者依其所設定的規準來衡量資訊的重要性，因此，資料結果之分析與呈現是一種主觀選擇的歷程，但有時必須獲得客觀實證資料在某種程度上的支持。

(4)行動研究：比較強調實用的顯著性而非統計的顯著性，而且也很重視參與者的感受與建議。

11.結果的運用：

(1)基本研究：理想上其所發展的理論應可以運用到實際情境，但往往實際情境比較複雜，而使理論與實務產生間隔，可能必須調整理論以適應不同的情境。

(2)應用研究：非常重視理論在實際情境中之運用，以提升生

活的品質，是實際運用取向的。

(3)評鑑研究：其研究結果只能推論到有限的、類似的情境評鑑研究的結果，並非僅限於決定某（些）學校辦學的好壞或某個政策執行的成效，尚包含一個重要的部分，亦即對改進的建議，所以評鑑不是在證明（evaluation is not to prove）而是在改進（but to improve），評鑑研究的重要目的是其結果常用來作決策的參考。

(4)行動研究：其結果的運用是促進該教師問題的解決與教學品質的提升，其研究結果由於控制不嚴謹而不具有推論性。

研究所比較常考的類型是兩兩比較：基本研究與應用研究之比較或基本研究與行動研究之比較。筆者已詳細參考各種資料，整理齊備，應對考生有絕對的助益。

六、教育工作者在何種情況下需要從事研究工作？請儘量列舉並分別說明原因。〔屏師85〕

答：1.基於實際工作上的需要：例如，教師想要瞭解某種教育哲學、教學法、班級經營策略，以提升教學品質，可以使用行動研究法來解決教學情境中所遭遇的難題。

2.促進教師專業：由於九年一貫國教政策的實施，重視學校發展為學習型組織，更加重視教師們互相學習、研究的能力，教師們必須組成課程發展之研究小組，共同討論如何進行與實踐課程的統整。

3.教育行政研究與評鑑上之需求：例如，某種教育政策在推展之前所進行的實驗，或者某些教育政策執行一段時間之後所進行的檢討、評估，這些教育政策包括多元入學、鄉土教學、母語教學、英語教學等等，其背後都有許多的實證研究資料作為決策與評鑑的參考。

4.教育理論之發展或修正上之需求：某些研究者特別感興趣於發展教育相關理論，常見於教育哲學、教育心理學或教育社會學上之研究，例如，有關行為學派理論在班級經營上之理論與運用之研究，包括了代弊制、正增強、負增強等。社會學的理論在教育情境中之研究，例如，班級社會體系分析，學生次文化研究，這些理論繁多，但都是透過教育研究加以發展或修正，甚至推翻的。

質言之，教育研究可以劃分為理論部分與實務部分，依個人旨趣而定。

七、下列何者不是科學的方法？ (A)以特定名詞界定問題 (B)建立假設 (C)分析資料 (D)以專家意見驗證假說〔北市師88〕

答：(D)

◎補充

此處筆者引述弗立曼與羅西（Freeman & Rossi, 1984, 譯者：朱柔若）對基礎研究與應用研究之比較如下：

基礎研究	應用研究
1.研究本身就可以令人滿足，其價值是由其他研究專家來判斷	1.研究是工作的一部分，其價值是由研究專家之外的贊助者來判斷
2.研究者可以對研究的問題與內容的選擇擁有高度的自由	2.研究的問題相當的特定，為了符合贊助者之要求
3.研究遵守學術上最高嚴謹性的要求與科學的規範	3.比較關心研究結果的實用性，有時，研究可能是不嚴謹的，有時則相當的嚴謹。
4.非常關心研究設計本身的邏輯與內在效度等問題	4.比較關心如何將研究的結果通則化到贊助者所關心的領域
5.研究的目的在對基本理論的增加有所貢獻	5.研究的目的在促使研究的結果能夠獲得採納
6.成功的定義是研究結果被期刊收錄並被科學社群接受	6.成功的定義是贊助者接受研究結果，並作為決策的參考

第2章

研究派典

一、派典的意義（吳明清，民80）

「派典」（paradigm）一詞發源於希臘文paradeigma，原來的意思是陳列並排（exhibiting side by side）的意思，後在英文中延伸爲「範例」（example）之意。在《韋氏字典》裏將派典定義爲「類型」（pattern）、「模式」（model）與「範例」（example），亦即一種學習、模仿的對象，而派典本身是一個完整的組織，是由許多的部分（觀念、方法）所組成，也就是心理學上完形（gestalt）的意義。孔恩（T. Kuhn）在其著作中《科學革命的結構》（*The Structure of Scientific Revolutions*）將派典加以描述，之後逐成學術界重要的概念，孔恩將派典視爲一種「學術模型」（disciplinary matrix），是由一些基本假定使用的技術、想要研究的問題、程序等所組成的，吳明清（民80）引用孔恩對派典的定義爲：「當一群科學家以先前的科學成就爲『範例』（examples），認同這些科學成就中所包含的理論、原理、法則、方法、工具以及應用方式等，因而形成共同的（shared）價值、信念、規範、語言與目標等，作爲瞭解及探討科學世界的基本架構。這個共同認可的架構就是『科學派典』（scientific paradigm），而這一群具有科學派典的科學家就形成了『科學社群』（scientific community）。換言之，科學派典就是科學社群用以知覺並瞭解科學世界的共同架構；而科學社群之所以形成，也就是由於具備了科學派典──一個觀照科學世界的鏡片。就此種意義而言，科學派典不僅是一種共通的目標，也是共通的信念，或是其他單一的共同特質，而是這些單一特質的組合。」（pp.60～61）。簡言之，孔恩認爲派典具有兩層的意義：其一是科學家們從事科學研究的一種依據，包含了所有一切的共識價值、信念與符號；其二是研究者共同認可與模仿的範例。或可以將派典簡單定義爲：「一個學術社群（intellectual community）共同相信、共同擁有且共同遵循，用以追求知識及從事研究的基本架構

與憑藉。」（吳明清，民80，p.62）

　　另一美國學者── 史丹佛大學（Stanford University）教授蓋滋（N. L. Cage）在其發表的《教學研究的派典》（*Paradigms for Research on Teaching*）中定義派典為「派典是模式（models）、型態（patterns）或基本模型（schemata）。派典不是理論，而是思考的方式（ways of thinking）或研究的型態（patterns for research）。但當這些研究完成時，可以導致理論的發展。」（吳清明，民80，p.63）。在此，蓋滋所強調的是派典的「思考方式」與「研究型態」的功能。他更進一步認為，派典應具有兩項基本特質：

1. 派典應具有普遍性（generality）：亦即當不同的研究者採用相同的派典來進行研究時，他們對研究所採取的立場、對問題的瞭解、情境的掌握以及研究方法的選用應有一致的傾向。
2. 派典常以圖表或綱要的方式來呈現問題情境中各因素的關聯性與互動關係，因此，研究者可以使用圖表來顯示使用不同派典的研究架構，例如，在古典制約理論中，以制約前$S_1 \rightarrow R_1$來代表刺激的替代過程，本身即是一種派典。

制約前　$S_1 \rightarrow R_1$
制約中　$S_1 \rightarrow R_1$
　　　　$S_2 \nearrow$
制約後　$S_2 \rightarrow R_1$

二、量化與質化研究典範之比較（吳明清，民80）

（一）量化與質性研究的哲學源起

西方哲學對知識論（epistemology）（對知識的起源的探討）分成兩大取向：(1)發源於英人洛克（John Loke, 1632～1704）的「經驗主義」（empiricism）；(2)發展自柏拉圖與近代德人康德的「理性主義」（idealism），經驗主義認為人類的知識是起源於經驗（experience）而非來自理性（reason），而經驗又來自兩方面：即感覺（sensation）是透過五官對外在刺激覺察所得到的經驗，另一個是反省，即經由知道、記憶、推理與想像等作用而組合而成的經驗，洛克視人心如白板（empty tablet），一切的知識來源都是來自後天的感覺與反省而得的，洛克重視後天感官知覺的影響，以及心物二元的看法，影響了後來的自然科學研究方法（量化研究方法）。理性主義則認為人知識的來源是先天的理性（reason），而這個先天理性正是上天所給予人類的。理性主義認為真理是一個普遍存在的、不變的、絕對統一的而且是超越了感覺的世界而只存在於觀念世界裡面，例如，笛卡兒（Rene Descartes, 1596～1650）即認為知識是源自先天自明的觀念，而非來自後天外在的經驗，經驗主義與理性主義似乎處於對立的觀點。而試圖採取折衷立場，調和兩者的是康德（Immanuel Kant, 1724～1804），其認為事實上知識是由先天形式與後天的材料綜合而成，兩者缺一不可，先天形式是屬於純粹理性的範疇是每一個體都有的，而後天材料則必須透過感官知覺來加以補充，所以知識是感性（sensibility）與悟性（understanding）的共同產物，而感性提供給悟性思考的素才，悟性則進行判斷以產生概念，亦即理性具有指導原則（regulative principle）而非構成原則（constitutive principle）康德下結論說：「沒有內涵的思想是空的，沒有概念的直覺是盲的」，亦即

知識是離不開經驗的範疇。康德的看法成爲後來反對科學派典的根源。

自然科學的研究典範依循經驗主義的理論影響至十九世紀中期法國哲學家孔德（Auguste Comte, 1798～1857）所發展的「實證主義」（positivism），遂成爲量化研究的重要理論基礎，其基本主張是反對形上學而重視科學知識的檢證，之後發展成邏輯實證主義（logical positivism），強調所謂的「檢證性原則」（principle of verification），認爲一個命題必須在可以被直接或間接的證實其爲眞的情形之下才具有意義。邏輯實證理論的代表人物之一是維根斯坦（Wittgenstein, 1889～1951），對世界抱持著原子理論的觀點，偏重外在事實以及原子間關係的探討，而且也強調事務之間邏輯思維的必然性，他認爲命題必須符合邏輯語法的規則，而這些邏輯語法是由簡單的事實所構成，且符合世界的邏輯關係，有意義的命題，必須是能通過驗證以判定眞假的，所有不能夠進行檢證的問題，例如，有無前世今生、有無神的存在，都是沒有意義的命題。由經驗主義到邏輯實證論奠立了自然科學（量化）研究的理論根基，但此種研究的典範並不是沒有缺點的，由於人的多樣性與難以控制，使得以自然科學的研究方式運用在人文科學上產生了極大的限制，首先對實證主義挑戰的是十九世紀末的狄爾泰（Wilhelm Dithery, 1833～1911），他反對在自然主義研究方式中將主體與客體全然二分的不當，認爲在研究過程中不應該忽略了主觀的瞭解（understanding），他認爲在自然科學中所運用的因果關係的「解釋」（explain）原則較不適用於人文科學，對於人文現象的研究應該更加強調主觀意識的描述或「闡釋」（interpret）。狄爾泰的主張遂成爲質性研究的重要根源，他的主張稱爲「文化科學或精神科學」，他認爲物理科學所處理的東西是外在於人們的無生命物體，而精神科學所處理的卻是一個包含了人類心靈、主觀性與情緒及價值觀等交互作用的整體。所以社會的眞實是人們有意向的結果，因此，也就沒有所謂的客觀的事實，要對個人有所理解，

必須透過整個脈絡之中才能理解（賈馥茗、楊深坑，民82）。

（二）量化研究與質性研究的比較（吳明清，民80；賈馥茗、楊深坑，民82）

研究所很喜歡考量化研究與質性的比較，以前考的是兩者有何異同，是屬於對立的觀點，近來更喜歡考兩者是否可以融合，在此先比較兩者的差異。應注意的是，兩者的差別不僅止於方法上的差別，尚包括有思考模式與哲學信念上的差異。

1. 哲學上的差異：量的研究哲學基礎在經驗主義與實證論，主張有心物二元論，認爲眞理或實體可以獨立存在於心靈之外，而形成一種「主體－客體」的關係，而社會實體與物理世界的存在是一樣的，可以獨立於人的思考之外，不受人主觀意識的影響。但質的研究根源在理性主義、觀念論、現象學、紮根理論以及符號互動論等，採取主觀的立場，認爲社會實體是由個人意識所建構的，亦即人們心靈的產物，認爲心靈與現象間的關係是所謂的「主體－主體」關係，兩者是合一而存在於脈絡之中。

2. 人如何瞭解實體：量化研究認爲實體存在於心靈之外，因此可以客觀的去測量，蒐集資料、分析解釋而形成通則；調查研究的步驟亦應從被研究的對象中抽離出來，以便能以超然的立場來進行研究。而質的研究認爲主觀意識是無法與認知的對象分開的，認知是一種抽象思考的歷程，必須仰賴個人的主觀與經驗去瞭解，所以研究者必須要介入與參與，質的研究者必須透過某種「協議」（agreement）去參與被研究者的某些活動，以捕捉臨場的經驗，進而對受試者的心靈世界有深刻的體驗。

3. 對客觀的追求：主觀性與客觀性是相對的，而不是絕對的，也就是不可能完全客觀，在主觀中也儘量能客觀。一般而言，量

化研究傾向於採取較為客觀的立場，例如，蒐集中性證據，採取嚴格的控制，只研究可觀察可衡量的特質，以及情境的控制等方式來減少內在效度的威脅。質性研究較偏向主觀性，比較採取某種立場、觀點來介入，強調的是某種人或某一群體的看法，不強調結果的外在效度（external validity）。但質性研究也在避免觀點的偏差導致研究結果的不正確性，因此在研究過程中亦採用某些策略以避免偏見，例如，長期資料蒐集策略，或者多重資料來源策略，這些策略都可以增進質性研究的客觀性。

4. 人與環境的關係：量化研究採取較為被動的觀點，認為人是受到社會環境所制約，較少主動性，但質性研究則認為人是主動的，可以創造制度、文化，因此是環境的創造者而不是被環境所限制。

5. 有關價值中立：量化的研究儘量保持價值中立，但無法完全的客觀，質性研究則是價值介入的。

6. 研究目的：量的研究目的在「描述」（description）與「解釋」（explanation），以及發現通則或所謂的「通質研究」（homothetic research），亦即在發現社會事實，瞭解因素間的互動，並藉以解釋因果關係；而質的研究強調主觀性，是從「行動者」（actors）的立場去瞭解社會事項的意義，亦即質的研究比較強調「瞭解」（understanding）與「闡釋」（interpretation）。

7. 研究的方法：量化的研究重視社會事實量化的可能性與必要性，以便取得客觀以及減少偏誤（bias），其研究的方法重視精確的控制，常用的方法有實驗法、調查法、相關法，重視統計分析，以數字的呈現為骨幹，而質性研究重視對研究情境及脈絡的瞭解，常用參與觀察、深度訪談、俗民誌研究法以及個案研究等，以文字的呈現為骨幹。

8. 信度與效度：量化研究與質性研究對信度與效度的觀點不同，量化研究重視內在信度（internal reliability）、外在信度（external reliability）、內在效度（internal validity）與外在效度（external validity）；而質性研究在信度上重視狂想信度（quixotic reliability）、歷史信度（diachronic reliability）與同步信度（synchronic reliability），在效度方面則重視明顯效度（apparent validity）、工具效度（instrumental validity）與理論效度（theoretical validity）或者所謂的確實性（credibility）、可轉換性（transferability）與可靠性（dependability）。（胡幼慧，民80）

9. 研究者的角色：在量化的研究中，研究者與受試者的關係是一種「主－客」關係，研究者爲了保持超然的立場，以局外人（outsider）的角色來介入研究，同時，其他地位較爲武斷，純粹是從研究者的觀點來解釋，而在質性的研究中則採取「主－主」關係，研究者採取一種「圈內人」（insider）的角色介入，以便能透過被研究者的內心世界以觀察事務。

10. 研究的過程：量化研究是線性的（直線式的），在研究的執行歷程中都有一定的步驟與程序，其過程如下（胡幼慧，民80）

狀況	處理過程
理論	
┆	演繹
假設	
┆	操作化
觀察／蒐集資料	
┆	資料處理
資料分析	
┆	解釋
發現	
┆	歸納

　　但質性研究本身是一個循環的過程，剛開始所設立的假設只是一種暫時性的假設，在研究進行中會不斷的檢視與修正假設直到研究完成為止；此過程不斷的循環重複，直到目標達成為止。（胡幼慧，民80）

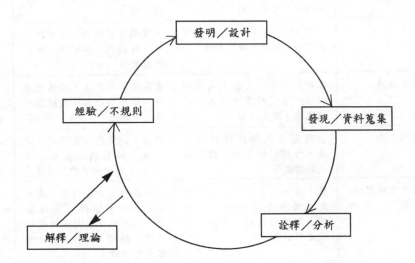

　　總結質與量之間的異同如下（賈馥茗、楊深坑，民82；胡幼慧，民80；吳明清，民80）

比較項目	質性研究	量化研究
常用的用語	現象學的、生態學的、田野調查、個案研究、生活史、文件紀錄、內在觀點、自然的、俗民方法學的	實驗的、外在觀點、實徵的、社會事實、統計的
主要的相關概念	脈絡、意義、常識的理解、日常生活、歷程、社會建構	變項、操控的、信度、效度、假設、統計的顯著性、推論性、可複製的

比較項目	質性研究	量化研究
理論基礎	理性主義（觀念主義）、紮根理論、符號互動論、俗民方法學、詮釋學	經驗主義、結構功能論、實在論、行為主義、邏輯實證論、系統理論
研究的設計	循環的、展開的、彈性的、共通的、可修正的	事先控制的、精密的、列舉假設的
樣本	小型的、個案的、非特定的、合於理論架構的抽樣	大型的、精確的、注重代表性、隨機的、控制組、控制外在變項
研究方法	參與觀察法、文獻或內容分析法、歷史研究法、人種誌研究法、深度訪談	實驗法、調查法、結構化訪談、非參與觀察、相關法、事後回溯法
研究工具	以研究者之觀察與訪問為主，可輔以錄音機、錄影機及照相機等	問卷、測驗卷，也可輔以錄音機、錄影機或其他工具（例如，儀器、實驗工具等）
與研究對象的關係	為「主－主」關係，與研究對象發展親善關係，平等的、深入的接觸，會參與受試者部分的活動	較少與研究對象接觸，是為「主－客」關係，有距離的、短暫的，在必要的情形之下才接觸（例如，進行測試或實驗時）
資料分析	歸納性的、持續的、以文字為骨幹、描述的，目的在擴充理解、注重行動在脈絡中的意義	演繹的，可作成結論或因果推論，以統計分析作為推論的基礎，注重量化與變項間之相關
理論的驗證方式	以同理心為出發點，將研究者的觀察結果與個案及其他類似的研究相互的配合	注重控制，以實驗或其他資料蒐集的方式來支持或否證假設
結果的推論性	對某一特定的社會生活作深入的探討，較不重視推論的普及程度	敘述一個社會現象是如何被普及的，以及普及的程度
回答的問題	回答「為什麼」的問題，解釋態度、觀點。想瞭解規則性及型態的改變	回答「什麼」的問題，研究的結果有助於現況的改變
其他的特色	樣本較小，但資料較有效力	可複製，包含較大的樣本（具代表性），在短時間內可以接觸大量的樣本

比較項目	質性研究	量化研究
優點	比較精微、深入，可以捕捉內在真實的感受	比較客觀，注重信度與效度，所花的時間較短
缺點	耗時，比較主觀，結論無法作類推，因為無法複製所以不容易驗證其客觀性	很難通盤的控制相關變項，使研究不周延而喪失效度，若研究的時間短，則不易瞭解是短期效果或長期效果

三、量化研究與質性研究的統合

事實上質性研究與量化研究是不完全對立的，因各有其優、缺點所以可以相輔相成，在講求科技整合的今天，在研究時注重質與量的統整、互補或混合使用益顯其重要性。研究所考試亦逐漸考質與量如何整合的考題，請多注意，此類考「整合」的考題是一個考試的趨勢，在一些學科中都曾出現過，例如，教育社會學曾考過：衝突論與和諧論是否可以整合，而課程與教學也考過地球村教育與鄉土教學是否可以整合的問題，這類問題的答案都是肯定的，雖然在本質上兩種理論是互相衝突的，考生必須能抓住考試的脈絡才能得高分。

有許多學者都提出應該將質與量的研究加以調和的說法（L. Cronbach; M. Miles & A. Huberman; J. K. Smith & L. Heshusius; B. Ingersoll; T. P. Jick; R. S. Smith; P. Lazarsfeld），考試時當考官問質與量是否可以調和時，答案是肯定的，並且強調兩者應該是互補的（complimentary）與相互對照的（contrasting），以下解釋數種混合的方式：（賈馥茗、楊深坑，民82；胡幼慧，民85）

（一）因格索的調和模式

因格索（B. Ingersoll）的調和模式類似Creswell（1994）所提的二階段式設計（two-phase design）或主－輔式設計（the dominant-less dominant design），因格索認為質與量的互補可形成三種模式：

模式一：探索變數　　　　模式二：提供例證　　　　模式三：提出解釋
(exploring the parameters)　(providing examples)　(suggesting interpretation)

質｜量　　　　　　質｜量　　　　　　質｜量

在模式一的探索變數模式裏，質性研究在量化研究之前展開，目的是幫助量化研究找出研究的相關變項，具有探索（pilot study）的功能，例如，若我們想調查一般人對某項議題的態度，但並不完全瞭解所有可能的選項以供編製問卷之用，在此情形下可以先進行質性的深度訪談以便形成問題與選項作為編製量化的問卷調查表之用。在此連續體的另一端：模式三，提出解釋，是以量化的研究為主，但在最終的解釋上則輔以質性的解釋，例如，首先針對一群受試者調查，最後除了針對調查的結果從事統計分析之外，並且抽數個深入訪談的對象，更深入的瞭解他們對問卷及回答的態度。模式二，提供例子，例如，研究者要對某校進行學校氣候問卷的調查，則質性研究可以提供此校情境的深度描述。

（二）三角測量法

在各種融合模式中，最常被提及的是三角測量法（triangulation），其方法可以運用在教育行政中教育評鑑上，亦可以用來測驗理論中的多項特質多項分析法，其意在用兩種或兩種以上的方法共同衡量一個對象，以增進觀察或研究結果的信度與效度。三角測量法的設計可以由簡單至複雜（賈馥茗、楊深坑，民82，p.219）

量尺……	信度……	輻合效度……	整體（或情境）描述
簡單設計			複雜的設計

在此連續體的左邊，包括量尺與信度是屬於簡單的設計為方法內的設計（within method），例如，複本信度，即使用兩份複本施測，再求兩次間的相關，而輻合效度與整體情境描述比較複雜，通常要使用兩種以上的不同方法，例如，輻合效度包含兩層意義：(1)以相同方法衡量相同特質，其結果應極高相關；(2)與不同的方法衡量相同的特質，其結果應高相關，基本上輻合效度目的在建立測驗的建構效度，至於整體情境的描述則常用在研究或評鑑上，例如，同時使用深度訪談（質）與問卷調查（量）來瞭解學校中校長的領導行為，在舉行評鑑時同時蒐集量化資料（測驗結果、學生成績、出席率、教師平均年資等）與質性資料（相片、檔案資料、物理器皿、獎盃、設備、學校環境），若依質與量方法使用的順序，可以分為四種模式：順序式（the sequential model）、並行式（the parallel model）、融合式（the fused model）與互動式（the interactive model），「順序式」是指質與量的研究方法有先後之別，可以先質後量，或先量後質。並行式是指質與量同時實施，各有其研究重點，相輔相成，例如，在對一個社區進行研究時，可以遵循下列的步驟：

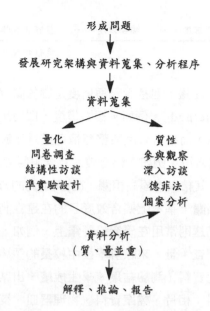

形成問題

↓

發展研究架構與資料蒐集、分析程序

↓

資料蒐集

量化	質性
問卷調查	參與觀察
結構性訪談	深入訪談
準實驗設計	德菲法
	個案分析

資料分析
（質、量並重）

↓

解釋、推論、報告

　　成大曾考過如何結合質性與量化研究的程序，請多注意。所謂融合式，例如，將軼事記錄法予以量化再分析其結果，而互動式則是在研究的過程之中不斷的視情境的需求而變換使用質性研究或量化研究，互動模式具有四個特色：

1. 再某一（或多個）研究情境結合使用量化與質性的資料。
2. 不管量化或質性研究，其研究者皆含有資深者。
3. 不斷的尋找各種資料來源以及各種解釋的可能性。
4. 在研究的所有階段裏（研究設計、取樣、研究工具的選取與設計、資料的蒐集與分析、報告等），質與量的方法都產生一種互動的效果。

（三）雷拉爾斯費爾德的調和模式（賈馥茗、楊深坑）

　　雷氏所建議的調和模式，其原則如下：

1. 某些生活情境無法只以統計數字達到充分的瞭解，必須以質性
   的方法來解釋細微的差異。

2. 對事實的陳述，研究者必須同時進行客觀以及內省的報告。

3. 若以個案研究來進行，則應適當的佐以統計的資料。

4. 應結合實驗的與自然的資料，例如，應以日常的生活資料來輔
   助問卷的資料。

四、批判社會科學或否證論

　　除了質性與量化的研究派典之外，尚有第三種派典——「批判論」
或翻譯成「批判—重建論」，批判論源於1930年代德國的法蘭克福學
派，剛開始時，其目的是反對實證主義的工具理性，是反民主與反人
性的，其代表人物有阿多諾（Theodor Adorno, 1903～1969）、卡
爾‧馬克思（Karl Marx, 1818～1883）、佛洛依德（Sigmund Fraud,
1856～1939）、佛洛姆（Erich Fromm, 1900～1980）、馬庫色
（Herbert Marcuse, 1898～1979）、巴西的佛列里斯（Paulo Freire）
與著名的哈伯瑪斯（Turgen Habermas, 1929～）。批判論的目的在反
對意識形態及制度的牽制，並且透過反省、批判與重建來達到人的自
由、解放，其理論包含有衝突論、女性主義、激進心理分析與唯然論
等，批判主義的內涵有：（朱柔若，民89；溫明麗，民85；賈馥茗、
楊深坑，民82）

1. 批評量化研究過於武斷，違反人性，同時也批判詮釋研究（質）
   太過主觀、太過相對主義，把所有人的觀點視為平等，認為質
   性研究只重視地方文化、特殊與微觀的層面而忽略了社會文化
   與制度的影響。

2.認為質性研究並不採取一個顯著的立場，是不講道德與被動的，並不會主動幫助人們認清不合理的迷思，並且以行動來建立更為公平的社會，但批判論卻以幫助人們揭露事實的真相，走出迷思，並且以行動來建立更公平的社會為天職。

3.溫明麗（民85）認為批判論主要在於繼續十八世紀以降人類理性啟蒙任務，其終極關懷是人類理性自主的維護與闡揚。至於所採用的方法，積極的則為批判，尤其試圖喚醒自康德（Immanuel Kant, 1724～1804）以來所強調之主體理性；消極的則反思存在主義、馬克思（Karl Marx, 1818～1883）、韋伯（Max Weber, 1864～1920）等人對工具理性產生的「物化」與「疏離」所作的批判；並試圖透過理性之自我反省以解放「我執」，進而重建個人與其社會生活世界間之合理關係。（p.208）

4.批判論的實踐三部曲是：理性的反省、解放與重建，其最大的特色是強調行動——「實踐性解放」（practical emancipation）。教育的目的在發揚人類的自主性與理性，並且建構未來的美好生活，而此美好的生活是以個人主體為核心，而個人是一位具有自主性、自律能力的個體。

（一）批判論（否證論）研究派典之內涵（朱柔若，民88）

1.研究目的：批判論的研究目的在打破迷思，揭發隱藏的真相並且建立一個更為公平的社會，特別賦予那些比較沒有權力的人較多的關注，以研究為手段，並激起草根行動使被壓迫者能夠從限制、教條與偽善的宰制中解放。

2.什麼是社會的實相：批判論者採取歷史唯物主義的觀點，認為真相是有許多的層次的，而且，真相是不斷受到外在歷史、政治、文化與社會等因素間不斷的衝突、改變所塑造的結果，真

相本身即存在著內部的矛盾，例如，一篇詮釋性的質性研究會
描寫婆婆與兒子及媳婦相處的種種歷程，例如，老年人沒錢用
的困境、與兒媳同住要看人臉色的不自在、晚輩不尊重長輩、
婆婆要幫忙做家事帶孫兒的辛勞等等（周雅容，民85；〈老年
婦女的三代同堂支持與依賴〉），似乎在快速變遷的社會中「阿
媽」們是陷於舊社會的價值觀（希望兒、媳孝順），與新社會的
價值觀之中（過去阿媽們侍奉公婆任勞任怨，如今情況不同），
質性研究只描述現況，但批判論會更進一步去探討阿媽們的價
值觀是否符合時宜，例如，在辛苦了大半輩子之後，是否還要
任勞任怨的幫忙帶孫子？阿媽們真的必須與兒子媳婦同住嗎？
是不是有其他更自在的安排方式？社會福利制度是否有關照老
年人？這個社會可以採取什麼行動以協助老年人的安養？

3. 對人性的基本假設：實證主義認為人是社會的產物，社會可以
控制人、影響人，但批判論認為此種想法過於被動、物化，批
判論者認為人基本上市有潛力、有創造力的，能夠適應環境，
也可以改變環境，某些時候人似乎是被環境所控制而孤立，那
是因為人處於錯覺以及被壓迫的處境而尚未被解放出來。

4. 對於科學與常識的關係：實證主義反對常識，認為常識是沒有
經過科學的驗證，其地位次於經過科學驗證的知識。批判論者
從虛假意識（false consciousness）的觀點來看常識，所謂虛
假意識是一種迷思，我們從小到大不斷的接觸而內化成我們的
一部分，我們信以為真，並且在日常生活中不假思索的重複這
些迷思與行為模式，例如，嫁娶制度即隱含了權力的不平等
性，批判論者注重破除這些虛假意識。

5. 對人之自由意志的看法：實證主義認為人並沒有太多的自由意
志，而是受到因果法則所注定的，而質性研究則採取自願主義
（voluntarism）的假設，認為人有極大的自由意志來選取與創
造自己的角色，批判論的觀點介於兩者之中，認為人有一部分

是屬於決定論的，但有些部分卻可以自主，批判論者相信人固然受本身所處的社會文化與制度的影響，但這種影響並非永遠固定的，人可以發揮其洞見以改變社會中制度、律法與結構的關係。弱勢的族群更應該對社會宰制的力量提出批判，重建更為合理的溝通環境。

6. 如何分辨解釋或結論的真假對錯：實證主義檢證結論真假的方式是透過統計分析或者複製質性研究則透過多元資料來源，科學社群的評論或其他的方式來檢證，但批判理論的檢證則強調「行動」、「重建」的可能性，如果我們對某件事提出批判，那麼是否有更合理、公平的解決方案？其可行性如何？如果沒有一個可行性高的合理方案，再好的批判都是惘然，因此，批判論是以批判為起點，但卻以重建為最終的目的。

7. 什麼才是社會的事實：實證論事實是獨立於價值之外（二元論）可以使用客觀的方法加以取得，而質性研究卻認為社會事實是人主觀建構的結果，事實不會是中立的，批判論介於兩者之間，認為事實必須擺進一個框架（理論、架構、脈絡）上去解釋才會產生意義。批判論所指的框架傾向於前述社會學理論（例如，馬克思的衝突論）。

8. 有關社會／政治價值的介入：批判論認為實證主義想保持價值中立是一種迷思，但質性研究認為所有人的觀點一樣重要也是另一種迷失，批判論認為正確的觀點只有少數一、兩個，而其餘的可能是錯的，或一種誤導。批判論以為研究者必須扮演一位「轉型知識分子」（tarnsformative intellectual），亦即為維護社會正義而傾力移風易俗的知識分子。

（二）三種研究取向的比較（朱柔若，民88）

考生可以將此表與質與量之比較表融合，以取得高分。

比較項目	實證主義（量化研究）	質性研究	批判論
研究目的	發現自然法則，因此可以進行預測與控制	瞭解與詮釋有意義的社會行動	破除迷思，進行社會及思想改革
社會事實的本質	社會具有穩定的秩序與真相，等待人們前去發掘	社會的事實具有多樣性，人是在社會情境的脈絡與互動之中創造社會事實	社會基本是不斷的宰制、衝突的
人性本質	受制於外在環境，人基本上是理性的	人們不斷的在創造社會意義	人一方面受制於迷思與壓迫，但一方面又富含適應力與創造力，具有改造環境的能力
常識	常識是不科學的	在日常生活中人們常依靠常識作為型動的基礎，接受常識，並研究常識如何運作	常識可能是一種虛假意識，作為統治者專制的策略
有關理論	重視變項以及變項間的關係，推論必須符合邏輯，利用歸納法	使用現象學、詮釋學、符號互動論等作為解釋的架構	重視批判，解放人們的思想及行動上的宰制
怎麼樣的解釋才算正確	符合統計分析，符合邏輯	獲得其他研究者或科學社群的認同	提供人們改善社會環境的策略
價值中立	強調科學研究是價值中立的	採取價值介入的立場	只有某一個（些）價值觀是對的

試題分析

　　以往的考古題主要是考量化研究與質性研究彼此之比較，強調相異的部分，而近來的研究所考試則強調量化研究與質性研究如何相輔相成、統合的部分，考生請注意考試的趨勢。這類的考試，在回答時，首先，簡單的介紹「派典」的概念，接著，在考統合時，不要忘了將「三角測量法」的名詞寫入，就答對了相當的程度，請參考第一題的回答架構。

一、請從對社會世界的基本假定、研究目的、研究方法與研究者角色來說明「量」與「質」兩種研究派典的差異。〔嘉師83〕

答：1.何謂派典（paradigm）：在孔恩的《科學革命的結構》（*The structure of scientific revolutions*）一書中首先有系統的介紹派典，並定義派典為一種科學研究的學術模型，包含了相關的基本假定、研究程序、方法與技術，之後這些科學派典為科學社群所接受、遵守，成為指導研究的基本原則。

　　早期將研究派典分為量化研究派典與質性研究派典，但此兩種典範之發展各有利弊，後來德國之法蘭克福學派又提出了所謂的批判重建論，提出部分修正的路線，成為第三種研究典派。以下依題意比較量化與質性研究在基本假定、研究目的、研究方法與研究角色上之差異。

　　2.量與質之比較：

　　　(1)基本假定：

　　　　① 量化研究：

　　　　　‧世界是理性的、線性的、可以測量的、控制的與預測的。

　　　　　‧事實與真理是獨立存在的，不因情境不同而變動，研究者可以「客觀」的加以探究。

　　　　　‧工具取向、絕對的。

② 質性研究：

‧世界的意義是人們建構的，行動者帶有主觀的意義。

‧事實有很多層面，不同的情境可能產生不同的事實或眞理，研究者採取價值介入的立場，去捕捉被研究者內在、深沈的看法。

‧相對的、脈絡（微觀）取向。

(2)研究目的：

① 量化研究：

‧探究眞理、發現知識。

‧發展理論，修正、批判理論。

‧探討理論之運用與限制。

② 質性研究：

‧以被研究者的立場來詮釋社會現象。

‧發展或驗證理論。

‧擴充理解（知識）。

(3)研究方法：

① 量化研究：重視設計、工具的嚴謹性、控制、測量與操控，常用的研究方法有調查法、驗證法或相關研究法等，以客觀的態度蒐集量化的資料。

② 質性研究：重視彈性、持續性，與受試者內在、精微之情感、觀點的捕捉，常用的研究方法有參與觀察、田野調查、深度訪談與人種誌研究法等。

(4)研究者角色：

① 量化研究：研究者較少與被研究者接觸，與被研究者保持距離，以維護客觀、中立的立場，並且儘量避免情感的涉入，以減少偏見，所採的態度爲「主－客」關係。

② 質性研究：研究者儘量與被研究者接觸，並且在活動中扮演某種角色，採用參與觀察的研究方法，以捕捉臨場感，研究者所採取的地位是「主－主」關係。

二、試述量的研究與質的研究各有何優、缺點。〔中師85〕

答：1. 此題考生應簡單敘述量化與質性研究的理論基礎與特色，請參考內文。

2. 兩者優點與缺點之比較：

(1) 量化研究之優點：

① 具體、客觀，比較有效率，其研究的時間通常比質性研究較短，因為具體，故其測量結果精確，而比較少爭議性，例如，可以使用標準化測驗的結果來衡量學校的成就水準。

② 實驗研究法可以判斷因果關係，量化研究中所使用的實驗法由於對內在效度的威脅予以儘量排除，原則上是可以斷定因果關係，此點是其優於質性研究的地方。

③ 以統計分析的結果作為拒絕或接受虛無假設的依據，非常具體、明確，一般研究者只要按部就班，即可進行。陳伯璋（民76）認為量化的研究具有下列的優點：

· 可以建立法則，因為量化研究是以自然科學的方法和程序來進行的，因此可以對教育現象建立可供運用的法則。

· 具有「效率」導向：量化研究的目的之一是用來解決教育情境中之實際問題，並且形成原理、原則以供教育活動指導的參考。

· 量化研究強調「價值中立」，所以才能夠「不偏不倚」地描述教育活動中之事實。

(2) 量化研究之缺點：

① 物化、異化：量化研究強調可以客觀測量的特質，例如，以智力測驗的成績來代表受試者的智力，容易造成以偏概全的危險，使研究只專注在可以量化的部分，而忽視了難以量化的部分，但有時抽象，不易量化的部分卻是代表著

重要的教育成果，例如，教室氣氛、學校文化、學生滿意度等，套句批判論的觀點來說，將一切量化的歷程稱爲「物化」，而最終「物化」會導致「異化」，亦即與原來所要眞正測量的、研究的本質脫節。黃光雄，簡茂發（民84）引述Bogdan與Biklen的文章，指出量化若淪爲數字遊戲，將造成下列的危險：(1)數字不一定代表常模，數量化結果的比例或量尺，不是中性的，具有社會意義；(2)數量化改變了人、事、物的意義，數量化易使被視爲理所當然的突顯出來，使模糊的變爲具體；(3)數量化有其歷史性，數字並非獨立於時、空的，受產生數字的社會、歷史脈絡的影響；(4)數量化是多層面的現象，例如，地方對師生比例與中央的看法不一定一樣……；(5)資料蒐集者及其動機影響數字大小、意義及其數量化過程；(6)數量取代本來的意圖，教育的目的主要是學習，但最後卻流於學期成績的追逐，及格率取代了本來的意義；(7)數字的產生受社會過程和結構因素的影響；(8)數字有強烈的情意的、儀式的意義，科學是解釋日常生活的一種方式，而數字漸被視爲科學、合理的同義字。（p.233）

② 強制性：量化研究採取「主－客」關係的立場來進行研究，很少「設身處地」從受試者的立場、觀點加以理解，有時容易造成以研究者的立場爲立場，以研究者之理解爲理解而忽略了受試者之立場與感受，也就是研究者將其觀點、意見「加強」在受試者身上，以爲受試者也有類似的想法。其原因部分來自前述物化而產生疏離，另一方面也是由於量化的研究偏重於技術導向的結果。

③ 只求「工具理性」而喪失了「實質理性」：陳伯璋指出，由於量化研究重視效率，有可能造成研究者只重視實際教育問題的解決而忽略了本質上的問題（見樹不見林），將

解決實際教育問題視爲理所當然而不去批判、反省，例如，大學多元入學的政策其本質是在減少升學的競爭壓力，但實施的結果卻可能反而增加壓力，研究應從本質上檢討何以升學壓力如此沉重（大家都想升學，多數人還是要參加考試），而不是研究如何簡化多元入學的程序（治標不治本）。

(3) 質性研究之優點：（陳伯璋，民76）

　① 對教育現象能夠整體性與深入的理解。研究者重視意義所從出的社會脈絡，對意義的瞭解不僅限於表象，而是要把握現象背後的眞正內涵。

　② 注重歷程。這是質性研究的重要優點之一。質性研究者視研究對象爲主體，常見的研究方式之一就是透過研究者與參與者的互動歷程來理解參與者的觀點，在教育研究中亦觀察師生間之互動與溝通的歷程，其實教育活動中，結果與歷程式同樣重要的。

　③ 注重情意方面的探討。情意領域包含了價值觀、態度、信仰、人格、情緒是教育活動中最重要的一環，情意方面的研究以質性方法爲佳。

(4) 質性研究的限制：（王伯璋）

　① 質性研究要求研究者必須具備高度專業的研究能力與長期、專注的投入，兩者缺一不可。

　② 質性研究過度強調「主體性」、「自我」，可能陷入「相對主義」難以建立通則，沒有確定的良好價值觀可供依循，違反了教育的本意。

　③ 研究者可能只偏重於詮釋教育現象，而把所見的教育現象視爲「理所當然」而不去批判，這樣的研究可能合理化教育情境中一些不公平、不合理的現象。

　④ 依哈伯瑪斯所言，太過依循量化或質性研究的典範，都有可能造成方法上的獨斷，只研究到部分的社會現象。

三、教育研究有「量的研究」及「質的研究」之分，試各舉一研究法
說明其優點及限制。〔市北師81〕

答：量化的研究中以實驗法最有名，而質性研究則以人種誌研究法最
有名，因此筆者比較這兩種研究之程序、特色、優點與限制。

1.實驗研究法：

(1)特徵：

① 客觀、系統、實證、控制、操作性定義、複製。

② 控制方法有物理控制、樣本選擇的控制與統計控制。

③ 精確、客觀、具體的觀察、測量。

④ 排除無關變項，減少內在效度的威脅。

⑤ 隨機化原則，包括隨機取樣與隨機控制。

⑥ 注重統計的分析，假設的可驗證性。

(2)程序：

① 確定問題。

② 發展假設。

③ 設計實驗。

④ 抽樣，決定工具。

⑤ 進行實驗觀察。

⑥ 蒐集、分析資料。

⑦ 提出報告。

(3)實驗研究法之優點：（張春興等）

① 嚴密的控制干擾變項的介入，減少內在效度的威脅。

② 以操作性定義變項，比較具體、明確。

③ 系統化的操控自變項，以便觀察自變項與依變項的關係，
在控制嚴謹的前提下，可以斷定因果關係。

④ 使用具有較高的信度與效度的測量工具，提升研究的效
度。

⑤ 以科學的統計分析方式來決定拒絕或接受假設，非常具體
明確。

(4)實驗研究法之限制：（陳龍安、莊明眞）

① 社會科學的研究以人爲對象，比較不容易控制。

② 有些自變項的控制不容易實驗，這些自變項可能涉及人道或成本效益的理由而不適合從事實驗，例如，我們不可以要求志願者吸菸來研究吸菸與健康間之關係。

③ 實驗情境人工化。實驗室的嚴格控制固然可以減少內在效度的威脅，但亦可與眞正的日常生活情境脫節而降低了外在效度（推論性）使研究結果在運用上受限制。

④ 無法從事大規模的實驗：實驗需要相當的經費、人力、物力與時間，而且有時必須取得行政上的協調，因此，比較無法針對大樣本從事實驗，因此其研究結果的代表性與推論性受質疑。

⑤ 測量工具的難覓及使用的偏差：量化的研究很重視測量工具的精確性，最好是使用標準化的測量工具，但是研究的種類很多，不一定可以取得符合研究目的的標準化測量工具，即使取得標準化測量工具，在實施的過程亦可能產生系統化或非系統化的誤差，例如，指導手冊上的常模過時（二、三十年前建立的）以缺乏信度與效度的工具所從事的研究，其結果會令人質疑。

⑥ 實驗費時費力且不易取得行政方面或受試者之合作。

2. 人種誌研究法：

(1)人種誌研究（質性研究）之特色：

① 非線性觀點：人種誌研究是一種循環的研究歷程，重複相同的程序直到達成研究目的爲止。

② 重視脈絡，探索不同情境脈絡中所顯現的意義。

③ 個案研究的性質：針對個案，廣泛而長期的蒐集資料作深度的探索。

④ 重視研究倫理：包括保密、誠實、不傷害受試者、知會受

試者以及對資料的驗證等。

⑤ 倫理根源於符號互動論、詮釋學、紮根理論、現象學。

⑥ 重視過程、互動。

⑦ 採用三角測量法以增加質性研究的信度與效度。

⑧ 長期資料蒐集原則與多元資料蒐集原則。

(2) 人種誌研究的程序：王文科引用Spradlty（1980）指出人種
誌研究法的程序為：

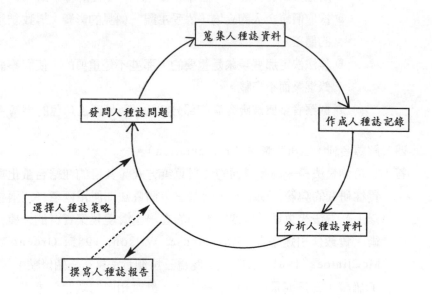

(3) 王文科指出教育人種誌之優點為：

① 人種誌研究係針對一個完整的教育情境從事長期的觀察研
究，所蒐集的資料比較深入、完整，這是其他研究法無法
取代的。

② 人種誌研究法比其他研究法更容易發現新的結果或假設。

③ 依自然的情境所蒐集的資料比較符合真實的社會情境。

④ 由於開始研究時只設立暫時性的假設，故比傳統的研究更

容易發現意外的結果。

(4)人種誌研究法的限制：

① 研究者需要在社會學或人類學上有充分的訓練，例如，觀察與訪問的技巧。

② 比一般傳統的研究需要更長的時間與更多的經費。

③ 屬於個案研究的性質，無法複製研究結果以確定研究的效度。

④ 所蒐集的資料繁多，且不易量化，可能使解釋不易。

⑤ 採取價值介入的立場，恐受主觀、偏見的影響，導致結論的偏差。

⑥ 無法決定那些現象是重要的，那些不是重要的，使觀察記錄混亂而不完整。

⑦ 觀察者參與被研究者的部分活動，可能產生角色的混淆。

四、解釋名詞：三角測量法（triangulation）。

答：三角測量法是一種多層面的資料蒐集方式，其目的在結合量化與質性研究的典範。簡單說，所謂三角測量法即使用兩種（或兩種以上）方法來蒐集資料或從不同的立場、情境蒐集資料的一種技術。黃政傑引述學者（Rossman & Wilson, 1985; Greene & McClintock, 1985）的觀點，認為三角測量法具有三個優點：

1.確證：三角測量法採用多種方法，針對相同的議題蒐集資料，其結果應高相關（輻合效度），亦即，我們可以比較數種方法蒐集資料的結果，如果其間的相關很高，表示資料是確實可靠的。

2.精緻：三角測量法也可以運用不同方法，或從不同的受試者、不同的情境來蒐集相關的資料，使研究的內容更加豐富、充實與周延，例如，我們可以訪問不同立場的人（行政人員、教師、學生、家長）對某項學校議題的看法，如此所蒐集到的資

料將更爲完備。

3. 創新：與傳統研究典範受限於單一的邏輯與方法不同，三角測
   量法嘗試結合量化與質性研究，截長補短，是一種創新。

三角測量法的設計：三角測量法的設計由簡單到複雜，可以圖示
如下：

量尺	信度	輻合效度	整體（或情境）描述
簡單的設計			複雜的設計

在簡單的設計中，包含了量尺或信度的測量方法，目的在檢驗內
部一致性或信度，是屬於方法內設計（within method），主要是
使用在相關測驗方面的理論，例如，使用相同方法重複施測，求
兩次間之相關（信度）。另外，輻合效度以及整體（或情境）的描
述是屬於複雜的設計或方法間設計（between method），其目的
在精緻以及創新，例如，運用問卷調查與深度訪談來進行學校師
生間關係的研究，若其結果相關很高，則具有輻合效度，再比
如，針對教室、遊戲室、圖書室、辦公室觀察受試者的情緒表
現，是爲整體描述的複雜設計。

實施的方式：三角測量法的實施，可以分爲四個層面：（黃政
傑，民79）

1. 理論的三角測量法：是使用不同理論來探討同一現象，例如，
   我們可以從佛洛依德的潛意識動機說，以及馬斯洛的自我實現
   傾向來探討人類的動機，不同理論可能互補或相互批判，使眞
   理浮現。

2. 方法的三角測量法：是運用各種方法，尤其是結合量化與質性
   研究的典範來蒐集資料，在實施上又分爲順序式（the
   sequential method）、並行式（the parallel method）、融合式
   （the fused model）以及互動式（the interactive model）等四
   種。

3. 人員的三角測量法：採用兩位或兩位以上的研究人員來蒐集資料，再相互檢驗不同研究人員之資料蒐集的結果。採用不同的研究人員可以減少偏見的介入。

4. 資料的三角測量法：結合三個向度的資料蒐集：時間、空間與層次。在時間上，採用縱貫研究法或同期群研究（cohort design）的長期資料蒐集方式，以取代短期的資料蒐集方式，例如，問卷調查法。空間及層次的三角測量法如下：

   (1)空間三角測量法：空間是指不同的地點或情境，可能有不同的次文化，例如，我們可以觀察、比較都市地區大學校、郊區學校與偏遠地區小學校間，其學校文化與班級氣氛之異同。

   (2)層次的三角測量法：依史密斯的分類，資料的蒐集可以分為七個層次：個人集合的、團體的（關係互動的）、組織的、機構的、環境的、文化的與社會的（黃政傑，民79）。亦即我們在資料蒐集的對象上，應考慮到不同層面的觀點與內容。

五、常用的教育研究法有哪些？他們當中是否有一個「最好的」方法？請說明你的看法？〔屏師86〕

答：此題的答案當然是否定的，此題的目的也是在考三角測量法，採取一種互補的態度，結合質性與量化研究的優點，但考生在回答時，也應該說明三角測量法在運用上的限制，畢竟不可能有一種「最好」的研究方式，而是針對不同的研究情境，選擇「較佳」的「可行」研究方式。行政學大師賽蒙，曾經區分我們的理性為「有限理性」與「無限理性」，在理想上，領導者在作決策之前，都希望將各種可能的影響因素加以考慮、分析、判斷，但是實際上這是不可能的，往往決策有時間、利益團體的壓力，以及其他不可預知、難以控制的壓力，因此，我們僅能採取「協調折衝」

（compromise）的方式來解決問題（有限理性），亦即，我們所考慮的，並不是「最佳」的方案而是「較佳，但可行」的方案。

1. 常用的研究方法：基本上，我們將研究方法分為量化的研究典範與質性的研究典範兩種。在量化的研究典範中，常用的研究法有：實驗法、調查法、相關法、事後回溯法等。而質性的研究典範中，常用的研究法有人種誌研究法、歷史研究法與內容分析法等。

2. 是否有最好的研究法？：筆者引用林彩岫（民82）所引述的希臘神話來回答。傳說中，普羅克拉斯提茲（Procrustens）在捉到旅客後，會把旅客先綁在床上，若旅客的腳超過他的床，就把旅客的腳砍斷，相反的，若旅客的身高不夠床的長度，就把旅客的身高拉長。本來人是主體，應該優先考慮人，而普羅克拉斯提茲的做法是本末倒置，事先設定了條件，再要求人去適應它，這個故事類似中國傳說中「削足適履」的故事，結論是我們不應該囿於某種的研究典範、研究方法，而應考慮研究的目的、性質，選擇比較好、可行性較高的研究方法，考慮到研究的經費、時限、資源以及行政上的配合度等因素。

3. 三角測量法──一種互補的考量：既然質性研究與量化研究各有其限制，若時間與經費上許可，我們可以採用三角測量法來提升研究的信度與效度以及豐富研究的內涵，所謂三角測量法是針對研究的議題，從不同的理論、研究資料來源或研究人員介入，使研究更為確實、圓融、豐富，但所有的研究方法都有優點與限制，在實施三角測量法時，應該注意：（黃政傑，民79）

   (1)結合不同能力的人來進行研究要優於培養一個專精各種研究方法的人。

   (2)三角測量法並無統一的格式，那些研究方法、層面、研究人員的搭配最有效果必須視每一個研究個案而定。

   (3)必須整合方法論上的矛盾與衝突，兩種典範的結合，不僅在

技術層面上必須轉變，而且必須考慮到哲學思考上的相通。

(4)必須考慮到時間、經費上的支援，由於三角測量法的複雜程度較高，相對的其複製的可能性亦降低。

六、請分別從「研究目的」、「研究取向」、「研究資料之分析」、「研究者角色」、「研究結果之推論」等五個向度，說明量的研究與質的研究兩種派典間之差異。〔嘉師86〕

答：1.研究目的：

(1)量化研究：發現事實、建立理論、驗證理論、修正理論、推翻理論、理論的實踐。

(2)質性研究：發現、理解與詮釋社會現象、建立、驗證、修正、批判理論、擴充理解。

2.研究取向：

(1)量化研究：大型的、分層的、隨機的、控制的、鉅觀的、實證的、具體的。

(2)質性研究：小型的、含目標抽樣、詮釋的、互動的、田野研究、參與觀察、整體的、脈絡的。

3.研究資料之分析：

(1)量化研究：演繹的，以統計分析的結果作為拒絕獲接受虛無假設的依據，資料分析全部建立在硬性資料（數字）的基礎上。絕對的觀點。

(2)質性研究：歸納的，以基礎理論（grounded theory）、符號互動論或詮釋學、社會學、女性主義等理論作為分析、理解、詮釋的基礎。組型分析（pattern analysis），重視意義背後的脈絡關係，相對的觀點。

4.研究者角色：

(1)量化研究：局外人、「主－客」關係，採取客觀、中立的立場，不介入研究活動以避免偏見。

(2)質性研究：局內人觀點，「主－主」關係、採「價值介入」的立場，參與部分研究活動以發展同理心（同情的理解）與互為主體性（inter-subjectivity），以利於詮釋參與者的世界。

5.研究結果的推論：

(1)量化研究：重視通則的建立，由於控制嚴謹，研究結果具外在效度，可以推論到類似的群體、情境。

(2)質性研究：屬個案研究的性質，而且對因素間並沒有進行控制，無法建立因果關係，是為準因果關係的性質。質性研究不具外在效度，其目的不在建立通則，而是在「擴充理解」，複製性低，亦即，質性研究不具推論性。

七、在科學哲學（Philosophy of science）中，下列各學說、派別、人物的主要觀點為何？試簡要敘述。

1.邏輯實證論（logical positivism）。

2.Karl Popper的否證論。

3.Thomas Kuhn「科學革命的結構」之分析。〔政大83〕

答：1.邏輯實證論：依張芬芬、譚光鼎（民84）的研究指出，邏輯實證論是根源於維根斯坦（L. Wittgenstein）與維也納學團（Vienna Circle）的新實證主義（Neo-positivism），其原來的目的是強調在自然科學的研究上必須使用完全絕對客觀的語言，其學說的要點為「可驗證性」與「邏輯」。

(1)可檢證性：真理是獨立於時空之中，而知識及真理的判準（真知或假知）必須經由感官經驗並且結合邏輯經驗與數學語義作為檢證的標準，簡單說，必須以實證（證據）及透過一定的程序來驗證假設。

(2)邏輯：知識是後驗的，而且透過命題型式來精確的定義、表達與檢證。歸納實證主義的主張有：

① 認為人文與自然科學的研究對象都是一致的，可以客觀、
具體測量的。

② 研究方法一元化，認為可以以自然科學的研究方法運用在
社會科學上以建立普遍的概化與因果法則。

③ 知識的後驗性：反對先天理性，認為人類的知識是透過後
天的經驗、感官去分析、測量與覺知的。

④ 「假設－演繹」的典範：其研究過程是建立假設、蒐集資
料、分析資料與拒絕獲接受假設。

2.Karl Popper的否證論：陳伯璋（民76）認為波柏的思想注重論
證科學知識的形成以及形成之過程邏輯。Popper注重「理論的
『檢驗』和『否證』（refutation）的可能性，其精神是『懷
疑』、「批判」的，希望在『嘗試錯誤』的過程中，不斷地提出
否證，不斷地修正理論，使其逐漸趨向於真理。所以從認識論
來說，它是『真理接近說』（Correpondence Theory of
Truth）；其方法是實證的『否證法』（refutation or
falsification）；其『科學』批判的規準是知識否證的可能性和
可傳達性內容的命題」。（p.26）

(1)認識論：Popper否認有先天理性的存在，他認為知識是由
「常識」（common sense）或「觀察」中，逐步修正而來
的，更重要的是知識只是「暫時的」而且隨時準備被「否
證」，因為在客觀條件與研究工具改變之後，知識也跟著改
變，因此，我們永遠無法捕捉住真理，所有一切的知識都只
是暫時的、相對的。一個非常好的例子是天文學的研究領
域，我們對太陽系以及宇宙的認知，是隨著研究工具的改進
而修正的，包括推翻月球沒有水的知識，也許將來有一天我
們會發現火星上曾有過生物，或者宇宙中有許多先進的文
明，而這些發現可能會推翻目前我們對「生命」的定義，所
以目前在這個時空中的知識並非是絕對不變的，而是不斷的

在進化之中。Popper 認為研究是一個不斷尋求否證，以使我們更加認識所處的世界，也越接近真理的歷程，一個好的研究，其先決條件是可以被否證的。

(2)否證的方法：Popper 提出的「否證」（refutation 或 falsification）其步驟是：

① 提出問題。

② 發展假設性的解答。

③ 由新的理論中演繹出可以檢證（否證）的問題（命題）。

④ 檢證，可以採用科學的觀察或實驗方法。

⑤ 由所有競爭性的解釋中，選擇最禁得起考驗的一種。

Popper 的否證論具有下列的特性：

① 否證法是建立在科學的觀察、實驗的基礎上，若否證成立（證據支持），則修正先前的知識、理論。

② 否證法具有開放性，可以不斷的修正、擴充知識。（陳伯璋）

3.Thomas Kuhn「科學革命的結構」分析：孔恩首先將典範或科學典範（scientific paradigm）加以有系統的論證，他認為科學典範是一種思考模式、理論架構與研究取向、方法，而「科學革命」即是一種「典範的改變」。其核心概念為：

(1)常態科學（normal science）：是目前科學社群大部分所接受的典範，他們以此典範去認知、理解這個世界，並且逐漸的在此典範的架構下發展理論，累積知識。

(2)非常態科學（extraordinary science）：社會不斷的改變，當常態科學發展一段時間之後，逐漸發現有一些社會科學社群開始質疑、批判舊有的常態科學，並懷疑其正當性，此時漸感覺到有發展另外一種典範的必要，而進入一種典範的危機、衝突時期。

(3)科學革命（scientific revolution）：當科學社群逐漸發展

成功一種新的典範以取代舊的典範時，科學革命即成功。從
此科學社群使用新的思考模式、價值觀、研究方法與技術。

第3章

● ●

教育研究之基本概念

一、概念、構念與變項

（一）概念

概念、構念與變項都是用來作為思考過程的基本單位。概念（concept）是指一組事物之共同特徵，例如，圓形的，可以是圓桌子、月亮是圓的、圓圓的麵包三者共有的特徵，概念在本質上具有幾種特性（吳明清，民80）：

1. 多樣性：同一事務可以具有不同的屬性（概念），例如，要研究學校時可以從具體的物理概念（physical concepts）作為研究的單位，例如，學校大小、學校的資源設備、班級大小、師生比或其他的物理特徵作為研究的對象，亦可以以「心理概念」（psychological concepts）來研究學校；例如，教師的士氣、學校文化、學業成就、社區親子關係、師生互動、學校教室內班級社體系分析等。

2. 抽象性：概念是抽象性而且是共通的特質，例如，研究師生互動指的是一般教師與學生的互動，而不是特別的教師與某位學生的互動。

3. 普遍性：與共通性同意，例如，標準化測驗通常具有常模，此陳敘句中的標準化測驗泛指一般的標準化測驗，而常模也可為各種類型的常模。

4. 層次性：一個概念可以依其抽象的層次再分成某些的層次，例如，人可分為男人與女人兩個層次，再細分為大人與小孩等，在此，人是屬於上位概念，而男人與女人，大人（男、女）、小孩（男、女）則屬於下位概念，下位概念的限制性比較大。

5. 複合性：兩個或兩個以上的概念可以組合成為一個較為複雜的

概念，例如，將圓的與桌子組合成圓的桌子。

6.工具性：概念是思考的基本元素，研究的目的之一是將複雜的
資料形成某些概念或假設。

（二）構念

構念（construct）與抽象性概念類似，是一種假設性的實體，例
如，智力、性向、自我實現、權力動機等，構念的提出常常與理論的
發展或假設的驗證有關，例如，史皮爾曼（Spearman）將智力歸納爲
S因素（specific factor，特殊因素）與G因素（general factor，一般
因素），即是一種構念，構念的驗證方式很多，可以使用實驗法、對照
組法、因素分析，多項特質－多項分析法或其他方式來驗證。

（三）變項

變項的英文是variable其中字根vary有變動、變化的意思，所以
變項是指可以改變的屬性或概念。變項是研究所考試的重點，基本上
研究的目的之一即是在探討變項間的因果關係。與變項相反的是常數
（constant），是一個恆常不變的特質，例如 π，或者在迴歸分析方程
式 $\hat{y}=ax+b$ 中之b即爲常數。性別、年齡、學校大小等物理特徵是可以
改變的變項，成就、動機、智力、學校文化等也是屬於抽象的變項，
變項的改變可以是量的改變，如學生分數的高低，也可以是質的改
變，如教師士氣。

二、變項的類別

爲了研究上的方便，我們必須將變項加以分類，其類別爲：

（一）自變項與依變項

此種分類法最爲常見，在因果關係的解釋中，自變項（independent variables）是因，而依變項（dependent variables）是果，自變項的發生在前，依變項的發生在後，如果以函數來表示爲：$f(x)=y$，y是x的函數，x是自變項，y是依變項，若x變動，y跟著變動。

自變項有時在不同的情境中亦被稱爲預測變項，而依變項則被稱爲效標變項，例如，在「國小智力與學業成就之相關研究」中，智力是自變項而學業成就是依變項，由於我們亦可以研究的結果作爲預測之用（若兩者的相關很高），因此智力又稱爲預測變項（predictor variable），而其所預測的學業成就又稱爲效標變項（criterion）。許多的研究所考試都要考生找出個案（試題中）何者是自變項？何者是效標變項？或者詢問考生如何測量依變項（例如，焦慮如何測量），值得一提的是自變項與依變項如果存在，但不必然表示兩者之間存在著因果關係，其間的關係與解釋甚爲複雜，在下一節討論。

（二）主動變項與屬性變項

主動變項（active variables）是研究者可以操控（manupulate）的變項，操控（尤其是在實驗研究法中）的目的在便於比較、解釋，或減少內在效度的威脅。而屬性變項（attribute variables）是指研究者無法操控只能測量的變項。例如，在前述智力與學業成就的研究中，智力是爲主動變項，我們可以選擇使用什麼標準來將智力分類，但若我們想比較高年級受試與中年級受試之智力是否有明顯的差異，以及男生與女生之智力是否有明顯的差異，則性別與年級別是爲主動變項，而智力則爲屬性變項，可見主動變項與屬性變項兩者的關係並非絕對，一般我們將一些實驗列爲主動變項（例如，不同的教學法）而將一些人的特徵（例如，性別、年齡、職業、社經地位等）列爲屬

性變項,例如,在電腦輔助教學與傳統教學在學生數學科成就之比較研究中,教學法(電腦輔助教學與傳統教學)即為主動變項,研究者可以控制兩種教學的內容與程序(時間、教導者、如何教、如何觀察),但數學科的性別、年級、班級大小與學業成就是為屬性變項,但在「教師性別與教學歷程中師生互動關係的研究」中,性別則轉為主動變項,是研究者刻意操縱的結果,可見主動變項與屬性變項的區別,在於兩者是否可以被操縱。

(三)連續變項與類別變項

此種分類方法是以變項的形式來區分,特別適用於統計方法選擇的依據,連續變項(continuous variable)是指一組數值具有固定的範圍與單位,在理論上,這些數值可以無限被分割,例如,國語科考試的成績範圍介於0～100,單位是1分,但若計算機精密,一個人可以考90分,90.5或90.005分,除了學業成就外,一些標準化測驗的結果,例如,人格量表、智力量表、成就測驗或者問卷的測驗結果,皆屬於連續變項,通常連續變項適合執行母數分析(例如,t 檢定、變異數分析)。

類別變項(categorical variable)又稱為「不連續變項」(discontinuous variable)或「分立變項」(discrete variable),其目的是用來作為分類之用,有二分變項(dichotomous variable),如性別(男與女)、精熟學習的評量方式(通過與不通過);「三分變項」(trichotomous variable),例如,將社經地位分為高、中、低三個層次,將距離分為城市、郊區與偏遠;「多分變項」(polytomous variable),例如,色彩的種類、品牌、球衣號碼等,類別變項的數值無法進行四則運算,在統計上適用於無母數的分析法。

(四)其他變項

1.調節變項(moderator variable):調節變項又稱為次級自變項

（secondary independent variable），具有某些自變項的性質，介於中變項與依變項之間會影響自變項對依變項的作用，例如，在「建構教學與傳統教學在學生數學科之比較研究」中，研究者發現除了教學方法會影響學生表現之外，學生本身的能力也會影響到考試成績，高能力的學生在建構教學法上表現很好，但低能力者在傳統教學上表現較佳，形成一種教學法與學生能力的交互作用（interaction），在這樣的研究中，實驗者除了特地觀察獨立變項（教學法）對依變項（成績）的影響之外，更對學生的能力加以控制，形成如下的研究架構：

建構教學 —— 高能力組
　　　　　 —— 低能力組
傳統教學 —— 高能力組
　　　　　 —— 低能力組
獨立（自）變項　　　次級自變項

　　　　此種研究架構是為2×2的雙因子實驗設計，會產生四組的平均數，應使用ANOVA作為分析。此種調節變項非常適合來作為交互作用的研究。

		教學法	
		建構	傳統
能力	高	高／建構	高／傳統
	低	低／建構	低／傳統

2.混淆變項（confounding variable）：混淆變項是在研究中無法控制的變項（uncontrolled variable），有時亦稱為「額外變項」（extraneous variable），這些變項可能會影響到自變項與依變項，但因為未受到控制，因此，其影響力多大是個未知

數，故稱為混淆變項，以前述建構教學與傳統教學對學生數學
科之影響研究中，可能的混淆變項包括學習環境、測量方法、
實驗者的介入、實驗的歷程（時間、情境）、受試者的背景、校
方、家長對實驗的態度等，這些變項可能對研究的結果產生巨
大的影響。

3. 中介變項（interring variable）：中介變項與混淆變項類似，
指未控制但可能會影響研究結果的變項，但中介變項純粹是指
心理上的中介歷程而言，例如，上述建構教學法與傳統教學的
研究，如果仔細探討，事實上是一個教學與學習方法導致思考
歷程的改變，而思考歷程的改變，導致了學業成就的改變（教
學法→思考歷程→學業成就），在此所謂思考歷程的改變，例
如，由傳統上重視運算的速度，轉而重視問題解決與原理原則
的活用，在此案例中思考歷程即為中介變項，人類許多行為的
改變是經由中介變項的方式而轉化的，例如，我們都知道家庭
（自變項）對學生的學業成就有重大的影響，然而，家庭是透過
親子關係、社經地位、家長對學習的態度等中介變項來影響學
生的學習，簡單說，中介變項即為一種心理歷程。

4. 機體變項（organismic variable）：機體變項又稱為屬性變
項，是受試者無法改變的特徵，例如，性別、智力、年齡等，
往往與人的物理特徵有關。各變項間之關係如下：（吳明清，
民80）

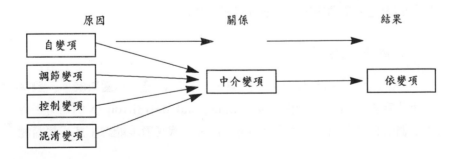

以前述建構教學與傳統教學在學生數學科之比較研究，其研究架構可以爲：

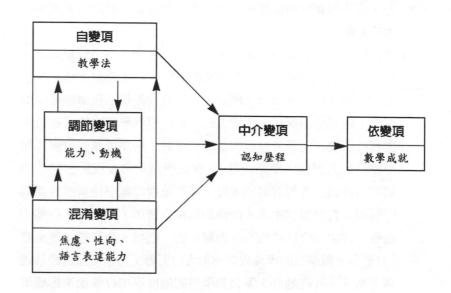

三、概念性定義與操作性定義

變項必須精確的定義以限定概念的性質與範圍，避免混淆以增加研究的嚴謹性，定義是一個討論共通的基礎，有明確的定義才可以作有效的溝通。變項的定義，依其具體的程度分爲：

（一）概念性定義

概念上的定義比較通俗、抽象，一般性且適用範圍較廣，一般字典上的定義是屬於概念性定義（conceptual definition），例如，對智力的概念性定義可爲「抽象思考能力」、「適應環境能力」或「學習能

力」等，一般在進行研究時都會先針對研究的變項下概念性定義，要查概念性定義最佳的來源之一是一些二手資料（secondary resources），如字典、百科全書等。

（二）操作性定義

概念性定義比較籠統，不容易測量，不符合量化研究可以精確、具體衡量的標準，因此，在實地進行研究時，都必須再將概念性定義再轉化爲操作性定義（operational definition），簡單的說所謂操作性定義是指可以觀察可以測量之意，例如，可以將智力定義爲魏氏智力測驗的結果。吳明清引述塔克曼（B. W. Tuckman）將操作定義分爲三種：

1. 以操弄爲基礎的操作性定義：是以導致某種狀態的操弄過程爲基礎，例如，將雙趨衝突定義爲個體有兩個目標都想完成，但只能擇一而完成的心理狀態。
2. 以動態特性爲基礎的操作性定義：是以變項的功用或外在可以觀察的特徵來加以定義，例如，以「教師問問題的次數」或「學生舉手發言的次數」來定義師生互動的關係。
3. 以靜態的特性爲基礎的操作性定義：通常是以問卷、測驗或傾向於靜態的觀察結果來下定義，例如，以自我態度測驗的成績來代表一個人自我概念的高、低，以學生之升學率來定義辦學的成效。

操作性定義的優點是具體容易衡量，可以加以控制，但也有些缺失，例如，可能窄化了所要研究的特質，若以智力測驗的結果來代表智力，那麼智力的其他面向（創造力、人際關係、生活適應能力等）勢必無法衡量，嚴重者可能造成研究上的偏差，若某位研究者發現美國白人的魏氏智力測驗的成績明顯優於美國的印第安人，而下結論說

白人的智力優於印第安人，這樣的推論可能不是正確的，因爲該智力測驗並未公平的比較白人與印第安人所有智力的面向。同樣的，在建構教學與傳統教學在學生數學科之比較研究上，若只以數學科考試成績來定奪教學法的優劣，可能喪失了其他重要的因素，例如，學習滿意度、問題解決能力、學生參與程度等。

林振春（民81）指出操作性定義有三大功能：

1. 促使研究者具體的思考，專注在具體的形式，以便資料的蒐集。
2. 促進研究中溝通的正確性，只有具體才不致產生溝通上的偏差。
3. 減少社會科學中使用概念或變項的數目，因爲若後續研究者使用與先前研究者相同的操作性定義，自然不需再創造新的定義。

四、尺度

以操作性定義的方式來定義變項是屬於實證研究的必要程序，常用的方法是用測量的方式來捕捉抽象的特質，而測量（measurement）的標準即是尺度（量尺，scale），量尺依其性質由低而高共分爲四種：

（一）名義量尺

名義量尺（nominal scale）即上述的類別變項，用來針對事務不同的屬性給予名稱或標記之用，其目的是用來作爲分類之用，例如，實驗組與控制組是一種名義變項，性別、球衣號碼、准考證號碼、品

牌、社經地位（低、中、高）、種族別、地區別（城市與鄉村）等都是名義量尺。在資料輸入時，通常我們會加以編號碼，例如，1代表男性，2代表女性，以利於電腦資料的處理，名義變項適合以長條圖、圓形圖等圖示法來表示各數值出現的頻率，統計上應用無母數分析。

（二）次序量尺

次序量尺（ordinal scale）是可以比較大小、前後、優劣，但是沒有相等的單位，也無法從事四則運算，例如，甲、乙、丙、丁的給分標準、賽跑時的名次、百分位數、百分等級都是屬於次序變項。常見的智商（IQ）嚴格說來也是屬於次序變項，因為智商120－110所差的聰明度不等於智商110－100，不可以說智商140的人是智商70的人的兩倍聰明，研究所喜歡考的賴克特式量尺（Likert scale）將評分標準分為五個等級：非常好、好、中等、不好、非常不好，在本質上亦屬於次序量尺，在評分時，依次給予5、4、3、2、1分。此外，在問卷調查時的選項「經常」、「偶爾」、「從不」亦是次序量尺，在統計分析時，次序量尺常使用無母數統計法（nonparametric analysis）

（三）等距量尺

等距量尺（interval scale）具有連續性及相等單位的特性，一般常見的測驗結果多屬於等距量尺，例如，國語科、數學科的成績。等距量尺有一定的範圍，例如，國語科成績的範圍介於0～100，但需注意的是這裡的0分，並非指「絕對零點」（沒有此項特質）而言，例如，對一個國中生而言，即使其國語考0分，也多少是有國語能力的，國語科成績是有相等單位的，國語科80－70=70－60，一般測驗分數的尺度最高只能達到等距量尺。等距量尺可以從事數學的運算，試用於母數分析的方式。值得一提的是，雖然智商本質上是屬於次序量尺，但為了運算方便將其歸納為等距量尺。

（四）等比量尺

等比量尺（ratio scale）具有絕對零點的性質，因此可以形成一個比值，所謂絕對零點是指沒有所欲測量的特質，身高與體重都具有絕對的零點，因為兩者都是從真正的0開始算的，年齡亦具有絕對的零點，無論一個人是十歲或五十歲，都是從零歲開始算的，但溫度計的攝氏或華氏溫度卻沒有絕對的零點，再怎麼樣都只是有溫度的，人類許多的心理特質都類似溫度一樣難以找到一個確實的絕對零點，例如，智商、人格特質、焦慮、動機等。

綜合而言，以上四種尺度具有下列的特性：（吳明清，民80）

1. 四種尺度的層次不同，由低而高分別為名義變項、次序變項、等距變項與等比變項。尺度不同所能提供的資訊也不同，通常當尺度越高時所能提高的資訊也越多，例如，在等距與等比變項就適用於母數分析的統計檢定，其檢定力優於無母數分析（只有母數分析檢定力的80％）。

2. 尺度在實際應用時可以加以轉換，但只限於用較高層次的尺度轉換為較低層次的尺度，這種轉換並不少見，例如，在精熟學習裏，我們將考60分以上定義為精熟，60分以下定義為不精熟，就是由等距量尺轉換為名義量尺，這樣轉換比較容易分類、記錄。另一個例子是在標準九裏，學生的測驗成績依其所占的比率分配到由1～9的分數，是將等距變項轉換為次序變項，比較簡單、明瞭。

3. 尺度的選擇應依研究的目的與性質而定，若比較男生與女生智力有無明顯的差異，則自變項性別是為類別變項，而依變項（智力）是為等距變項，但是，為求精確起見，依變項儘量使用連續變項。

4. 尺度的使用與統計分析有關，不同的尺度使用不同的統計分析方式，例如，通常類別變項與次序變項搭配使用無母數分析

法，而等距變項與等比變項則配合使用母數分析，當然尚需考慮資料的性質是否符合變異數同質性與常態分配的基本假設。

各種尺度圖示如下：

尺度名稱	功能	圖示	舉例
1.名義	分類	□男　□女	性別、種族、區域別、球衣號碼
2.次序	分類、評等	戊　丁　丙　乙　甲	名次、社經地位、百分等級
3.等距	分類、評等、有相等單位	國小英語 0　　　100 國中英語 0　　　　100	溫度、國語科成績、智商
4.等比	分類、評等、有相等單位，具有絕對零點	年齡 0 10 20 30 40 50	年齡、收入、身高、體重、距離

五、測量的要素

在實施測量時有三個基本特性是必須考慮的，即效度（validity）、信度（reliability）與常模（norms），其中以效度最為重要。

（一）效度

從測驗的觀點來看，效度是指測量的結果與測量目標的一致性，例如，當我們欲衡量智力時，效度是問：智力測驗的結果真的能代表一個人的智力嗎？建構測驗效度的方法有三種？(1)內容效度（content validity），使用雙向細目表，專家判斷（邏輯判斷），通常使用在成就

測驗裏；(2)效標關聯效度（criterion-related validity），又名爲同時效度（效標的成績與測驗成績同時取得）與預測效度（效標成績延後取得），通常運用於成就測驗與性向測驗裏；(3)建構效度（construct validity），其建構的方式有很多種，例如，實驗法、對照組法，因素分析等，常用在人格測驗、智力測驗上。

　　此外，效度的概念在研究法上更常被提及，研究上將效度分爲內在效度（internal validity）與外在效度（external validity）兩種，研究所曾考過比較測驗上之效度與研究上效度之異同。在研究法中內在效度是指研究結果的精確性，或者研究結果符合研究目的，這點和測驗上之效度概念接近，研究的內在效度越高，則研究的嚴謹性越高，在量化的研究中儘量以排除或減少內在效度威脅（internal validity threat）的方式來增加研究的嚴謹性，這些內在效度的威脅有八種，例如，取樣的偏差、成熟、統計迴歸等。而外在效度是指研究結果的推論性，關乎研究的實用問題，一般都希望能建立一個通則，使研究的結果能廣泛的解釋或預測各種社會的情境，外在效度牽涉到取樣的過程，以及樣本的性質，例如，樣本是否具有代表性？樣本的性別、年齡、社經地位、族裔等，內在效度與外在效度何者重要？答案是內在效度，應先求研究本身的嚴謹性與正確性，其研究才是有效的，而其推論才是正確的。但是，我們發現往往內在效度與外在效度是一個雙趨衝突的問題，魚與熊掌不可得兼，若研究者追求內在效度，可能會喪失外在效度，相反的，提升了外在效度，則可能降低了內在效度。例如，若在實驗室內進行研究，可以比較有效的控制干擾因素，使內在效度增加，但實驗室是一個人工環境，與眞實的社會環境尚有一段距離，因此而使外在效度減低，但若我們將研究移至眞實的社會環境中進行，固然其代表性（外在效度）增加了，但自然環境中有許多干擾的因素介入而使得研究的解釋產生偏差。

（二）信度

信度是指測量或研究結果的一致性或穩定性，精確而穩定的測量可以增加研究的信度。在測量理論中，衡量信度的方法有多種：(1)重測信度：是以相同的試題，針對相同受試者重複施測，求兩次間的相關；(2)複本信度：可以兩份內容類似的複本，針對同一群受試者同時施測，或間隔一段時間施測，再求兩次相關；(3)內部一致性係數；只要施測一次，再求兩次間之相關，例如，折半法。不同的信度估算方式會產生不同的誤差，例如，重測信度受時間誤差的影響，複本信度受內容取樣的誤差或時間誤差的影響，內部一致性係數，則受到內容取樣與內容取樣異質性的影響。

在研究法上的信度亦分為「內在信度」（internal reliability）與「外在信度」（external reliability）兩種，內在信度是指資料蒐集者間對資料的蒐集與解釋之一致性，例如，我們若使用兩位評分者來評分學生的作文，或使用兩位觀察者來記錄教室之內師生的互動關係，在開始執行資料蒐集之前，必須先確定兩位評分者的評分一致性是否可以接受，此種信度的估算方式，事先對一些樣本進行評分，再求兩位評分者之評分結果之相關係數，若達0.8以上則可以接受，我們稱此種信度為評分者信度（inter-scorer reliability）。

外在信度則是指研究結果的可複製性（replicability）的問題，亦即不同的研究者針對先前的研究，使用相同的程序，其研究的結果相同，因此可以證明先前的研究是可靠的。

質性研究採取不同的策略來增加研究的信度，例如，常用的方法之一是長期進駐現場，在頻繁的接觸、深入的觀察與持續性的蒐集資料下，其信度自然會提升。

（三）常模

常模是一種比較標準，通常只有在標準化測驗裡才有，常見的是

平均數常模與百分等級常模，受試者的測驗結果必須與常模對照以求出「相對地位量數」，一些比較性的研究，例如，男生與女生之學業成就、自我概念是否有明顯的差異、教育評鑑，或者某些建構理論的發展（例如智力）都需要與常模對照。

試題分析

一、某國小教師擬採實驗研究法的方式在她任教的學校進行一項「作文教學法對作文能力影響」的研究。她預備抽取四班，兩班為實驗組，兩班為控制組。實驗組接受她自編的六個單元的「創造性思考與啓發式作文教學」，控制組則接受教師原採用的「一般作文教學」。一學期後她比較兩組學生在作文測驗分數上的差異。請根據上面的敘述回答下列問題：

　　1.寫出自變項與依變項。

　　2.寫出自變項與依變項的操作性定義。

答：1.自變項為作文教學法〔分為創造性思考與啓發式作文教學（實驗組）與一般作文教學（控制組）〕；依變項為作文測驗上的成績。

　　2.操作性定義：

　　(1)創造思考與啓發性作文教學：指教師使用多元教學方法來促進學生的作文能力，包括優秀作品之解釋、分析與模仿，不同文體作文間之討論、分析與習作，並且鼓勵學生發揮創造力或教師自編六個單元之「創造性思考與啓發式作文教學。」

　　(2)一般作文教學法指傳統的作文教學方式偏向於講述法。

　　(3)依變項之操作性定義：作文測驗的分數。

二、扼要說明干擾變項（extraneous variable）、控制變項（control variable）與調節變項（moderator variable）三者間之關係。
〔嘉師85〕

答：1.控制變項：是指研究者可以操控的變項。控制的目的很多，可以分類為三種：

(1)增加實驗變異量至最大,亦即儘量使實驗處理間的變異越大越好,期能達到顯著差異性。

(2)排除無關變異量,即減少內在效度的威脅以利因果的推論。

(3)減低誤差變異量,排除系統誤差與非系統誤差,以增加研究的信度與效度。

基本上自變項與調節變項都是研究者可以操控的控制變項,以「台北市國小高年級數學科建構教學與傳統教學之比較研究」為例,教學法(建構教學vs.傳統教學)是為最主要的控制變項,此外,研究者尚可比較男生、女生之數學成就,五年級與六年級之數學成就,則性別、年級亦為控制變項。

2.調節變項:有時亦稱為次級自變項(secondary variable),容許研究者更深入探討因素間是否存在著交互作用,或者,次級團體間是否存在差異的現象。例如,在前述建構教學的研究中若研究者「合理的懷疑」建構教學的成效會受到學生性向或思考能力的影響,若學生天性喜愛思考而且能力較強則建構教學的成效較佳,反之,若學生生性被動不喜歡思考,則建構教學成效不彰,亦即有可能產生教學法×性別的交互作用。在此,研究者必須給予學生性向測驗,將原本是混淆變項的性向轉化為可以控制的變項,並且區分學生為主動思考與被動思考兩組,則性向就轉化為調節變項,其研究架構為:

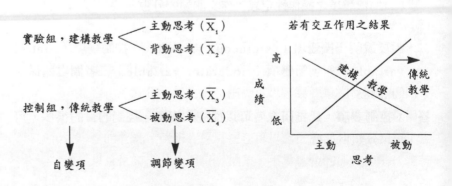

3. 由此可知干擾變項原先是不被控制的，但有可能影響到研究結果，若研究者加以控制之後，就轉化為調節變項，可以具此判斷是否有交互作用存在或次級群體（sub-groups）間是否存有明顯的差異。

三、「自變項」（independent variables）和「控制變項」（controlled variables）都是實驗者要加以控制的變項，但控制的目的不太一樣，試問差別在那裡？〔政大82〕

答：前述操控的目的有三：(1)增加實驗變異量至最大；(2)排除無關變異量；(3)減少誤差。自變項的控制目的與第(1)有關：增加實驗變異量；而控制變項之控制則與第(2)、(3)有關，目的在減少誤差，降低內在效度的威脅。例如，在「台北市國小高年級生數學科建構教學與傳統教學之比較研究」中，我們可以藉由控制自變項（教學法）的方式，企圖使兩組間「確實」接受不同的教學方式，以增加兩組平均數的可能差距。例如，控制實驗組每週接受建構教學法十小時而非二小時，但即使實驗組確實接受十小時的建構教學，但仍有一些不確定的因素（混淆變項）可能會影響研究的結果，例如，兩組之間之教師差異（能力、年資、動機）、情境差異、突發事故、霍桑效應、強亨利效應、測量工具之效度與穩定性等，這些混淆變項有些是可以控制的，例如，我們可以選擇標準化數學測驗，採用雙盲法以避免霍桑效應及強亨利效應，讓兩組的教師儘量在年資、性別與能力上相等，但有些是難以控制的，例如，突發性事故，或者受試者的動機。一般我們儘量對這些干擾因素「控制」以減少內在效度的威脅，以利於因果推論，這即是控制變項的目的。

控制的方法很多，郭生玉認為有：(1)物理控制（physical manipulation），例如，單面鏡、儀器的使用、實驗情境的設計等；(2)選擇的控制，包括有排除變項法、因子設計法、配對法與

隨機法等；(3)統計的控制，例如，共變數分析。總之，自變項的控制目的在增加實驗效果，而控制變項的控制目的在減少誤差。

四、次序量尺（ordinal scale）和等距量尺（interval scale）有何不同？〔高師大87〕

答：次序量尺可以比較大小、先後、優劣，但不具有相等的單位，例如，學業成績評分時的等第制（甲、乙、丙、丁、戊）、百分等級與百分位數，賴克特式量表，因為沒有相等單位，因此無法進行數學的運算。

等距量尺則除了可以比較大小、優劣之外，亦可以進行數學的運算，因為具有相等的單位，例如，數學科成績（百分制）、標準化測驗（例如，某些成就測驗、性向測驗、人格測驗）之測量結果、溫度。一般測驗之測量結果最高可以達到等距量尺的等級。

五、名詞解釋：不連續變項（discrete variables）。〔北師81〕

答：是指由點記（counting）或類別所組成的數值，理論上是不可以分割，例如，投贊成或反對票是屬於不連續變項，無法分割為一半贊成、一半反對。性別、球衣號碼、顏色、種族、准考證號碼等都是屬於不連續變項或間斷變數或類別變項，其功能是作為分類之用。

六、若依史蒂文斯（S. S. Stevens, 1951）將變數依測量層次分類的系統，「老鼠跑迷津的時間」是屬於那一個層次的變數？〔南師84〕

答：比率變數（時間屬比率變數，有絕對零點）。

七、若依史蒂文斯（S. S. Stevens, 1951）將變數依測量層次分類的系統，衍生分數「百分等級」是屬於那一個層次的變數？〔南師84〕

答：次序變項。

八、在統計中，各種變數的類型會隨著其量尺的性質而改變，請簡述
下列各類型變項的定義：

1.名義變數（nominal variable）。

2.次序變數（ordinal variable）。

3.等距變數（interval variable）。

4.比率變數（ratio variable）。〔市北師83〕

答：1.名義量尺：依對象的同等性加以分類，並且分派各同一類的對
象同一個數值，每一個對象只能被歸劃為一類，而且類別與類
別之間是相互排斥的。各類別所代表的數值無好壞、前後或高
低之分，這些數值無法從事運算，但可以加總並且比較各數值
出現的頻率。例如，給予男生數值1，女生數值2，這兩個數值
只是代號，不可以運算。

2.次序量尺：可以依對象在某項特質上的差異加以區分，不但可
以分類，而且可以指出差異的順序，但無法估計各類別間之差
異。在運用上可以比較各類別間之頻率（次數）上的差異，也
可以計算中數或等級相關。例如，評等法（rating scale）、賽
跑或比賽的名次、百分等級或百分位數。

3.等距量尺：依測量對象在某項特質上的差異加以處理，不但可
以說明類別、順序，而且在量尺上之各數值均有相等的單位，
但是沒有絕對零點，不具有比例的性質。例如，在測驗上使用
的等距量尺、考試時的百分制，可以從事數學的運算，求出平
均數或標準差等。

4.等比量尺：其基本假定是：$\dfrac{a}{b} = \dfrac{b}{c} = \dfrac{c}{d} = \dfrac{d}{e}$，除了可以
分類、比較大小，具有相等單位之外，尚具有絕對零點的性
質，因此可以形成一個比值，例如，時間、身高、體重等。
（林振春，民81）。

九、名詞解釋：連續變數（continuous variable）。〔市北師82〕

答：依林青山（民85）對連續變數的定義：「有許多心理特質或物理
特質是成爲一個連續不斷之系列的。在這一連續不斷的系列上的
任何一部分都可以加以細分，以得到任何的值，或在其上面任何
兩值之間，均可得到無限多介於兩者之間大小不同的值，這類的
特質或屬性稱爲連續變數（continuous variable）。例如，時間、
身高、體重、智商、焦慮等均屬之。」（p.7）。連續變數的數值應
該被視爲一個線段而非一個點，例如，一個人數學考80分，事實
是介於79.5至80.5之間。一般再統計上若數值是連續變數，則常
使用母數分析的統計方式。

十、解釋自變數（independent variable）與依變數（dependent
variable）。〔市北師82〕

答：由研究者所操控的變項稱爲自變項，而因自變項之變化而變化的
變項稱爲依變項，其間的關係可以函數$f(x)=y$來表示，式中x爲自
變項，而y爲依變項，例如，若我們想要瞭解智力與學業成就的關
係，則智力是爲研究者所操控的自變項，而學業成就是爲依變
項。若我們可以建立智力與學業成就間的直線迴歸方程式，則可
以利用智力來預測學業成績，那麼智力又稱爲預測變項而學業成
就稱爲效標變項。又自變項在某些情境中又稱爲先在因素
（antecedent）而依變項又稱爲結果因素（consequent），例如，
智力、社經地位與性向可以稱爲學業成就的先在因素，而成就之
高低是爲結果因素。

十一、學生的學號屬於何種變數？ (A)類別變數　(B)次序變數　(C)
等距變數　(D)比率變數。〔北市師87〕

答：(A)

十二、百分等級爲何種量尺？ (A)等比量尺　(B)等距量尺　(C)次序

　　　　量尺　(D)名義量尺。〔嘉師85〕

答：(C)

十三、「喜歡念教育研究所的人，多半是性情中人」的測量，最高層
　　　次是什麼？　(A)等距量尺　(B)次序量尺　(C)名義量尺　(D)等
　　　比量尺。〔南師84〕

答：(A)〔一般測驗分數（例如人格測驗）其量尺最高達到等距〕。

十四、今天台北的氣溫為攝氏30度，這種量數是屬於：　(A)名義變數
　　　(B)次序變數　(C)等距變數　(D)比率變數。〔市北師81〕

答：(C)

十五、學生的准考證號碼是屬於那一種變數？　(A)類別變數　(B)次序
　　　變數　(C)等距變數　(D)比率變數。〔市北師82〕

答：(A)

十六、假設一位研究者擬利用實驗組與控制組及研究工具「小學人格
　　　測驗」探討「團體輔導對國小適應欠佳學童的輔導效果」，請利
　　　用操作性定義擬出兩個適當的假設。〔嘉師85〕

答：所謂團體輔導是指經由團體的互動來輔導個人，其所採用的理論
　　來自團體動力學、社會學與輔導學，目的在促進人際的瞭解與互
　　動，增進自我瞭解，從而解決學業或生活方面的問題。團體輔導
　　所採用的技術包括：座談會、辯論法、六六討論法、腦力激盪
　　術、角色扮演以及心理劇或社會劇等。
　　本研究的自變項是有參加或沒有參加團體輔導，依變項是生活適
　　應情形，而生活適應的測量日（操作性定義）可以包括使用：社
　　交量表、學校犯規記錄以及生活適應行為量表等三種。
　　本研究之假設：

(1)H_0：$\mu_有 = \mu_無$（適應欠佳兒童有參加團體輔導與沒有參加團體輔導，其生活適應量表平均數無明顯差異）

H_1：$\mu_有 \neq \mu_無$

(2)H_0：$\mu_男 = \mu_女$（男生之團體輔導效果＝女生之團體輔導效果）

H_1：$\mu_男 \neq \mu_女$

十七、一位國小教師計畫進行一項遊戲治療之研究，對象為生活適應欠佳之國小兒童，請代為擬出幾個合理之待答問題（或研究假設），並據此規劃出研究架構（research from），已明確標示出自變項（含主要變項、次要變項等）與依變項間之整體關係。〔嘉師84〕

答：1.本研究之可能架構：

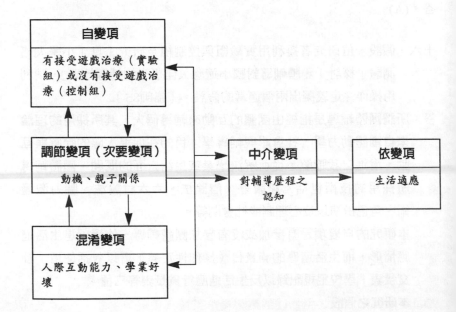

2.待答問題與統計假設：

待答問題：有接受遊戲治療與沒有接受遊戲治療之受試者，其生活適應情形是否有明顯差異？

統計假設：$H_0：\mu_有 = \mu_無$〔兩組平均數（生活適應調查平均數）無明顯差異〕

$H_1：\mu_有 \neq \mu_無$

待答問題：接受遊戲治療之受試者，其成效之高低是否有受其動機之強弱而有明顯之差異？

統計假設：$H_0：\mu_高 = \mu_低$（接受遊戲治療，高動機受試者之生活適應平均數＝低動機受試者之生活適應平均數）

$H_1：\mu_高 \neq \mu_低$

十八、教育研究的題目至少應包含哪些要素？〔嘉師84〕

答：教育題目的選擇應考慮下列因素：

1.從題目選擇的層面來說：

(1)透過研究可以有效的解決教育情境中的問題嗎？

(2)該問題重要嗎？

(3)該問題是不是新的問題，亦即若已有一些先前研究，重複研究是否能有創新的結果或只是浪費資源？

(4)該問題可行嗎？

(5)是否有充裕的時間、資源來進行研究？（王文科）

(6)若研究需面對各種壓力，研究者是否有足夠的勇氣面對？

2.從研究題目的敘述（撰寫）層面而言？

(1)研究題目必須清楚、明確、儘量簡化。

(2)研究的範圍必須限定，並在題目中標示。

(3)敘述自變項與依變項間之關係。

(4)表明研究的類型（調查研究、關係研究或實驗研究）。

(5)敘述研究的對象。

　　例：「台北市國小高年級數學科建構教學與傳統教學之比較
　　　研究」將題目限定在：台北市國小高年級數學科。
　　　自變項與依變項分別爲教學法與數學科成就
　　　研究對象爲國小高年級生
　　　研究方法爲調查法

十九、下列敘述中何者是錯誤的？　(A)效度是指測驗的一致性與穩定
　　性　　(B)信度是指一個測驗在使用目的上的有效性　　(C)信度是
　　效度的必要條件　　(D)克郎巴赫（L. J. Cronbach）所創的 α 係
　　數是一種信度資料。〔市北師82〕

答：(A)與(B)

二十、名詞解釋：Reliability。〔市北師84〕

答：Reliability即信度，可以從兩個層面來解釋：

1. 從測量的觀點來看：以相同的測驗或類似的複本測驗，針對同
一受試者，在相似的情境之下，施測兩次，而兩次的結果相關
很高。亦即信度是指測量結果的一致性（consistency）、穩定
性（stability）與可靠性（stability），而可靠的測驗又是具有
預測性的（predictability）。

2. 從測量誤差的層面來看：若$S_x^2 = S_t^2 + S_e^2$實得分數總變異量＝眞
實分數變異量加上誤差分數變異量。則 $\dfrac{S_x^2}{S_x^2} = \dfrac{S_t^2}{S_x^2} + \dfrac{S_e^2}{S_x^2}$（兩
邊同除以S_x^2），而式中 $\dfrac{S_t^2}{S_x^2}$ 被視爲信度，也就是說，信度是指
眞實分數變異量占總變異量的比例，或者總變異量減去誤差變
異量所剩下的部分。

信度的衡量方式有四種：(1)重測法（test-retest method）；
(2)複本法（equivalent forms method）；(3)內部一致性方法
（internal-consistency method）；(4)評分者方法（scorer
method）。

二十一、一研究者如欲瞭解其研究工具所測量之結果在時間上是否具有穩定性，下列何種信度應是其最關心的？　(A)折半信度　(B)庫李信度　(C)複本信度　(D)重測信度。〔嘉師85〕

答：(D)

二十二、下列何種信度又稱為穩定性信度？　(A)複本信度　(B)再測信度　(C)折半信度　(D)庫李信度。〔市北師87〕

答：(B)

二十三、下列那一種估計測驗信度的方法可以測得該測驗的測量穩定性？　(A)庫李法　(B)霍意特變異數分析法　(C)複本法同時施測　(D)複本法不同時施測。〔高師大85〕

答：(D)

二十四、試說明有哪些因素會影響信度係數大小高低？〔彰師86〕

答：1.測驗的長度：增加同質性題目（增加觀察的次數）則信度會增加。

2.測驗的難度：題目太難、太易都會降低信度，中等難度的題目會增加信度。

3.受試團體的變異：受試團體的變異越大，則信度提高。

4.測驗的客觀性：使用有標準答案的客觀性測驗（選擇題）可以增加信度。

5.信度的估計方式：不同信度的估算方式其值有些差距，例如，常使用重測法來估計信度時，兩次施測相距的時間越長，其信度越低，在其他條件衡定下，重測信度之係數＞複本法間隔施測，因為複本法間隔施測有兩個誤差來源（時間誤差與內容誤差）。

二十五、編製一份國小教師性向量表作為國小師資篩選之工具,最需重視何種效度? (A)表面效度 (B)同時效度 (C)內容效度 (D)預測效度。〔嘉師85〕

答:(D)(因為是篩選,與未來工作表現有關)

二十六、下列何者是檢驗構念效度最好的方法? (A)相關研究 (B)實驗研究 (C)因素分析 (D)多重特質-多重方法。〔高師大85〕

答:(D)

二十七、智力測驗手冊上說明它的「效度」指: (A)它的分數可預測未來學業的成績 (B)它的分數隨年級之增加而增加 (C)不同時間測的結果不同 (D)不同時間測的成績相差在100±1SD之內。〔中正86〕

答:(A)

二十八、名詞解釋:效度(validity)。〔政大87〕

答:1.從測驗的層面看:效度是指測量結果與測量目的的一致性,或測驗的結果忠實、正確反映其所欲測量之特質的程度。

2.從統計的層面看:$S_x^2 = S_{co}^2 + S_{ep}^2 + S_e^2$ 測驗之總變異量=共同因素變異量+獨特因素變異量+誤差變異量

$$兩邊同除以 S_x^2 = \frac{S_x^2}{S_x^2} = \frac{S_{co}^2}{S_x^2} + \frac{S_{sp}^2}{S_x^2} + \frac{S_e^2}{S_x^2}$$

$$而效度 = \frac{S_{co}^2}{S_x^2} \quad 即共同因素變異量占總變異量的比值$$

3.效度是無法直接測量的,必須經由測驗或其他方式(觀察)來間接衡量,效度的使用具有特殊性,例如,某測驗只有針對其所聲稱的受試者與測驗目的有效。

二十九、一份好的測驗必須具備有良好的信度與效度。請回答下列有
　　　　關信度與效度的問題：

　　　　1.解釋信度、效度及兩者的關係。

　　　　2.試舉不同類型的信度與效度各兩項。〔屏師84〕

答：1.信度與效度之關係：

　　　信度是效度的必要條件

　　　效度是信度的充分條件

　　　信度高、效度不一定高

　　　效度高、信度一定高

　　　信度低、效度一定低

　　　效度低、信度不一定低

　　　通常效度係數≦信度係數

　　2.信度與效度類型：

　　　(1)信度：重測信度、複本信度。

　　　(2)效度：建構效度、內容效度。

三十、一位國小三年級的級任老師，在他所教的兩個班上進行一項速
　　　讀訓練研究，其中一班為男生班接受傳統式閱讀訓練，另一班
　　　為女生班接受速讀訓練；一年後發現女生班學生閱讀能力顯著
　　　優於男生班的學生。請問這項研究結果最可能發生缺乏哪種效
　　　度？　(A)內在效度　(B)同時效度　(C)外在效度　(D)預測效
　　　度。〔嘉師85〕

答：(A)、(C)。本研究不嚴謹，有許多內在效度的威脅，包括：選樣
　　偏差（沒有隨機）、實驗者偏見、選擇與成熟交互作用，嚴格說
　　來，本研究不具有外在效度，因為其受試樣本為現成班級（intact
　　group），其研究結果不具有推論性，故答案應有兩個：(A)與
　　(C)。

三十一、下列敘述何者正確？（科學態度） (A)為了避免偏見，不宜在看到研究結果之前做預測 (B)為了避免主觀偏見，儘量只呈現統計圖表，儘量減少或取消解釋 (C)為了避免偏見，儘量不要受過去研究或文獻探討結果的影響 (D)為了避免偏見，儘量不要受理論立論或科學典範（paradigm）的影響 (E)為了避免偏見，儘量邀請其他研究者對自己的研究結果進行批判。

答：(E)

三十二、名詞解釋：研究變項。〔市北師81〕

答：所謂變項（variable）是指會變動的特質，例如，身高、體種、智力、成績等。與此相對的是常數（constant）在任何情境中都不會變動，例如 π 。一般在量化的研究中都是以操作性定義（operational definition）的方式來定義變項。

三十三、如果你想以「國小學生智力與創造力之關係研究」為題進行研究，試回答以下問題：

1.有關「智力」這個名詞，試擬一「概念性定義」和一「操作性定義」。

2.請為該主題，擬定一項待答問題及其研究假設。〔市北師82〕

答：1.智力概念性定義：智力是一種學習以及適應環境的能力。操作性定義：智力是魏氏智力測驗上的成績。

2.待答問題：智力高的人是否創造力也高？

研究統計假設：H_0：$\varrho = 0$（智力測驗分數與創造力分數無關）

$$H_1 : \varrho \neq 0$$

第4章

●●

研究問題、研究假設、研究架構
與研究的解釋

對一個研究者而言，最初始也是最大的挑戰是如何尋找與定義研究的問題，在往後之資料的蒐集與分析、解釋上都與當初所設立的研究問題息息相關，研究是否可行，是否有價值，端賴研究者對問題的定義而定。

一、研究問題的來源（王文科，民89；黃光雄、簡茂發，民84；郭生玉，民84；吳明清，民80；朱浤源，民88）

（一）對學理的探討

心理與教育領域內有許多學理可供研究，例如，學習理論、智力理論、人格理論、動機理論、教育行政領導理論等等，研究者可以驗證這些理論，驗證的方法可以從三個層面切入：

1. 發現新現象（或另一種解釋alternatives）：所謂發現新現象是指發展一種新的理論可以說是在研究層次上屬於困難度最高者，需要有相當的修為與長時間的專注投入才有可能，例如，行為學派的刺激—反應理論、班都拉的社會學習論、韋伯的科層體制等等是屬於這種類型。

   另外一種方式是所謂的次層次分析（secondary analysis），是針對先前的研究，重新審視其原始的資料，但是卻提出不同的解釋，可以從：(1)不同的理論或角度切入（例如，原始的研究是從教育的立場來看，後來的研究可以從經濟、政治、衝突論的立場來看）；(2)發現原來的解釋不確實（relevance），因而提出另一種更為確實的解釋（即另一種解釋的可能性alternatives），一個典型的例子是有關內控與外控（locus of control）的研究，多數的實證結果指向具有內控能力的人，意

志力較好,較容易成功,有位研究者創造了一個實驗的情境:在萬聖節那天,當兒童們輪流上門要求糖果時,研究者會問:如果現在拿只給一顆,如果過幾天來拿則給予許多顆,研究者假設那些選擇延後獎賞者,其內控能力較強,因此將來成功的機會要高於那些選擇立即獎賞者,多年後調查結果證明了該研究者的假設。不過另外有研究者提出質疑,認為兒童選擇立即或延後獎賞的動機並非來自其內控或外控信念,而是來自對實驗者的信任與否,或若兒童信任實驗者,則比較願意選擇延後獎賞,反之,若兒童不信任研究者,則傾向於選擇立即獎賞。

2. 驗證或修正假說:我們可以嘗試以不同的情境來驗證假設或理論的適用範圍,有許多理論在所提出的時空背景下可能是正確的,但若脈絡關係轉化,可能就不再正確。資本主義,在韋伯的眼中,如果能附社會義務(回饋、慈善)則是好的,不幸的是,資本主義逐漸演化成只追求 "more"(更多)而形成了物化與疏離,有時我們研究的目的是在對前人所提出的理論做適度的修正,知識就是不斷在創造與修正的歷程中累積的,例如,達勒與密勒(Dollar, Doob, Miller. Mowrer and Sears, 1939)曾提出著名的挫折—攻擊假設說,認為引發攻擊的原因是來自挫折,但後來的學者逐漸發現,挫折不一定總是引發攻擊,例如,羅生維格(Rosenzweig, 1944)就對這個假設提出適度的修正,他發現個人的挫折容忍度(frustration-tolerance)不一樣,容忍度高的人在遭遇挫折時不輕易產生攻擊行為。他發展了著名的羅氏圖畫挫折研究題目,來證明其修正的正確性,我們發現在日常的社會情境中是極為多元的,在理論的運用上,有時是需要適度的修正的。

(二)來自個人的因素

個人的經歷與興趣也是研究問題的重要來源,由興趣而引發的研

究眾多,例如,可以因為喜愛蒐集某些物品多年研究而成為這方面的專家,教師在教學情境中總會遭遇一些問題,例如,要怎麼教,怎麼管,也是一些很好的研究題材。

(三) 社會的需求

目前投入極大的心力研究愛滋病的防制,是因為社會需求使然,俗語說「需要為發明之母」,而發明本身是透過研究的,一個新政策在推行前也需進行研究、實驗,例如,課程統整、九年一貫課程、多元入學等都需要有詳細的規劃與研究。

(四) 先前的相關研究

對一位初學者而言,模仿是最快的一種學習方式,可以從文獻中找到自己感興趣的研究主題與論文,參考前人的實施步驟,以訂定自己的研究問題與研究程序。已出版的論文相當多,初研究者可以想到的題材,可能過去都有人著手探究過,我們可以從別人的經驗中獲得引導與啟發。

(五) 向專家請教

專家較能掌握問題的關鍵與切入點,或提供必要的資訊,也許可以幫助研究者省去許多不必要的摸索,但專家的建議只供參考,研究者本身必須要有獨立思考與創見,並且避免過度的相信權威。

二、研究問題

研究者藉由問題的敘述提供研究的切入點作為與讀者溝通的媒介,問題的敘述必須謹慎小心,每一個字都代表著重要的意義,朱浤

源（民88）引述Robert A. Day的觀點，認為在建構研究的問題時，必須符合下列的原則：

1. 問題的敘述必須是簡單明確的。
2. 必須使用專業的字眼，避免通俗的字。
3. 問題的敘述不可模糊不清，例如，建構教學對學習之影響，在此學習是指什麼？沒有定義清楚，應具體說明（例如對學生數學科之影響）。
4. 句子的結構必須嚴謹，不可以詞不達意造成誤會。
5. 不必寫主詞、動詞或受詞，只需寫一個句子即可。
6. 在一般性的問題中不可以使用縮寫。

郭生玉（民84）提出下列問題建構的準則：

1. 問題是否可以研究：問題可能有無限多個，但是可以研究的問題卻是有限的，所謂可以研究是指可以驗證或提出具體的資料而言。
2. 問題是否重要：我們希望研究的問題是能解決實際的問題，適用多數的情境而且對人類的知識是有貢獻的。
3. 是否合乎自己的能力與興趣。
4. 問題是否容易實施：這點是很重要的，一般初研究者往往把問題範圍定的太大而不容易實施，例如，研究對象太廣遭致取樣上的困難，或者研究的變項過多造成測量或觀察上的繁複，應該適當的縮小研究的範圍，提升研究的可行性。

三、研究（待答）問題的層次與類型

（一）問題的層次

研究是針對某些有待解決的問題而執行的，因此研究問題（research questions）亦稱為待答問題（questions to be answered），研究的過程就是在蒐集資料以回答這些待答的問題。

例：以「台北市國小高年級生建構教學與傳統教學對數學科成績之影響研究」中，其待答的問題可以是：

1.何謂建構教學？數學科建構教學的程序為何？

2.何謂傳統教學？數學科傳統教學的程序為何？

3.建構教學的實施成效是否會受到學生能力的影響？

4.學生的能力是否與教學法產生交互作用效果？

5.建構教學的成效是否優於傳統教學？

6.實驗組的數學科平均數是否優於控制組？

在這六個待答問題中第1個與第2個問題是屬於一般性的問題（general questions），第3、4、5、6題也是一般性問題，但第4題要比第3題具體，第6題要比第5題具體，越具體的問題就越容易實施。從層次的觀點來看，一般的原則是先訂定一般性問題，再從一般性問題發展數個具體的待答問題。

例：建構教學的成效是否優於傳統教學？（一般問題）

1.1實驗組的數學科平均數是否明顯優於控制組的數學科平均數？

1.2男生建構教學的數學科平均數是否明顯優於女生建構教學的平均數？

1.3 高能力學生的建構教學數學科平均數是否優於低能力學
生的建構教學平均數。

待答問題應與研究的目的相符,不可以離題太遠,天外飛來一
筆。

(二) 問題的類型

待答問題的陳述方式分爲三種:

1. 敘述性問題(descriptive questions)。

例:建構式教學在國小數學科課程中的實施率是多少?
男生與女生的自我概念是否有明顯的差異?

2. 關聯性問題(correlational questions)。

例:社經地位與學業成就是否有顯著相關?
焦慮與測驗成績間之關係如何?

3. 因果性問題(cause-effect questions)。

例:影響學校效能的因素有那些?
降低工時會導致經濟的衰退嗎?

四、假設

研究假設(research hypothesis)是研究者想要獲致的研究結

果，也可說是等待驗證的暫時性答案，並非所有的研究都適合提出假設，有三種情形不適合提出研究假設（吳明清，民80）：(1)敘述性研究（descrptive studies）不適合提出研究假設；(2)若研究的目的旨在瞭解事實但與理論無關，則不需提出假設；(3)探索性的研究（exploratory studies）不需提出研究假設，若不提出研究假則必須寫出待答的問題。王文科歸納出好的研究假設具有下列的特徵：

1. 必須是合理的。
2. 假設應儘量與已知的事實或理論相符。
3. 假設必須描述變項間之關係，而且必須限定範圍，與明確的敘述。
4. 假設必須是可以驗證的。

假設可以分成以下幾類：

（一）歸納假設與演繹假設

歸納假設（inductive hypothesis）是以所觀察的事實為依據，藉以發展出通則或概括（generalization），例如，成績高的學生有較高的自我概念，而演繹假設（deductive hypothesis）則是從理論發展出來的，例如，達勒與密勒提出挫折—攻擊假設說，我們可依此理論提出假設：當經濟衰退時社會上的暴力事件會增加。

（二）統計假設

統計假設使用在量化研究中，在陳述句中常包括有母體的平均數、相關係數或百分比的估計，作為統計檢定之用，統計假設分為下列形式：

1. 虛無假設（null hypothesis, H_0）與對立假設（alternate

hypothesis, H_1）：虛無假設的敘述與研究者所期待的相反，研究者先假設虛無假設成立，待研究結束之後，待資料蒐集分析的情況再予以拒絕或接受虛無假設，若虛無假設被拒絕，則對立假設自然成立。以前述「建構教學與傳統教學對學生數學科之成績影響比較研究」爲例，其所要比較的是兩組學生的數學科成績平均數（$\overline{X}_1$對$\overline{X}_2$），若樣本能代表母群體（具代表性）則實驗的結果可以推論至母群體，這才是研究者眞正的本意，亦即，研究的結果是具外在效度的（external validity）可以推論回母體身上，故其統計假設的寫法皆以母數行之，母數與統計量的符號如下：

	母數	統計量
平均數	μ	$\overline{X}$
標準差	σ	S
百分比	P	p
相關係數	ϱ	r
迴歸係數	β	b

母數在大部分情形下由於所包含的群體很多，通常都是未知的，而必須以統計量來估計。上述的研究，其虛無假設可以寫爲$H_0：\mu_1=\mu_2$（建構教學組之數學科平均數等於傳統教學組的數學科平均數），而對立假設爲：$H_1：\mu_1 \neq \mu_2$（建構教學組之數學科平均數不等於傳統教學之數學科平均數）。顯然的，若兩組的平均數有明顯的差異，則統計檢定的結果將達到明顯差異水準，研究者據以拒絕虛無假設，使對立假設成立，並且可以下結論說建構教學優於傳統教學。

五、統計假設的檢定

（一）顯著水準

當假設建立之後接下來就是蒐集資料並且分析資料，依資料分析的結果拒絕或接受統計假設，這一個歷程，稱為統計假設的檢定，在檢定之前，我們會先設立顯著水準（level of significance），就是推翻或接受虛無假設的水準，或者犯第一類型錯誤（type I error）的機率，通常我們將顯著水準定在兩個層次：(1).05顯著水準，以 $\alpha = 0.05$ 表示；(2).01顯著水準，以 $\alpha = 0.01$ 表示。.05顯著水準是說當研究者拒絕或接受虛無假設時（以統計檢定的結果為依據），雖然統計分析的結果顯示如此，但仍然有犯錯的可能性，其犯錯的機率小於5％，而.01則表示犯錯的機率小於1％。犯錯的機率越小，則我們對所作的決定越有信心，統計顯著水準要如何選擇呢？其原則是視研究所要求的嚴謹性而定，例如，探索性研究（pilot study）一般比正式研究所需的嚴謹性較低，故有時其顯著水準只設定在 $\alpha = 0.1$。此外，社會科學研究的對象是人，比較不容易控制，而自然科學的研究對象通常較容易控制，有時自然科學的顯著水準可以到 $\alpha = 0.001$。

（二）單尾檢定與雙尾檢定

統計假設又分為方向性假設（directional hypothesis）與非方向性假設（non-directional hypothesis）兩種，以前述建構教學之研究為例，其假設的寫法共有三種：

1. $H_0 : \mu_1 = \mu_2$（實驗組與控制組的平均數無明顯差異）

   $H_1 : \mu_1 \neq \mu_2$

2. $H_0 : \mu_1 \leq \mu_2$（實驗組的數學科平均數 $\leq$ 控制組的數學科平均數）

   $H_1 : \mu_1 > \mu_2$

3.$H_0 : \mu_1 \geqq \mu_2$（實驗組的數學科平均數≧控制組的數學科平均
　　　　數）

　$H_1 : \mu_1 < \mu_2$

第一種寫法$H_1 : \mu_1 = \mu_2$為非方向假設的寫法，應使用雙尾檢定
（two-tailed test），而第二種與第三種為方向性假設的寫法，應使用單
尾檢定（one-tailed test）。雙尾檢定的推翻區落在兩邊，只要計算出
來的統計量落在任何一邊的推翻區即可推翻虛無假設。

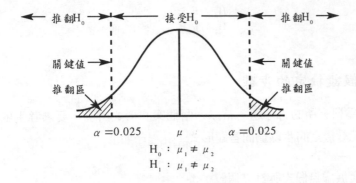

第二種寫法$H_0 : \mu_1 \leqq \mu_2$為單尾檢定，又稱為右尾檢定，因其拒
絕區在右邊。

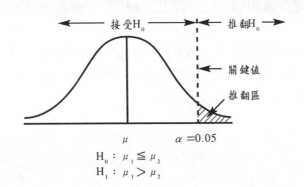

第三種寫法：$H_0 : \mu_1 \geqq \mu_2$ 為單尾檢定，又稱為左尾檢定。

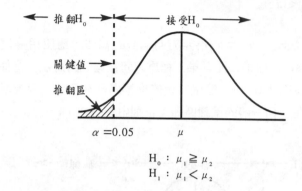

$$H_0 : \mu_1 \geqq \mu_2$$
$$H_1 : \mu_1 < \mu_2$$

（三）假設檢定的步驟

此為研究所的常考題，常以一個個案的形式出現，要求考生依此列出其統計檢定的步驟為簡答題形式，其程序如下：

1. 發展虛無假設與對立假設：

   以前述建構教學為例：

   $$H_0 : \mu_1 = \mu_2$$

   $$H_1 : \mu_1 \neq \mu_2$$

2. 選擇適當的統計分析方法（檢定）：例如，t 檢定、F 檢定、X^2 檢定、多因子變異數分析等。

3. 設定顯著水準，並依自由度及顯著水準找出關鍵值。

4. 計算統計量（代入各種統計檢定公式，或由電腦統計來執行）。

5. 決定是拒絕或接受虛無假設。

（四）如何決定方向性假設或非方向性假設

研究上多數使用非方向性假設（雙尾檢定），因為大多數的研究在開始之前並不確定自變項對依變項會產生何種程度的影響，唯有在下列情況下可以選擇使用單尾檢定：

1.先前多數研究或理論上證明有方向的存在，例如，國小高年級的智力平均數優於國小低年級；城市地區的學業平均數通常優於偏遠地區。在這些情況下可以使用單尾檢定，但是不可以說男生的智力平均數優於女生的智力平均數，因為沒有事實的根據，因此必須使用雙尾檢定，男生的智力平均數等於女生的智力平均數。

2.研究者花費許多心思（時間、精力、金錢），邏輯上應該會產生某種方向，例如，有接受課後輔導與個別指導處理的學生其數學科平均數優於沒有接受者。

六、研究架構

所謂研究架構（research framework）是對研究的內容尤其是變項與變項之間的關係的一種完整性的描繪，是屬於抽象的層次，有時亦稱為「概念架構」（conceptual framework），研究架構有兩種型式：（吳明清，民80）

（一）單向架構

單向架構（one-dimensional framework）只從一個層面來觀察變項間的結構與關係，若只以結構面來分析即為一種「結構性架構」（constituent framework）。例如，國小十二班以下之行政組織為：

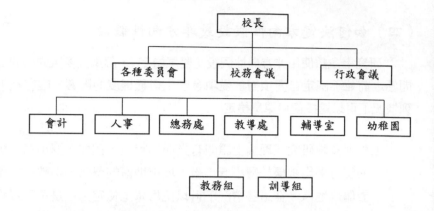

　　單向架構的另一種分法是以時間的觀點來介入，稱為時間性架構（time-based framework），常見的基本模式有前測（pretest）→後測（posttest）模式，或是投入（inputs）→過程（process）→產出（outputs）模式。一般實驗研究法常用到前、後測模式，例如，在真正實驗設計中之「相等組前、後測控制組設計」：

$$R \quad O_1 \quad X \quad O_2$$
$$R \quad O_3 \quad C \quad O_4$$

　　而輸入—過程—結果模式也常被使用到，例如，基爾福特的智能結構理論（structure of intellect model）將智力分為三個向度：(1)內容（content，或輸入），包含圖形、符號、語意與行為；運作（operation，或過程），包括認知、記憶、擴散思考、聚斂思考與結果（products，或輸出），包括單位、類別、關係、系統與轉換。另一個例子是在教育行政中經常被提及的豪斯（House）的「途徑—目標理論」（path-goal theory），其架構如下：

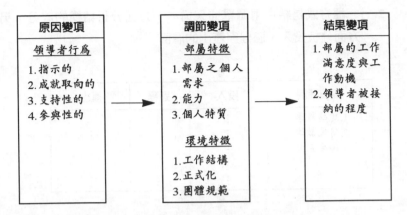

原因變項	調節變項	結果變項
<u>領導者行為</u> 1.指示的 2.成就取向的 3.支持性的 4.參與性的	<u>部屬特徵</u> 1.部屬之個人需求 2.能力 3.個人特質 <u>環境特徵</u> 1.工作結構 2.正式化 3.團體規範	1.部屬的工作滿意度與工作動機 2.領導者被接納的程度

資料來源：吳清山（民87）。《學校行政》。台北：心理。頁178。

(二) 雙向架構

雙向架構（two-dimensional framework）上從兩個層面來觀察變項間之結構關係，有兩種方式：

1. 使用雙向的列聯表（cross-tabulation），以便分析兩個自變項對依變項的主要影響效果（main effect）與交互作用影響效果（interaction effect）。例如：

		學生能力		
		低	中	高
教學法	建構	$\overline{X}_1$	$\overline{X}_2$	$\overline{X}_3$
	傳統	$\overline{X}_4$	$\overline{X}_5$	$\overline{X}_6$

2.另一種方式是結合兩個單向架構,一方面分析結構的成分,另一方面分析投入、過程與產出的層面。

變項類別	投入	過程	產出
1.建構教學 2.傳統教學 3.師生互動	⋮	⋮	⋮

七、教育研究的步驟

科學的研究特色之一就是系統化,有一定的程序與規範,教育研究的程序為:

(一)確定研究問題

研究問題必須是有意義的而且可行的,避免範圍過大,應適度的予以縮小,例如,建構教學與傳統教學之比較研究範圍太廣,應縮小為「台北市高年級學童數學科建構教學與傳統教學之比較研究」,將範圍限定在台北市、高年級,而依變項則限定在數學科研究是否成功,對問題的定義是為關鍵的因素,值得一提的是問題的選擇也應考慮到該方面的資料是否充裕,可行性高不高。

(二)文獻探討

文獻探討協助研究者深入瞭解研究的背景、相關理論、過去的研究程序與研究結果,以及前人對後續研究的建議,可以啟發研究者,建立較佳的研究架構並且避免不必要的複製。

（三）發展研究假設或待答的問題

研究假設或研究問題的提出可以確定研究的方向與型態，但問題與假設都必須符合研究的目的。

（四）界定研究變項

選擇所欲觀察的研究變項，確定那些是可以控制的（自變項、調節變項、依變項），那些是不可以控制的（混淆變項），考慮變項的明確定義與具體的觀察方式，對變項的測量尺度與測量方式，以及用何種方式來分析，更重要的是必須考慮到混淆變項的影響力如何，如果懷疑混淆變項的影響力太大，則是否要將其轉化為控制變項，或者儘量予以排除，通常在論文的第一章最後一節會對各相關變項予以定義。

（五）選擇研究對象

教育研究的對象通常是人（教師、學生、行政人員），但有時亦以物為研究對象，例如，在教育史的研究中，資料的來源可以是史料或器物，亦有以物理特徵為研究對象，例如，學校的大小與行政效能的關係研究等。若母群太大無法一一加以詳細的觀察，則必須透過抽樣再對樣本加以調查。應注意抽樣的過程以及樣本的代表性問題，例如，若使用志願者時往往會產生偏差（bias），因為志願者通常其配合的意願較高，傾向於正面的結果。

（六）選擇研究方法，發展研究設計

在論文上的第三章會談到研究設計，內容包括研究問題、統計假設、研究方法、研究對象、抽樣步驟、研究工具、研究程序與資料分析等，研究者按部就班的構思這些步驟，逐漸將抽象的概念具體化轉變為可以執行的細節。

（七）選用現成工具或自編工具

現成工具比較方便，而且多數建立了信度、效度與常模，比較精確，但是並非所有的研究都有現成工具可供使用，當研究的題材較為特殊或市面上並無符合研究目的的工具時，研究者往往必須要自行發展工具。一個正式的研究中，為顧及嚴謹性，研究者自行發展的研究工具都必須經過預試以建立信度與效度，這個程序比較繁瑣。

（八）蒐集資料

研究可以說是蒐集資料與分析資料的歷程。資料的形式極為多元，故蒐集資料的方法亦很多，研究者依研究的旨趣與性質選擇一種或數種資料蒐集的策略，這些策略有：測驗、參與觀察、訪談、問卷調查、檔案記錄、電話訪問等。資料蒐集的過程應儘量避免無關因素的干擾而導致資料的偏誤，例如，曝光效應、測驗的練習效果、對前測之敏感性、偽裝等。同時要注重信度與效度，考慮資料的真偽與研究倫理（例如，保密、不傷害受試者、不欺瞞受試者，如果因為研究目的而欺瞞受試者，在研究完成之後必須予以解釋），資料亦不可以假造或修改。量化的研究很重視研究者採客觀、中立的立場來蒐集資料，有時甚至採用「雙盲法」的方式來確保資料蒐集過程的客觀性。

（九）資料分析

依資料的性質與研究的目的，資料的分析分為質的分析與量的分析兩種取向，研究者可以適度的融合兩種分析的方式。量的分析方式通常必須有相當的統計基礎，與執行電腦統計分析的能力。資料的分析、下結論或提出建議必須在現有資料的支持下，不可以過度的類推。

（十）提出報告

研究報告必須符合特定的格式，例如，APA格式，詳加說明研究的程序與結果、研究的限制與貢獻、對未來研究的建議等，一個高品質的研究報告若在期刊上刊載，並為科學社群所接受，是對研究者的莫大鼓勵與成就，也許因此而建立學術地位。

試題分析

一、一般來說,我們作研究會經由某種流程。大致來說是經由發現問題、設計研究方法、使用研究工具、蒐集研究資料,然後是資料分析與運用。你認爲在這流程中,哪一步驟最重要,爲什麼?〔成大88〕

答:在所有的步驟中以第一步:問題的發現與定義最爲重要,其後的研究設計、資料蒐集與分析都受到問題的定義所引導、塑造,亦即我們定義問題的方式影響我們決定如何蒐集、分析資料以及資料蒐集的方向、角度與內容。

　　研究問題的來源有:

　　1.來自理論(演繹自理論)。

　　2.對理論的檢證、修正或否證。

　　3.來自個人的興趣與經驗。

　　4.來自個人或社會的需求。

　　5.先前研究的啓發。

　　6.向專家請教。

二、教育人員應從事研究工作,而教育研究的題材甚多。請你從實際工作者的角度,說明應如何選擇有價值的研究題目?〔屏師86〕

答:1.問題選擇的規準。在選擇研究問題時應考量:

　　(1)問題是否重要、有價值?

　　(2)問題的可行性如何?

　　(3)研究者本身及社會大眾對問題是否感到興趣?

　　有價值的研究題目應該是能夠解決日常教育情境中的問題(可行性高)而且提升教學品質的(有價值)。

　　2.實際工作中的可能研究問題。在教師實際工作上可能的研究問題種類很多,例如:

(1)有關教材、教法的研究：例如，九年一貫課程所強調的課程統整、目前實施中的鄉土教學、母語教學與英語教學等課程之教材、教法研究、數學新課程（建構教學）、電腦輔助教學以及教學與學習原理之研究。

(2)班級經營之研究：班級經營是日常教學中重要的一環，班級經營的研究包含有師生互動行為之觀察與分析，行為學派理論之研究（增強、行為改變技術）、班規制定、教室佈置等。

(3)教育行政之研究：例如，教育行政領導、學習型組織、組織與人際溝通、學校組織文化、班級氣氛、校園景觀規劃、行政電腦化、參與領導。

(4)促進學生學習的研究：例如，動機理論、個別差異研究（智力與非智力因素）、認知型式、人格。

(5)教師效能研究：例如，教師自我應驗預言，教師專業、教師級職制度。

(6)教育政策的研究：例如，多元入學、高中（職）免試升學、九年一貫國教等。

(7)教育相關理論研究：包括心理學、社會學、經濟學、哲學、史學中與教育相關理論之研究。

(8)學生問題行為之輔導：例如，問題行為產生之原因與預防、輔導之道。

(9)特殊教育之研究：針對特殊兒童之教育處置。

三、有一研究者採用量的資料蒐集與分析技術，以探討國民小學組織氣候、教師工作壓力及其因應方式，以下是該研究的概念架構（conceptual framework）：

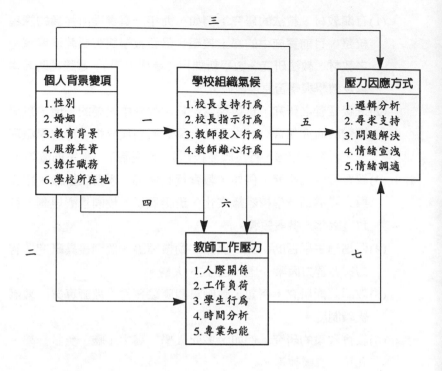

依據題意回答下列問題：

1. 試問該研究可採取哪種教育研究方法？請說明之。

2. 試問該研究宜採用哪種選取樣本的方法較爲適當？並將選樣的步驟說明之。

3. 請替該研究者擬出至少三個研究假設，並具體的說明每一研究假設應採用哪種資料分析與統計檢定的方法。〔屏師86〕

答：此問題即是考研究架構的概念，因爲上圖就是一個研究架構，考生應能從此架構區分出自變項、依變項與中介變項。

　1. 應採用之研究法：本研究主要是採用調查研究法，以問卷、觀察或訪問的方式來蒐集資料，亦可以稱爲事後回溯法。

　　(1)本研究的目的在探討教師對壓力的因應方式（依變項），其自變項爲個人背景因素（性別、婚姻狀況、年資等），而控

　　制變項為學校組織氣候（校長支持行為、校長指示行為等）與教師工作壓力（人際關係、工作負荷等），不論是自變項或控制變項都是無法從事實驗的，僅能以調查的方式來測量，故為調查法。

(2)本研究的目的是描述與探討教育現象，無法斷定因果關係。

2.取樣方式：本研究應採用分層隨機抽樣或多階段抽樣的方式較佳，其理由如下：

(1)個人背景變項包含學校所在地，而學校的大小或位置（城市、郊區、偏遠）可能會影響到學校組織氣候與教師工作壓力，間接影響到教師對壓力的因應方式，故應依學校位置與大小進行分層而後抽樣。

(2)教師的年資、背景、與所擔任的職務也可能會產生不同的壓力。若將年資分為數個層次：$1-3$年、$3-5$年、$5-10$年、$10-20$年、20年以上，若各層次的比例有明顯差距，則應使用分層隨機抽樣以增加各層的代表性，否則必須擴大樣本以增加各層的人數。

(3)分層隨機抽樣的步驟：

　①定義層次，例如，將學校所在地分為城市、郊區、偏遠，則必須對此三層次予以定義。此外，學校的大小亦須明確定義：幾班以上為大學校、幾班以內為小學校。

　②決定各層比率：依目前教育部統計全省學校所在地，以及大、中、小學校的比率來決定各層抽樣的架構與比率，其抽樣架構如下：

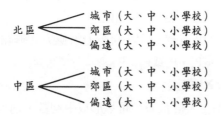

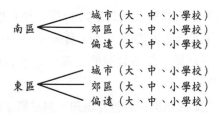

③ 決定抽樣人數：原則是最小層的教師至少有30人。

④ 抽樣。

3. 假設與檢定方法：

(1) 自變項：性別；依變項：壓力因應方式；測量方式：問卷調查；量尺：等距（百分比、頻率、次數），在此條件下：

$H_0 : P_1 = P_2$（男教師之壓力因應方式與女教師之壓力因應方式無明顯差異）

$H_1 : P_1 \neq P_2$（男教師之壓力因應方式與女教師之壓力因應方式有明顯差異）

統計分析：X^2 檢定

若以標準化（人格）量表來衡量壓力因應方式，則可將依變項視為總分以形成各分量表（邏輯分析、尋求支持……）之平均數因此應改為：

$H_0 : \mu_1 = \mu_2$（男教師之壓力因應平均數等於女教師之壓力因應平均數）

$H_1 : \mu_1 \neq \mu_2$

統計分析：t 檢定（獨立樣本）

(2) 自變項：學校大小；依變項：壓力因應方式；測量方式：問卷；量尺：等距（百分比），則：

$H_0 : P_1 = P_2 = P_3$（學校大小與壓力因應方式無關）

$H_1 : P_1 \neq P_2$ 或 $P_2 \neq P_3$ 或 $P_1 \neq P_3$

統計分析：X^2 檢定

若採用標準化人格量表，可以形成平均數，則：

$H_0 : \mu_1 = \mu_2 = \mu_3$（學校大小與壓力因應方式無關）

$H_1 : H_0$爲假

統計分析：F檢定

(3)自變項：學校所在地與學校大小；依變項：壓力因應方式；測量方式：標準化人格量表，則可以形成一個3×3的因子設計：

$H_0 :$ 1. $\mu_{大} = \mu_{中} = \mu_{小}$（大學校壓力平均數＝中學校壓力平均數＝小學校壓力平均數）

2. $\mu_{城市} = \mu_{鄉村} = \mu_{偏遠}$（學校所在地不會影響教師之壓力因應方式）

3. 沒有學校大小×學校位置的交互作用

統計檢定：雙因子變異數分析（2-way ANOVA）

四、某研究者進行「台北市國小校長領導風格與教師滿足關係之研究」，其主要研究變項爲領導風格、工作滿足，回答下列問題：

　1.就主要變項說明其概念性定義和操作性定義。

　2.說明其研究問題和研究假設。〔市北師85〕

答：1.概念性定義與操作性定義：

　(1)概念性定義：

　　①領導風格：是爲領導者影響部屬的方式，透過權威與互動來完成組織目標，領導風格可分爲目標導向或倡導行爲（initiation of structure）與人員導向或關懷行爲（consideration behavior）。

　　②教師工作滿足：即教師工作士氣或對工作的滿意度。

　(2)操作性定義：

　　①領導風格：受試者在「領導者行爲問卷」（Leader Behavior Description Questionnaire, LBDQ）上之測驗結果。

② 教師工作滿足：教師在「教師工作士氣問卷」上的測量結果，該問卷的衡量向度包括教師對工作之喜歡程度、教師對行政、教學、學生、社區、家長之看法。另外尚包括教師出席率、離職率、參與競賽或進修活動之調查。

2. 研究問題與假設：

研究問題：校長領導風格（倡導行為vs.關懷行為）是否會影響到教師的工作滿意度？

研究／統計假設：

(1) H_0：$P_1 = P_2$（倡導行為導向之校長其教師工作滿意度＝關懷行為導向之校長）

  H_1：$P_1 \neq P_2$
  統計檢定：X^2檢定

(2) H_0：$P_1 = P_2 = P_3 = P_4$（四種領導行為所產生之教師工作滿意度無明顯差異，此四種領導行為是低關懷、低倡導；低關懷、高倡導；高關懷、高倡導與低關懷、低倡導）

  H_1：H_0為假
  統計檢定：X^2檢定

五、王老師想研究「不同年級學生與學校態度的關係」，請根據王老師的研究提出方向假設、非方向假設，並說明研究假設所採用的顯著檢定方法。〔嘉師83〕

答：本題由於對「學校態度」的衡量方式有兩種可能性，故其虛無假設以及檢定方式亦有兩類。

1. 自變項年級為類別變項，依變項學校態度為次級依變項，例如，對學校之看法分為非常好、普通、不好三類，則：

  H_0：$P_1 = P_2 = P_3 = P_4$（大一、大二、大三、大四學生對學校之看法無明顯差異）或（國小高、中、低

年級生對學校之看法無明顯差異）

H_1：H_0爲假

顯著性檢定方式：採用X^2檢定〔獨立性考驗（test of independence）〕以瞭解兩變項（年級與對學校之態度）是相關或獨立事件，並且可以求得兩變項間之關聯性（列聯相關C），其公式：

$$C = \sqrt{\frac{X^2}{X^2 + N}}$$

2. 若自變項年級爲類別變項，而依變項對學校之態度爲等距變項，例如，由某量表所測量的結果，可以計算總分與平均數，則：

H_0：$\mu_1 = \mu_2 = \mu_3 = \mu_4$（非方向性假設）

H_1：H_0爲假

統計檢定：F檢定（單因子變異數）分析

或

H_1：$\mu_{高} > \mu_{中} > \mu_{低}$（高年級之學校滿意度平均數大於中年級之學校滿意度平均數大於低年級之學校滿意度分數）

H_0：$\mu_{高} \leq \mu_{中} \leq \mu_{低}$

統計檢定：F檢定（單因子變異數分析）

六、屏東師院一位教授以同一教學模式擔任教育統計學的教學多年，他所教授過的全體學生期末考試成績之平均數82，標準差爲12。今年的班級這位教授改採電腦輔助教學方式，並相信會比過去的班級之學習成就爲高。今年班級有36位學生，期末考平均數是87。根據上述之情形回答下列各問題：

1.撰寫方向性研究假設。

2.以符號方式表示統計虛無與對立假設。

3.如果第一類型錯誤機率設於.05時之單尾檢定，這位教授的看法是否得到支持？

4.以研究設計的觀點而言，有何方法提升上述情形之研究效度？

答：1.研究假設：接受電腦輔助教學之受試者，其統計學平均數優於傳統教學之受試者（方向性研究假設）。

2.統計假設：

H_0：$\mu_{電腦} \leqq \mu_{傳統}$（電腦輔助教學之統計平均數 $\leqq$ 傳統教學L統計平均數）

H_0：$\mu_{電腦} > \mu_{傳統}$

或

H_0：$\mu \leqq 82$

H_1：$\mu > 82$

3.統計檢定：

因為母體 σ 已知（$\mu = 82$，$\sigma = 12$）故採用Z檢定。

公式 $Z = \dfrac{X - \mu}{\dfrac{\sigma}{\sqrt{N}}} = \dfrac{87 - 82}{\dfrac{12}{\sqrt{36}}} = 2.5$

關鍵值：當 $\alpha = 0.05$ 時，單尾，Z的關鍵值為1.64

而所求出的Z值為2.5＞1.64故拒絕H_0：$\mu \leqq 82$，表示電腦輔助教學的效果明顯優於傳統教學。

4.研究設計改進方法：

(1)研究設計的內在效度威脅（缺點）：

① 沒有隨機取樣與隨機分派，使用現成樣本，代表性不佳，其內在效度威脅為選樣不等。

② 沒有控制組以供對照，無法控制成熟、臨時事故或選樣與成熟的交互作用。

③ 教師既爲研究者與實驗者，球員兼裁判，其內在效度威脅有實驗者偏見。

④ 測量亦爲內在效度的威脅，因爲沒有使用標準化測驗，缺乏信度與效度。

(2)改進之道：

① 採用眞正實驗設計：前測、後測控制組設計

$$\begin{array}{l} R \quad O_1 \quad X \quad O_2 \\ \overline{R \quad O_3 \quad C \quad O_4} \end{array}$$

增加樣本選取的學校、範圍，採用隨機抽樣，並且隨機分派至實驗組與控制組，可以增加代表性，而且確信兩組爲公平之比較。

② 採用雙盲法以避免實驗者偏見及霍桑效應，研究者延請兩位教授，一位採電腦輔助教學，另一位採傳統教學，但兩位教師及學生皆不知自己在參與何種研究。

③ 採用標準化的統計測驗以及客觀式問題以增加實驗的信度與效度。

④ 多元評量，增加評量的確實性。

七、以下何者爲發生第一類型錯誤的時機？　(A)拒絕錯誤的虛無假設　(B)拒絕眞正的虛無假設　(C)維持錯誤的虛無假設　(D)維持眞正的虛無假設。〔市北師81〕

答：(B)

八、請處理下列問題：

1.將下列之待答問題改寫成研究假設。

2.指出各題研究假設的自變項（或預測變項）與依變項（或效標變項）。

3.寫出驗證各研究假設可行的統計處理方法。

(1)不同焦慮程度學生之學習效能是否顯著不同。

(2)以國語科前測成績爲控制變項下，創造思考教學之實驗組國語文能力是否優於控制組。

(3)中等學校男女學生之心理困擾問題，是否因年級而有不同。〔南師82〕

答：1.統計假設：

$H_0：\mu_{高}＝\mu_{中}＝\mu_{低}$（高焦慮學生平均數等於中焦慮學生平均數等於低焦慮學生之平均數）

$H_1：H_0$爲假

自變項：焦慮程度（高、中、低）；依變項：學習效能

統計分析：F檢定

2.統計假設：

$H_0：\mu_{實}＝\mu_{控}$（實驗組國語科能力等於控制組）

$H_1：\mu_{實} \neq \mu_{控}$

自變項：教學法（創造思考教學vs.傳統教學）；依變項：國語科成績

統計分析：以國語科前測爲共變數之共變數分析

3.統計假設：

$H_0：\mu_{男}＝\mu_{女}$

$H_0：\mu_{高一}＝\mu_{高二}＝\mu_{高三}$

H_0：沒有性別×年級之交互作用

自變項：性別、年級；依變項：心理困擾問題之測驗結果

統計分析：多因子變異數分析（ANOVA）

九、研究的問題（problem）可大致分爲三類：敘述性問題（descriptive problem）、關聯性問題（correlational problem）及因果性問題（causal problem）。請分別說明這三類問題的性質及其研究方法。〔暨南86〕

答：1.敘述性問題：其目的在描述、探索社會現象，並不企圖推論或

建立因果關係。例如,對升學率、犯罪率、人口組成或對某議題之態度調查。

對敘述性問題的研究方式在量化研究方面可使用調查法、相關法以及事後回溯研究法。在質性研究方面則可以使用人種誌研究法以及個案研究法等。

在敘述性問題量化的分析上只使用到敘述統計,例如,平均數、百分比、眾數等,在質性的分析上則使用文字敘述。

2. 關聯性問題:目的在探討變項間之相關,例如,探討智力與學業成就的相關、依變項的多寡、性質可選用積差相關、複相關、二分相關、列聯相關、X^2檢定、F檢定等等統計公式來進行分析,相關研究僅能顯示變項間之關係,但不能斷定因果關係。

3. 因果性問題:是可以建立因果關係以及預測之用。在研究法中僅能以實驗研究法來判斷推論因果關係,在資料的分析上往往使用複雜的推論統計(例如,t檢定、ANOVA、因素分析等)。例如,探討新教學法是否優於傳統教學法即是因果性的問題。

第5章

•••••••••••••••••••••••••••••••••••••

文獻探討

　　文獻探討（literature review或review of the literature）又譯成文獻評論，有時是相關的文獻探討（review of related literature），若譯成探討與譯成評論可能有不同的意義。評論不僅只是被動的陳述前人研究的觀點，尚包括對不一致資料的統合與批判性的評估。盧建旭（民88）認為文獻探討是「針對某個研究主題，就目前學術界的成果加以探究。文獻評論，旨在整合某個特定領域中，已經被思考過與研究過的資訊。目的在將已經研究過的作品，作一摘要與整合，並提供未來研究的建議。」（p.75）他又說：「文獻評論是根據一個指導概念，例如，研究目的、主旨，或者希望討論的議題，將在此議題上有信譽的學者與研究者已經做過的努力，做有系統地呈現歸類與評估。」（p.95）

一、文獻探討的功能（盧建旭、王文科）

1. 使讀者能瞭解目前相關研究中的發展進度，以提出改進的可能性。
2. 給予新研究者參考與建議，在未來從事類似研究時在方法上的可能改進。
3. 針對不同立場的理論提出各種架構，作為假設提出的依據以及未來結根解釋的基礎。
4. 對某種行為或現象提供一個解釋的架構。
5. 理解概念的前提與假設。
6. 理解別人如何定義概念並加以學習。
7. 瞭解其他研究的資料來源。
8. 對現有的研究提出批判與改進，發展另一種研究的可行性。
9. 發展新的研究藉以印證其他相關的研究。
10. 研究者可透過詳細的閱讀相關的文獻而掌握問題的不同觀點，

並且對問題的範圍加以限定，以免過於廣泛或偏頗。

11.研究者使用批判的態度作文獻探討可以對矛盾的結果提出較爲合理的解釋。

12.在找尋相關文獻的歷程中可以知道那些是對研究者有用的，那些是無用的，並且避免無意義的複製。

13.研究者可以經由相關文獻的陳述說明從事研究的目的與該研究的重要性。

二、從事文獻探討的原則（王文科、盧建旭）

1.進行文獻探討時應注意該文獻的研究設計、程序、資料蒐集工具、研究限制以及對未來研究的建議。

2.瞭解該研究的母群體與抽樣方法。

3.理解該研究的重要變項以及無關的混淆變項。

4.注意該研究的可能疏忽或者結論、推論上的可能錯誤。

5.文獻探討應同時涵蓋一致性與不一致的研究，不可以一味的只寫有利於研究進行的文獻。

6.可以使用電腦化資料協助尋找比較有效。

7.研究者必須具備批判性思考的態度，判斷那些是確實、有效的研究，那些是公正的，那些是隱含某種目的。研究者不該盲目的相信資訊，對有疑問之處應該予以查證。

8.文獻評論並非是研究生的讀書心得報告，用來展示研究生對他人相關研究的理解，身爲研究的設計與執行者，應對該領域有相當的認知與自信，對於衝突的結果應予以適度的批評。

9.應該系統性的進行文獻探討，因爲：

(1)全面而系統性的探討較不會流於主觀與選擇性探討的偏見。

(2)評論若不按照規則進行，則容易流於形式與不科學。

(3)系統性的文獻探討可以有效的管理文獻，以減少文獻的數量，減低成本，確保研究結果的普遍性，並且增加研究的精確性，減少偏見產生的可能性。

10.應考慮資料蒐集時相關的倫理規範、研究成本，與取得別人合作的可能性。

11.研究者應主動積極的尋找多元資料的來源，以便驗證資料的確實性並豐富研究的內涵。

12.避免犯「錯誤的肯定」（false positive）的錯誤。研究者可能有意無意間尋找對自己研究較為有利的資訊，對一些衝突、矛盾的資料予以迴避。另一種可能性是期刊或研究者比較傾向於發表有明顯差異的研究結果，或者說研究者傾向於不喜歡出版無顯著結果的研究結果偏見（publication bias）。

三、文獻探討的資料來源

資料的形式可分為幾大類：（盧建旭，民88）

1.第一手資料（primary resources）：第一手資料是最直接的資訊，包括對當事人的訪談記錄。事件發生時的現場觀察、檔案、歷史遺物、文件、統計數據、日記、相片、人工器物等，第一手資料當然是研究者最好的資料來源，要判斷是否為第一手資料有下列方法：

(1)當時作者是在那一種情境下完成這些文件的？

(2)作者如何取得這些資訊，其寫作的動機為何，是否具有某種的偏見？

(3)是否可以找到其他的第一手資料用來擴展或驗證這個資訊。

2. 第二手資料（secondary resources）是爲間接資料，來源是對第一手資料所做的分析、摘要或判斷的成品，包括期刊文章、翻譯、他人轉述、教科書、專書（百科全書）、字典。

3. 書目性工具（bibliographic instructions）是將相關性資訊加以組織整合的工具，例如，百科全書、字典、年刊、手冊、索引、摘要、電子索引等。

文獻若以其相關性來區分又可分爲：

1. 「背景文獻」類似拍電影時所使用的長鏡頭，將研究或變項的背景予以交待，研究者只需稍微予以提及與引用，有時不同變項的背景文獻彼此獨立。

2. 「相關文獻」：類似在拍電影時所使用的中距離鏡頭的焦距，性質上介於背景文獻與最相關文獻之間，研究者在引述相關文獻時不一定需要批判，但必須清楚而明確的交待。

3. 「最相關文獻」：類似拍電影時的近距離特寫，專注於與研究關係密切的論文，對其研究方法與研究結果予以詳細的描述，此三種文獻的關係爲：（盧建旭，民88）

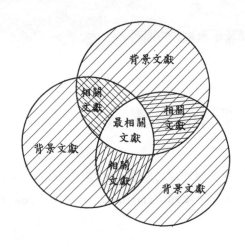

另外一種分類方式是由文獻或著作、資訊的名稱來區辨，包括：

1. 一般性整合過的資料：例如，「碩士與博士論文摘要」、「教育資料文摘」、「中華民國期刊論文索引」、「教育論文摘要」；在英文方面則有「教育索引」（Education Index）、「國際博士論文摘要」（Dissertation Abstracts International, DAI），以及著名的教育資源資料中心（Educational Resources Information Center, ERIC），教育資源中心的出版品有「教育資源」（Resources in Education, RIE）與「現代教育期刊索引」（CIJE），將一些論文、作品濃縮成光碟片或微縮膠片，可以利用電腦查詢，頗爲便利。

2. 近十年的相關文章、報告、書籍。

3. 未出版的文章，例如，碩博士論文、或者在專業性學術會議中發表但未刊載的文章。

4. 資訊網路資料。

5. 中央及各機關的法律條文、計畫、管理與實施的成果。

6. 某些組織（大學、私人企業、民調公司、電視台、報社等）之（問卷）調查報告。

7. 私人組織（企業顧問公司、農會、公會各種利益團體）的相關文獻。

8. 報章雜誌或學術論文的期刊。

四、文獻探討的步驟（盧建旭）

文獻探討的基本程序是：概觀與歸類（overview, classifying）→摘要（summary）→批判（critiqut）→建議（suggestion），以下

簡介：

（一）概觀與歸類

目的在辨識文件與研究的相關性與重要性，該文件是否合適被引用，有五個評估的準則：(1)代表性（representativeness）：例如，研究者可以經由判斷該文章的作者是否具有被認可的學術地位來評估文章的代表性；(2)顯著性（significance）；(3)相關性（relevance）：該文章與研究相關的程度；(4)適時性（timeliness）最好以最近的文章為文獻探討的主要來源，唯一例外的是，若該篇文章雖然年代久遠，但確是經典之作，具有學術上重大的意義，則雖然年代久遠，亦可引述；(5)簡潔性（parsimony），對文章的引用極為詳盡且具有批判性。

（二）摘要

摘要不僅只於將文章的大意精簡的呈現，再附上作者的姓名與年代，摘要是將研究的結果概念化，並加以整合，其方法為：

1.組織資訊，並且使資訊與研究問題連結。
2.對資訊加以整合，指出已知與未知的部分。
3.對文獻中的正面與反面爭論加以澄清。
4.依此而發展更進一步的問題。

（三）批判

此為文獻探討裡相當重要的步驟，但初學者常忽略，要進行批判除非研究者具有相當的素養與背景知識，可以批判的問題例如：

1.該篇文章的優點與限制如何？

2.該篇文章的理論架構是什麼？詮釋性？批判性？後現代主義？
女性主義？紮根理論？符號互動論？

3.該篇文章的研究設計是否有效、精確？所得的數據是否切實？
客觀？分析是否正確？

4.作者的推論是否訴諸客觀？權威、感性？或僅是片面之詞。

5.作者如何建構其論點，你是否可以解構之。

因此，文獻探討有時亦稱為「批判性評論」（critical reviews），
研究者必須深入的瞭解文章的含蘊，加以批判，以及詮釋作者的立場
與想法，不同的立場可能採取不同的研究取向與資料蒐集的策略，而
所產生的結果可能不同。

（四）建議

文獻探討的最後一個程序是建議，是對前述三個步驟做一個總
結，文獻探討的結構如下（盧建旭）：

導論	開頭段落	主題簡介 主題的重要性 界定主要問題、議題與理論 簡介各篇文章與作者，介紹不同與互補之處	
主文部分	檢視A文章的理論	檢視B文章的理論	比較A與B的理論
	找出A與B的共同性	找出A與B的差異性	找出一個中心議題
	探討A與B之議題(1)	探討A與B之議題(2)	探討A與B之議題(3)
結論	提出一個更好的理論或立場		
	提出一個優於A、B文章之理論或立場的摘要		

吳明清（民80）則認為文獻探討的步驟為：

1. 定義問題以為文獻探討的依據。
2. 蒐集與研讀具代表性的文獻資料。
3. 詳細記載研究的結果與特徵。
4. 分析所記錄的資料。
5. 對所作的分析提出解釋，包括：
   (1)說明文獻中較少提及的地方，並指出未來研究的方向。
   (2)分析各研究的優點與限制。
   (3)發現各種研究不一致的地方，並且推論不一致結果的產生原因。

五、電腦查詢的步驟（王文科）

研究生必備的能力之一就是電腦素養，使用電腦查詢可以顯著的提升研究的效率，共有下列的步驟：

（一）步驟一：分析研究的問題

此步驟的目的在辨識問題的相關術語（terms）或標示項（descriptors），以便輸入電腦，作為電腦檢索的依據，若某一研究者想研究「台北市國小高年級生數學科建構教學與傳統教學之比較研究」，則其查詢的關鍵字（標示項）可以為「台灣」、「國小」、「數學科」、「建構教學」等，當限定越少時電腦找出的相關文章越多，但通常研究者會限定文章選取的範圍以符合研究的目的。

（二）步驟二：決定如何查詢

研究者剛開始時可以只打入少數的關鍵字，以瞭解大約有多少篇

相關的文章，或某一類的文章比較容易取得，若文章充裕時再逐步加以限定範圍，若研究者想要擴大搜尋的範圍則需要在變項間打入「or」（或），相反的，若研究者想要縮小查詢的範圍使符合某些特定的要求，則必須在變項（標示項）間打入「and」（而且）。「or」表示兩個或多個標示項中有一個成立即可，而「and」則表示兩個或多個標示項必須同時成立才可以被接受。「and」與「or」對查詢的影響如下圖所示：

例：數學科or建構教學or國小

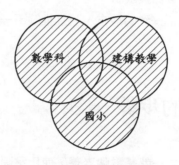

例：數學科and國小and建構教學

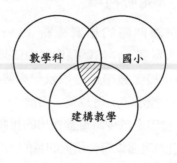

（三）步驟三：選擇電腦查詢的資料庫

在心理與教育領域中常用的電腦查詢資料庫為ERIC，通常對文章都有一些簡要的描述，包括作者姓名、文章的登記號碼（accession number）、出版的年代、頁數、標示項以及簡單的摘要等，研究者應先閱讀摘要以便瞭解這篇文章是否符合要求，若決定再深入找到該篇文章，則可以依登記號碼所指示來進行。此外，在中文資料庫方面則有國家圖書館所編印的「中華民國期刊論文索引」以及師大所編印的「教育論文索引」可供查詢。

試題分析

一、請說明文獻探討分別在計質和計量研究上的作用。〔政大88〕

答：1.量化研究：在量化研究中，採取線性模式：定義問題→文獻探
　　　討→研究設計→抽樣、工具選擇→資料蒐集、分析→報告結
　　　果，視文獻探討爲研究過程中繼問題定義之後的重要步驟，採
　　　用嚴謹的態度、方法來進行文獻探討，其目的有：瞭解相關研
　　　究的進度、程序、建議與限制，瞭解相關理論，發展研究的視
　　　角以及對先前的研究進行批判等。

　　　研究者必須花費相當的時間進行文獻探討，以建立研究的基
　　　礎，一但此階段結束之後，就不再進行文獻探討而進入下一個
　　　程序：資料的蒐集。

　　2.質性研究：質性研究是一種循環、建構式的研究，在研究的過
　　　程中不斷的進行文獻的探討，所以，文獻探討是隨著問題焦點
　　　的逐漸聚焦而不斷的進行的。在質性研究時，先提出暫時性的
　　　假設，接著進行初步的文獻探討→進入現場→蒐集分析資料，
　　　此步驟不斷的循環。

　　　王文科認爲質性研究的文獻探討可以分爲三個層次：(1)初步文
　　　獻探討：從廣泛的學理（社會學、心理學或人類學等），針對預
　　　示問題發展可能的概念架構；(2)繼續探討與批判文獻：在人種
　　　誌研究中，此階段的文獻探討目的在理解研究對象的與場所的
　　　脈絡與社會現象，而不是如量化研究中所提供的「先入爲主」
　　　的知識，而歷史研究的目的則在於理解研究對象的歷史脈絡，
　　　包括社會習俗、歷史事件、制度等；(3)提出文獻的替代方式，
　　　質的文獻探討，其寫成的方式分爲兩類：其一是分開討論，其
　　　二是與主文統合。研究者可以在「緒論」中分開探討先前的研
　　　究以及該研究對擴充理解與當前時事、政策間之關係。此外，
　　　研究者必須在「結論」中詳細討論與詮釋相關文獻，多數質的

研究，其文獻是敘述性的，並且以解釋性的「附註」統合在主
文之中。

考生在考試時謹記下列關鍵字：

量化研究之文獻探討：線性的、嚴謹的、發展理論解釋的架
構。質性研究之文獻探討：循環的、擴充理解、瞭解脈絡。

二、從事研究必須進行文獻探討，試說明文獻探討的目的何在？組織
文獻的方式有哪些？以及撰寫文獻探討時應注意哪些事項？〔市
北師86〕

答：1.文獻探討的目的：

吳明清（民80）認爲文獻探討的功能（目的）是：

(1)確定研究變項。

(2)從文獻中可以界定變項的意義與關係。

(3)從文獻中可以瞭解研究的趨向與成果。

(4)從文獻中可以學習研究的方法與設計。

(5)從文獻中可以綜合先前的研究結果，並獲致初步結論。

2.組織文獻的方法：

依盧建旭，文獻探討的組織方式（結構）分爲三個部分：

(1)導論：是屬於開頭的段落，包含對研究主題的介紹、指出研
究的重要性、界定研究問題，介紹文章的作者，立論的重點
等。

(2)主文部分：其目的在檢視不同文章間理論之異同或互補之
處。

(3)結論：應具有批判性的思考，可以試圖指出比先前研究理論
更佳的理論。

王文科認爲文獻探討宜分爲三個部分：前言（introduction）、
批判性探討（critical review）與摘要（summary）。前言的目
的在描述研究的目標與範圍，而批判性探討則針對相關的研
究、學理與議題進行徹底的分類、比較與評論，摘要在簡單的

介紹該議題的知識現況與可能的缺失。

文獻的組織亦應考慮到時間上的脈絡，以及理論間的重要性與關聯性。一般在引用實證性文章時，總是以最新、最近發表的資料爲優先的考量。此外，實證文章的引用亦需同時涵蓋支持研究與不支持研究的文章。

3.撰寫文獻探討時應注意的事項：

(1)應注意先前相關研究的理論基礎、研究設計、母群體、樣本、資料蒐集工具、分析方法以及結論是否妥當。

(2)注意先前研究的可能限制：包括工具缺乏信度及效度、樣本缺乏代表性、結論上過度推論，或者資料蒐集的過程不嚴謹等。

(3)應以系統化方式進行文獻探討，避免主觀偏見。

(4)研究者主動尋找出多元資料來源，一方面豐富研究的內涵，二方面可以確證資料。

(5)進行文獻資料之蒐集、探討與批判必須遵守倫理規範，例如，對資料的確證、對負面資料的處理等。

(6)避免「錯誤的肯定」亦即研究者傾向於蒐集、呈現符合研究者期望的資料。

(7)最重要的是，文獻探討不僅只是被動的組織先前研究過的資料，尚需具有主動「批判」的精神，能對對先前的研究進行歸納、分析、比較，指出可能的缺失。

三、陳老師想蒐集相關的文獻，作爲進行「電腦輔助教學能否增進國小兒童閱讀能力」研究的參考，請在下列各問題上予以協助：

1.有人告訴陳老師說，利用「ERIC」可以幫他找到想要的資料，請你告訴陳老師什麼是「ERIC」。

2.如果陳老師想檢索有關中文的文獻，你會建議用何種檢索工具？

3.如果陳老師找到了如下所示的一份參考書目，請幫助他瞭解這
份參考書目各部分的意義。

"Hardin, B., & Carrol, R. (1997). On the reading horizon.
Teacher, 93(5), 53-56"

(1)Hardin, B., & Carrol, R.指的是什麼？

(2)On the reading horizon指的是什麼？

(3)Teacher指的是什麼？

(4)93 (5)指的是什麼？

(5)53-56指的是什麼？〔嘉師85〕

答：1.ERIC是美國教育資源中心（Educational Resources In
formation Center）的縮寫，此中心收錄了許多的研究論文、期
刊報告與活動報告等，並且將這些資料製成微縮膠片與光碟，
以利電腦化資料的搜尋，其主要的出版品有兩類：「教育資源」
（Resources in Education, RIE）與「現代教育期刊索引」
（CIJE），是從事心理與教育研究時，重要的外文資料庫。

2.中文資料的檢索工具有：

(1)中華民國期刊論文索引。

(2)中文報紙論文分類索引。

(3)行政院國家科學委員會研究論文摘要。

(4)教育論文索引等等。

3.參考書目的意思：

(1)Hardin, B., & Carrol R.：兩位作者姓名。

(2)On the reading horizon：文章的名稱。

(3)Teacher：期刊名稱。

(4)93 (5)：該期刊第93卷，第5期。

(5)53-56：該期刊之第53-56頁。

四、為什麼在寫作學位論文中都有「文獻探討」這一部分，其目的何在？請儘量列舉並分別說明之。〔屏師85〕

答：詳見內文。

五、試舉例說明如何利用電腦或光碟資料庫檢索有關文獻或資料？〔屏師84〕

答：以電腦查資料的重點有三：(1)打入關鍵字；(2)擴大（or）或縮小（and）搜尋範圍；(3)讀摘要。

例：若想搜尋有關「國小電腦輔助教學（數學科）」方面的文章，其程序如下：

1.選擇資料庫來源，例如，ERIC。

2.進入資料庫並打入關鍵字：例如，Elementary Education（國小教育）、CAI（Computer Assisted Instruction電腦補助教學）、Arithmetic或Mathematics（數學科）。其他相關的關鍵字尚有：Mathematics Instruction（數學科教學法），研究者亦可打入國家名稱，或研究中的相關概念。

3.選擇擴大或縮小搜尋的範圍，如打入一些關鍵字，按「Enter」鍵之後，電腦螢幕上會出現搜尋的結果（出現的筆數），若筆數眾多，則可以再打入其他關鍵字，並且以「and」連接，則對所搜尋的文章要求也越嚴格，其結果是縮小了搜尋的範圍。

4.顯示／列印所需文章的基本資料，可以利用螢幕來顯示一些基本資料，包括：

(1)資料編碼，例如，ED 235 009。

(2)作者姓名。

(3)文章名稱。

(4)出版日期、頁數、所用語言。

(5)摘要。

5.閱讀摘要以決定是否引用該篇文章。

6.如果研究者對該篇文章滿意，則可以依其編碼（ED 235 009），找出資料所在地，予以詳細的閱讀。

六、請說明文獻閱覽的功用和撰寫的要領。〔嘉師83〕

答：詳見內文。

七、名詞解釋：ERIC。〔政大82〕

答：詳見內文。

第6章

抽樣與樣本的選擇

抽樣（sampling）是從母體中選取研究對象的歷程，並非所有的研究都進行抽樣；當母體的範圍不大或者某些質性研究（個案研究）則不需進行抽樣。

一、抽樣的基本術語

（一）母群體

母群體（population）是指研究對象的總集合體，也是研究結果最終想要推論者，若以「台北市國小高年級生數學科建構教學與傳統教學之比較研究」為例，其母群體是為所有台北市國小之高年級（五、六年級）學生，抽樣的第一個程序就是必須先確定母群體，界定母群體的方法應考慮到研究的目的，研究者可使用的時間、經費與資源，以下是一些考量的原則（吳明清，民80）：

1. 考量採用「特定母群」與不採用「特定母群」的理由。例如，為何以台北市國小高年級生為數學科建構教學的實驗對象，而不選擇國中生或高中生？（國中、高中不實施建構教學）為何僅選擇台北市（時間、距離、經費上的方便），相當重要的考量是研究的目的與最終所要推論者，若研究的結果是想建立一個普遍接受的通則，可以適用於多數的群體，則其研究的範圍可能較廣，而研究的對象就相對的增加。

2. 考量所需的研究預期效果。研究效果（effect size），是指自變項對依變項的影響力可以達到什麼程度，如果影響力越大其效果越高，越容易達到顯著水準。多數的研究者都希望實驗的結果是有效的，但有些時候某種實驗僅在某些情境中針對具某些特徵的對象有效，正如同某種藥品只針對某個症狀有效。例

如，若我們發現建構教學的成效會受學生的能力與動機的影
響，似乎高能力、高動機的學生比較適合從事建構教學。因
此，若僅以高能力、高動機的學生為研究對象，當會發現其影
響效果（effect size）顯著，但是若包含一些低能力、低動機
的學生，則將會使影響效果下降，此時研究者處於兩難狀態，
若堅持僅以高能力、高動機學生為研究的對象，則會降低其外
在效度（external validity），研究的結果僅能推論至類似的群
體上（高能力、高動機者）。

3. 研究的可行性（feasibility）：研究多是在有限的經費與時間下
進行，此外，尚有行政上的配合度、資料是否充裕、研究的期
限、樣本的流失率、時效等諸多問題需要考慮，因此適度的縮
小研究的範圍有時是必要的。

（二）可接近母群體

母群有時又稱為標的母群（target population）是研究者最終想
要推論的對象，有時母群的範圍很大，不容易加以處理，則研究者可
以選擇其能力可及的、可以取到的母體為可接近母體（accessible
population）或稱為可取得的母體（available population），但研究者
應建立母群體效度（population validity），亦即必須能證明可接近母
群是具有標的母群的代表性。

（三）元素

元素（elements）是指研究對象的最小單位，在教育研究中，其
對象通常是人（老師、行政人員、學生、家長），有時是以個人為單
位，但有時是以一群人為單位，例如，家、學校。若研究家庭社經地
位與學業成就的關係，若比較家庭大小（人口數）、家庭型態（小家
庭、折衷家庭、大家庭、單親家庭、隔代教養）與學業成就的關係，

則爲以家庭爲單位的研究對象。

（四）抽樣單位

有時候抽樣單位（sampling unit）和元素是相同的，例如，在隨機抽樣中抽樣的單位是個人，也是元素，但在多階段抽樣中則可能不同，例如，在第一階段中在台灣省的北、中、南、東各抽出一些學校，則學校是爲抽樣單位，但學校內的人是爲元素，在第二階段中又從所抽出的若干學校中選取若干班級，在第三階段中再從一些班級中選取某些受試者，則班級、個人是爲抽樣的單位。

（五）抽樣架構

抽樣架構（sampling frame）是指所有抽樣單位的名單，例如，學生、學校或教師的名冊。共有三種型式：

1. 具體的抽樣架構：前述的名冊。
2. 抽象的抽樣架構：並沒有具體的名冊，只要符合研究所定義的條件即可成爲研究的對象，例如，若我們想要研究隔代教養對兒童自我概念與學業成就的影響，我們不太可能精確的取得隔代教養家庭的名冊，只好進行問卷調查或訪問，若符合則收納爲研究的對象。
3. 階段式抽樣的架構：分成數個階段來抽，每一個階段的單位可能不一樣，故名冊也不一樣。

（六）樣本

樣本（sample）是指從抽樣架構上所選取的單位，也是研究者可以直接進行觀察者。樣本並非全是人，在內容分析裡，所謂的樣本可以是一段話或一個字，甚至是一些相片、錄影帶或者人工器物等。母

群體、可接近母群與樣本間的關係爲：

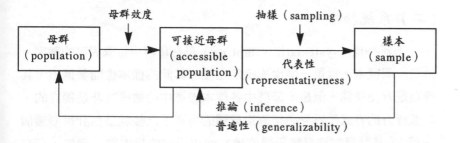

二、機率抽樣的方法

抽樣的程序可分爲機率抽樣（probability sampling）與非機率抽樣（nonprobability sampling）兩種，在機率抽樣中，母體中各單位被抽中的機率是可以估計的，但在非機率抽樣中則無法估計，一般以機率抽樣比較具有代表性，下述的機率抽樣方法爲研究所的常考題。

（一）簡單隨機抽樣

簡單隨機抽樣（simple random sampling）是抽樣的最基本型式，將所有的名單置入容器內，依所需的樣本數來抽取。簡單隨機抽樣具有兩項特色（林振春，民81）：

1. 均等被抽中的機率，每一抽樣單位被抽中的機會相等。
2. 各單位被抽中的機率彼此獨立。

有時母群體多時，亦可使用亂數表（random number table）來進行或者直接由電腦來隨機選取，亦可使用號碼球來協助。

簡單隨機抽樣在理論上最具有代表性，但其缺點是不適合於大樣

本（或母群太大）的抽樣，因為要編製名單比較費時費事，有時不容易取得完整的名冊。

（二）系統抽樣

系統抽樣（systematic sampling）是在母群中每隔固定的數字，抽取一個樣本。當第一個樣本確定之後，其餘的樣本也隨著選出，其優點是方便快速。但是，母群中各樣本被選中的機率並非是獨立的，其進行方的方式是首先必須確定母體的名單，之後就是估計每隔幾個（n值）。其計算方法是將母體的總數除以所需的樣本數，例如，若有1,000個學生，選取100名樣本，則應每隔$1,000 \div 100 = 10$名，接下來就是選擇第一名的樣本，可以從第1號～10號中隨機抽取，若第一次抽到5號，則其餘的就跟著確定15號、25號……。

系統抽樣必須注意母群中各單位排列的特性，以預防抽樣的偏差，基本上單位的排列方式有：（林振春，民81）

1. 隨機性母群（random population）：母群中各元素的排列沒有規則可循，是隨機排列的，在此情形就非常適合使用系統抽樣。
2. 次序性母群（ordered population）：亦即母群中的元素是依照某種（些）標準來排列的，例如，成績之高低，在此情形下可能產生抽樣的偏差，使所抽出的樣本僅代表部分的人口（同質性增加）。
3. 週期性母群（periodic population）：例如，某些以一星期為一個循環的事務，如報章媒體，在此情形下亦可能增加同質性而造成抽樣的誤差。

對次序性母群或週期性母群進行系統抽樣時，為避免誤差可以採用改良式的「重複系統抽樣」（repeates systematic sampling），亦即

重複的進行數個系統抽樣，因而使得原本只有一個起點者，**轉變爲數個起點**，但其間距也要因而擴大數倍。例如，上述在1,000個學生中抽取100個樣本，其n值爲10。若進行重複系統抽樣改爲5個起點，則其n值增爲10×5＝50，第一個起點的樣本爲5、55、105⋯⋯；第二個起點的樣本可能爲3、53、103⋯⋯以此類推。

（三）分層隨機抽樣

分層隨機抽樣（stratified random sampling）的使用時機是當研究者發現母群中各單位的某一特質有甚大的差異（例如，族群、社經地位、性別比例不均勻），在此時若採用簡單隨機抽樣可能產生抽樣誤差而喪失了代表性。因此，研究者可以依研究的目的與元素的特性來加以分層（strata），方法是使層與層間的差異儘量擴大，而各層之內的元素則儘量同質，各層次之間不可相互重疊。例如，若我們想針對某校研究原住民與漢民族的自我概念是否有明顯的差異，就不適合使用簡單隨機抽樣，因爲該校很可能漢民族學生占較大的比重，而使得漢民族學生被抽中的機率較多，喪失了原住民學生的代表性。在這樣的研究中應儘量避免各層之間有互相包含的情形。例如，若父親爲漢民族，母親爲原住民，則應歸類爲漢民族或原住民？

王文科認爲分層隨機抽樣具有兩項優點：(1)可以改善樣本的代表性，特別當樣本中某些群體所占的比例大小差異較大時；(2)可以讓研究者特究各子群間的差異性。

分層隨機抽樣的方法的進行爲：

例：某大學共有大一學生500人，大二400人，大三300人，大四
　　200人，若要使用分層隨機抽樣抽取總共100人為調查對象，
　　則各層的人數為：

　　大一：$100 \times \dfrac{500}{1,400 \text{（總數）}} = 35.7$（約36人）

$$大二：100 \times \frac{400}{1,400} = 28.5（約29人）$$

$$大三：100 \times \frac{300}{1,400} = 21.4（約21人）$$

$$大四：100 \times \frac{200}{1,400} = 14.2（約14人）$$

（四）叢集抽樣

　　叢集抽樣（cluster sampling）的單位是一群元素所構成的集合體，被抽中的單位內所有的元素皆予以觀察。基本上各叢集之間應該是同質的，而且叢集的數目不得太少以致喪失其代表性，但叢集內的元素不可太多以增加研究的複雜性。例如，在研究教育問題時，以班為單位，被抽中的班級所有的學生皆予以測驗，是為叢集抽樣。叢集抽樣比較經濟方便，而且以班為單位較不會造成教學、行政上的困擾，有些學校不喜歡研究者以隨機抽樣的方式來進行調查，特別是當實驗要進行一段時間時，依隨機抽取的樣本更不容易進行。叢集抽樣與分層隨機抽樣是不同的，研究所喜歡考兩者之異同，相同的地方是兩者都有隨機取樣的程序，只不過一個是以個人為單位，另一個是每次抽取一個群體。但分層隨機抽樣適用於大範圍且有異質性層次的群體，而叢集抽樣則適用於小範圍、同質性的群體。一般在教育領域裡以班為單位很適合叢集抽樣，其他的社會調查尚可以家庭、學區、學校、機構等為單位。

（五）多階段抽樣

　　多階段抽樣（multistage sampling）是靈活的運用上述四種抽樣的方法，使抽樣的過程簡化，有下列四種方式：

　　1.多階段簡單隨機抽樣法：將抽樣的過程分成幾個階段，而每一

個階段皆以隨機抽樣的方式進行，但每一個階段的單位可能不一樣，例如，研究者想調查台灣省國小教師的任教意願，第一階段可以縣、市、鄉、鎮為單位，再以被抽中之縣、市、鄉、鎮之國小為抽樣的架構，隨機抽樣之後再以被抽中之國小再隨機抽出一些教師為調查的對象。

2. 簡單隨機與系統抽樣之混合：例如，可先以簡單隨機方式抽取縣內的國小，被抽中之國小則以系統抽樣的方式選出樣本較為便利。

3. 先分層再簡單隨機或系統抽樣：例如，對全國國小教師之任教意願調查，可以依地理位置將國小區分為北、中、南、東四個區域，是為可接近母群，在四個區域中依國小出現的比例抽出某些國小，國小抽出後便可以再依簡單隨機或系統抽樣的方式抽出個別教師為樣本。

4. 分層叢集抽樣法：在分層之後，先以簡單隨機抽樣取得樣本，再將樣本以某些特質安排為叢集抽樣的架構，再進行一次調查，例如，在第一次調查中以叢集為單位，被抽中的班級學生皆接受調查，結束之後，再以社經地位將班級上的學生分為高、中、低三個叢集，則抽樣的單位便由原先的班級，轉化為社經地位。

三、非機率抽樣方法

非機率抽樣方法是指樣本被抽中的機率事先是無法獲知的，其代表性較差，是當機率抽樣不可行時才使用。

（一）立意抽樣

立意抽樣（purposive sampling）又稱為合目標抽樣或判斷抽樣

（judgmental sampling），是依研究者主觀的認定來選擇研究的對象，並沒有抽樣的架構。例如，在質性研究中，某研究者想瞭解部落的歷史，於是他選擇訪問了該族的長老。對研究目標的選擇，必須判斷是否該位對象具有代表性，是否是一位「典型」的代表。例如，若以獲得「師鐸獎」的教師為研究對象來探討教師的任教意願可能缺乏代表性，因為師鐸獎的得主往往是非常「特殊」優越的教師，而並非一般「典型」的教師，有時人們會被某些因素所制約而產生了偏差。立意抽樣比較方便、經濟，也較容易取到樣本，因此適合作為初期研究（pilot study）的取樣方式。

（二）配額抽樣

配額抽樣（quota sampling）與分層隨機抽樣類似，只不過配額抽樣並沒有隨機的過程。在配額抽樣中研究者依某些標準來發展抽樣的矩陣，這些標準可以是性別、年齡、教育程度、收入、職業，研究者再依所發展出的抽樣矩陣，設定每一個細格所需的樣本數。研究者應儘量使其歷程接近分層隨機抽樣，而且研究者最好對研究的對象有深入的瞭解，其所設定的比率才會確實。

（三）滾雪球式抽樣

滾雪球式抽樣（snowball sampling）是利用人際關係的網絡來取得樣本的，研究者首先要求第一位受試者提供一些具有研究者所想要觀察的特質的人的名單與聯絡方式，研究者從所提供的名單中進行篩選與調查，之後再要求這些人也提供類似的名單，以此類推，直到取足研究的對象為止。研究者可以利用彼此交往的關係或其他小小的鼓勵（例如，贈送小禮物）以提供受試對象合作的意願，但應注意的是，有時人際關係的網絡是有其疆界或封閉性的，什麼樣的人與什麼樣的人交往，若只針對同一群人做滾雪球式抽樣，有時同質性太高，而使其代表性受限，因此，應儘量加大其異質性。此種滾雪球式調查

適用於較爲特殊的團體，例如，少年幫派、離家少年等之研究，這類團體不太可能用隨機抽樣或一般常用的抽樣方式來取得樣本。

（四）雙重抽樣

在問卷調查中研究者若對回收或未回收的受試者進行第二次的抽樣作爲訪談的對象，以便更深入瞭解受試者對問題的看法，是爲雙重抽樣（double sampling），但應注意的是，雙重抽樣必須在一個前提之下進行才有意義，那就是，問卷的回收率應該在50％以上才進行，因爲若回收率過低，則研究的代表性就會受到質疑，在不確定研究結果是否具有代表性的情況下，進行雙重抽樣而實施訪談是沒有太大的意義的。

王文科指出五種抽樣方法的優點與限制如下：

抽樣方法	優點	限制
隨機抽樣	·理論上最爲精確、具代表性 ·只受機遇因素的影響，比較客觀	·僅適合小樣本，當母體過大時要將全部的名單列出頗爲費時費事
系統抽樣	·與隨機抽樣類似 ·比隨機抽樣更容易實施 ·適合大樣本	·有時可能導致系統的偏誤
分層隨機抽樣	·可以將樣本分類爲幾個層次（三群）加以探究 ·可以與其他抽樣方法結合使用 ·當樣本中各子群的比例相差太大時使用	·比較無法評估各子層的加權
叢集抽樣	·經濟、方便，較不會干擾到教學、行政	·若組群的數目小，可能造成代表性不足
配額抽樣	·在無法實施隨機抽樣時行之，必較方便	·缺乏代表性

　　研究所有時喜歡考分層隨機抽樣與叢集抽樣，其原則是：(1)分層隨機抽樣往往與原住民與漢民族之比較研究有關（東師考題），因爲在此種研究中原住民所占的比例明顯少於漢民族，爲了改善原住民受試者的代表性，應該使用分層隨機抽樣；(2)叢集抽樣往往以個案研究的方式出現，在考官給予的個案中往往有某位研究者想從事××研究……他以「班級」爲單位的敘述句，最後要求考生說明這樣的研究有何缺失？應如何改進？此種問題的典型回答是：①因爲使用叢集抽樣，現成樣本（intact group），所以其代表性受質疑；②改善之道是改爲隨機抽樣（事前控制），或使用共變數分析（ANCOVA）（事後控制）。

四、樣本大小的估計

　　樣本要多少才具有代表性呢？這是研究者最基本的問題，樣本少並非代表性差，在同質性高的母體中，經過審愼抽樣的小樣本應該是足夠的；相反的，樣本多不一定就保證樣本就具有代表性，有時會有抽樣偏差的存在。因此，樣本的大小與樣本的代表性並無絕對的關係，而且，即使樣本具有代表性也並不一定保證研究的結果是嚴謹、有效的，有許多的因素會介入，例如，測量工具、研究架構、程序、方法、突發事故等。以下討論可以遵守的一些原則：

1.研究的類型：王文科歸納一些研究者對取樣大小的看法爲：
　(1)蓋依（Gay, 1992）的看法是在敘述研究中（描述母體性質的研究，例如調查法）樣本應至少占母體的10％，但若母體少於500人，則樣本應至少占母體的20％。在相關研究、因果比較研究及實驗法中應至少有30位受試者。
　(2)包格與郭爾（Borg & Gall, 1989）認爲在調查研究中之較大子群（major subgroup）應該至少有100位受試者，而較

小子群（minor subgroup）至少需有20～50位受試者。

2.所設定的統計顯著水準：以皮爾森積差相關係數為例，當uf越大（樣本越多）時，其關鍵值越小，越容易達到顯著水準，但 α 訂在0.1與訂在0.01時有不同的關鍵值，前者的關鍵值較小，即使是小樣本也比較容易達到顯著性。

3.時間、經費與行政上的考量：時間與經費的限制是無法避免的，在多數的教育研究中若要對在校的師生進行觀察，則必須取得行政上的配合。

4.考量研究的嚴謹性要求：在正式研究中所需的嚴謹性較高，故樣本較多，但在探索性研究中所需的嚴謹性較低，因此可以有限的樣本行之。

5.研究所探討的變項數目：研究所欲探討的變項越多，可能越需要較多的樣本，複雜的研究不僅只是樣本的增多而已，可能需要更多的測驗、控制與分析。

6.研究的性質與資料蒐集方法：質性研究多屬個案研究的性質，其所觀察、訪談的對象通常不多，資料的蒐集與分析方法也會影響樣本的多寡，使用訪問法要求投注較多的時間與心力，故不可能針對大樣本，反之，問卷調查的範圍可以擴大許多。

7.母群的大小或所欲推論的外在效度：當所欲調查的母群或所欲推論的母群範圍越大時，則所需的樣本數就越大。

林振春（民81）認為決定抽樣大小的步驟為：

1.確定研究的目的。
2.決定母體的範圍與性質。
3.決定抽樣的方法，包含抽樣的對象、架構、單位與執行程序。
4.決定總樣本數或各子群人數。
5.修正樣本人數，其原則：

(1)若有許多干擾的混淆因素時應加大樣本。

(2)若各組之間的差異很小時,應加大樣本,使組間的差異(異質性)增加。

(3)當研究者想再進一步瞭解各次級組別(subgroups)時,則應增加各次級組的代表性。

(4)當母群的異質性增加時,也要加大樣本。例如,對綜合大學與對師範學院的研究裡,綜合大學需要較大的樣本,因為綜合大學的異質性較大。

(5)當工具的信度與效度較低時,應使用較大的樣本來彌補測量的誤差。

五、抽樣誤差與控制

理想上我們希望所抽到的樣本能代表母體的特質,但是抽樣都會產生誤差,統計上對於誤差的控制亦有一些方法,例如,改以區間估計(可信區間)的方式來取代點估計,以一些方法來提升測量的信度與效度,例如,使用客觀式問題,二位評分者,求內部一致性係數等。在研究法的考試中常考樣本偏差的來源與控制(改進)的方法,常以簡答題(針對個案)的型式出題,樣本偏差的來源有:

1.抽樣偏差(sampling bias):抽樣偏差的原因甚多,可能來自對母群的定義不明確(例如,父親是外省人,母親是原住民,算不算是原住民的受試者),怎麼樣才算是隔代教養的家庭?父母親住在鄰近但常回祖父母家探視,與父母親皆往城市工作一年難得回偏遠的家鄉探視幾次,其中有甚大的差異。抽樣的過程亦是產生偏差的來源,例如,使用非機率的抽樣方式、抽樣的架構缺乏完整性。例如,問卷調查時排除不識字者、不住在

戶籍登記處的人（出外就讀的學生、軍人、在外地服務者）。

2. 自願者：自願者可能比非自願者有較強烈的動機，或較認同研究的主題，或者有較充裕的時間可以接受調查。筆者的一位研究生曾經研究家庭中夫妻互動的行為，使用觀察與訪談法，在徵求自願接受觀察與訪談的家庭時，發現較多是有錢有閒的家庭，夫婦的學歷具高，不排斥研究，同時不會因為白天工作太勞累而無法參與研究。這樣的研究結果其推論性是受到限制的，某些需要雙親工作的家庭，其溝通模式可能不太一樣。

3. 現成團體：使用現成的團體常常是具有偏見的，這些現成的團體可能是研究者比較容易接近、取得的對象，包括在校的師生、在軍隊中的士兵、在機構中的一群人。有時他們的同質性太高，使外在效度受限，有時這些人是受到某種程度的影響或控制，而缺乏自由表達的機會。至於誤差的控制方法將在實驗研究法中詳細的介紹。

試題分析

一、名詞解釋：滾雪球取樣（snowball sampling）。〔國北師88〕

答：林振春指出：「滾雪球抽樣是研究者利用人際的輻射力以達到抽樣的目的，在滾雪球抽樣時，研究者要求第一位被選中者提供10位人名及地址，研究者再請這10位各提供10位人名及地址，如此重複進行多次，達到研究者預計的樣本數。」（p.156）

在執行滾雪球式取樣時必須注意：(1)應事先告知提供資訊者抽樣的範圍，以免所提供的名單超出研究的範圍；(2)因為滾雪球式抽樣依賴人際間互動之廣度（人脈），同類的人容易相互交往而產生同質性高的封閉現象，所以對重複提供的人名必須加以刪除，以增加異質性。滾雪球式抽樣由於不是隨機取樣，故可能造成取樣的偏差，而喪失代表性。

二、名詞解釋：系統隨機抽樣（systematic sampling）。〔國北師88〕

答：系統抽樣是隨機抽樣方法中最廣為使用的方法，因為其誤差與簡單隨機抽樣相似，但卻比較簡便（楊孝濚，民84）。系統抽樣又稱為等距抽樣或間隔抽樣（Interval sampling or rotated sampling）。其抽樣的程序是：(1)確定母群體與總數；(2)決定樣本數；(3)決定間隔數（n）：總數÷樣本數；(4)決定首數，隨機抽取1～10的數目；(5)首數決定之後，每間隔n即為所需樣本。

在執行系統抽樣時，必須避免其母體是次序性母群（ordered population），例如，按成績高低來設定學號，或週期性母群（periodic population），例如，以月或星期為週期而有重複週期性循環的現象。亦即，系統抽樣的進行，必須確定其母體的排列是隨機性的母群（random sampling）。

有時可以採用「重複系統抽樣」（repeates systematic sampling）的方式來避免誤差，其方法是加大間距，而且分別採用不同的起

始點。

三、比較下列名詞：普查（census）vs.調查（survey）。〔政大87〕

答：所謂普查是指研究的對象包含所有的母群體內的元素（最小研究
　　單位），其範圍的大小，視研究對象性質而定。例如，「台灣省國
　　小教師任教意願之調查」，若實施普查，則其範圍相當廣，但是若
　　某國小校長有興趣調查該校學生之近視比率，是可以進行全校學
　　生的普查的。

　　普查由於未經過抽樣的過程，故在統計分析上不可以使用推論統
　　計，僅能使用敘述統計。

　　調查的目的在蒐集意見或態度的資料，以描述社會的現象，一般
　　常用的調查法資料蒐集的方式有：問卷調查、訪問法以及測驗。
　　調查的對象若範圍不廣可以採用普查，但多數的範圍很廣，必須
　　採用抽樣的方式對樣本進行調查。

四、名詞解釋：叢集抽樣。〔暨南87〕

答：叢集抽樣的程序類似隨機抽樣，不過其抽樣的單位是由一群元素
　　所組成的集合體，例如，一個班級的所有學生、一個家庭的所有
　　成員、一個學校內的所有教師等。在進行叢集抽樣之前，研究者
　　必須確定叢集單位的劃分方式，叢集內的元素不宜過多，儘量使
　　其同質性高。例如，單純的由教師或僅由學生組成，其單純性優
　　於同時包含教師與學生。同時，叢集的數量不宜過少，以增加其
　　代表性，其優點是比較經濟有效率，但造成樣本偏差的可能性亦
　　高。

五、比較下列五種抽樣方法：(1)隨機抽樣；(2)系統抽樣；(3)分層隨
　　機抽樣；(4)叢集抽樣；(5)配額抽樣。〔中正85〕

答：

抽樣方法	優點	限制
1.隨機抽樣	·每一單位被抽中的機率相等，樣本最具有代表性	·只適合小樣本的研究，母群體太大時不易取得完整的名單
2.系統抽樣	·若母群為隨機性母群（random population），則其代表性與隨機抽樣一樣高，但更為經濟方便	·針對次序性母群及週期性母群可能產生系統性的偏差
3.分層隨機抽樣	·若母群內各元素在某項研究的特質上有極大的異質性時應使用分層隨機抽樣 ·可以增加不同子群或不同特質的代表性	·母群具有可以分層的特性，否則會造成偏差 ·必須注意不同層次之間應儘量異質，不可互相包含，而層次之內必須儘量同質 ·有時各層次間的加權很難認定
4.叢集抽樣	·其抽樣單位是由一群元素組成的集合，比較經濟、快速、省時省力	·其代表性不如簡單隨機抽樣
5.配額抽樣	·不具有隨機的性質，研究者可以依照母群中某特質出現的比率來決定樣本選取的比率，或是依某項理論來決定選取的配額	·研究者必須對母群的性質有深入的瞭解，所選取的配額才會真正反應母群的特性。由於沒有隨機，所以其代表性不佳

六、名詞解釋：抽樣誤差。〔屏師83〕

答：以樣本之統計量去估計母體的母數一定會產生誤差，當樣本變大時，其誤差會變小。我們可以計算以樣本的平均數（$\overline{X}$）來估計母體平均數（μ）所產生之誤差範圍，通常我們是以區間估計的方式來描述；依「中央極限定理」（central limit theorem），樣本平均數的標準誤與樣本大小之平方根成反比，其公式

$$\sigma_{\overline{x}} = \frac{\sigma}{\sqrt{N}}$$，因此

$\overline{X}$值落在$\mu \pm 1 \sigma_{\overline{x}}$之間的機率爲68.26％

$\overline{X}$值落在$\mu \pm 2 \sigma_{\overline{x}}$之間的機率爲95.44％

$\overline{X}$值落在$\mu \pm 3 \sigma_{\overline{x}}$之間的機率爲99.74％

　　我們知道$\sigma_{\overline{x}} = \dfrac{\sigma}{\sqrt{N}}$（稱爲樣本平均數的標準誤），當N越大（樣本越多時）誤差越小，所計算的值越趨近母體平均數，稱爲「大數原則」（low of large numbers）（林清山，民85）。

七、某研究者從事「國民小學教師角色衝突與工作滿意之關係」研究，其研究對象爲台灣地區公立國民小學教師。首先，自台灣地區各縣市選取若干國小，然後從這些國小教師中抽取若干爲樣本，發出「國民小學工作及教學狀況調查問卷」共計800份，最後回收400份。其取樣分配如下：

縣市別	台北市	高雄市	台北縣	台中市	雲林縣	台南縣	花蓮縣
校　數	10	10	8	8	7	6	5
人　數	150	150	120	110	95	105	70

試就該研究所採用之研究方法、取樣方式、過程及問卷回收等分析評論並提出改進之方。〔市北師81〕

答：1.研究方法：本研究爲問卷調查法，使用「國民小學工作及教學狀況調查問卷」爲資料蒐集的工具，因爲題目並未詳細介紹研究架構，以及對自變項與依變項的定義，故筆者無法評論其研究方法之優點與限制。

　2.取樣方式：

　　(1)本研究採用多階段抽樣（multistage sampling）中之多階段簡單隨機抽樣法，先以縣市爲單位進行隨機抽樣，再以所抽

中之縣市進行教師的簡單隨機抽樣。

(2)本研究抽樣上之缺失：很明顯的，本研究之樣本缺乏代表性，理由是有許多縣市都沒有抽中，使東部（只有花蓮縣）、北部（只有台北縣市，缺乏新竹、桃園）的代表性缺乏，建議使用分層隨機抽樣，依學校所在地以及可能會影響教師角色衝突的因素，例如是否兼任行政工作、年資等因素來分層。

在此研究中，表面上看來抽樣人數反應了抽樣的校數，而抽樣的校數似乎又反應了人口數，但是學校有大有小，因考慮學校大小的因數而非學校的數量。

3.問卷回收率的問題：問卷回收率應該多少才算具有代表性？原則上是至少達50％，最好達80％，否則可能產生樣本的偏差。雖然本研究之回收率已達50％，不過筆者認為應該可以再加強提升回收率以便增進代表性，其方法是：

(1)電話或信件催收。

(2)增加填答的誘因（例如，給予小獎品、答應告知研究結果、附回郵信封等）。

此外，筆者認為尚可採用三角測量法，加入訪談來深入探討。

八、劉老師想研究某大學學生的人際承諾及自我統整的關係，力從該大學學生中抽取500人為樣本，該大學各年級學生人數分別為大一是1,040人，大二是850人，大三是660人，大四是450人，劉老師以比例分層取樣，請說明取樣比例及各年級應抽取的人數。〔嘉師83〕

答：1.總數＝1,040＋850＋660＋450＝30,000

2.各層抽取比率＝$\dfrac{500}{30,000}＝\dfrac{1}{6}$

3.計算各層樣本數：

大一：$1,040×1/6＝173.3$（約173人）

大二：850×1/6＝141.6（約142人）

大三：660×1/6＝110人

大四：450×1/6＝75人

第7章

調查研究法

一、調查研究的意義

調查研究（survey research）的應用極為廣泛，所出教育研究所的學生是使用問卷調查來完成論文，一些民意調查也經常出現在各種媒體之中，王文科定義調查研究是「研究者採用問卷（questionnaire）、訪問（interview）或觀察（observation）等技術，從母群體成員中，蒐集所需的資料，以決定母群體在一個或多個社會學變項或心理學變項上的現況，或諸變項間的關係。」（p.294）郭生玉（民84）認為調查研究是「根據母群體（population）所選擇出來的樣本，從事探求社會學變項與心理學變項的發生、分配及彼此相互關係的一種研究法（kerlinger, 1973）。」（p.136）簡單說，調查研究就是對母體性質作描述的一種研究。

調查研究具有三種特徵（郭生玉，民84）：(1)調查研究通常是以從母體抽取的樣本為研究的對象，有時也被稱為樣本調查研究（sample survey research），因為調查研究通常涵蓋的範圍相當的廣泛，如果要對母群內的所有個體都加以調查（普查），極為不經濟，效果也不一定更好，例如，如果日本要對台灣輸入的香蕉出面普查，可能需要許多的人力才能執行，有可能等香蕉熟透了都還沒有檢查完畢；(2)調查研究的變項多為心理學或社會學變項，社會學的變項是用來描述各人所處的社會的特徵，例如，性別、年齡、社會、職業、收入、宗教等，而心理變項包括個人的態度、行為、信念、動機等；(3)調查研究可以是簡單的設計或複雜的設計，簡單的設計如屬於描述現況的調查，而複雜的設計不僅只在描述現況也在探討變項間的關係。

調查研究的結果無法作為因果推論的依據是調查研究的限制之一，因為調查研究本身的控制並不嚴謹，而一些變項的發生往往有許多複雜的因素，而有些干擾的因素都不是調查研究可以控制或排除的，但是，調查研究卻可以擔任探索性研究，作為正式研究的一部分。

二、調查研究法的特徵

1. 調查研究是合乎邏輯的。
2. 必須擬定假設，作爲邏輯分析的基礎。
3. 注重普遍性事實或人類行爲的概化命題（generalized proposition）的追求。
4. 調查研究的程序在化繁爲簡，將複雜的社會現象化約成一些可以觀察的變項予以探討。
5. 對變項予以操作性定義。
6. 調查研究的資料是可以驗證的。
7. 可以利用檢證理論的正確性以促進學理的發展。
8. 假設社會事實（social reality）是客觀存在的，可以予以調查，而且不會受參與者的意志所影響。
9. 社會行爲多半是有規律的，在制約的情境中發生。
10. 可以使用既有的演繹法則找出其一致性。
11. 依賴統計（張芬芬、譚光鼎，民84）

三、調查研究的類型（王文科、郭生玉）

1. 描述性調查（descriptive surveys）：描述性調查旨在對現況（status quo）加以描繪，但並不解釋變項間的關係或因果關係，例如，調查學校的大小、學生人數、教師的特質（性別、年齡、是否兼任行政工作）、出席率設備等是爲描述性的調查，此類調查因爲多是事實，故其爭議性較少。
2. 解釋性調查（explanatory surreys）：解釋性調查是屬於事後

回溯研究的一種，目的在蒐集資料並且解釋變項間的因果關係。例如，在上述的描述性調查中，若研究者感興趣於上述變項（學校大小、教師特質、出席率、設備）與學校效能的關係，他可能會提出一些問題，例如，學校的大小與行政效能有關嗎？或者學生的出席率是否可以反映學校的效能？具有效能的學校有那些特色，這些就是解釋性調查。此種解釋性調查大抵只能解釋變項間的關係而非因果。

調查研究若以調查的範圍來區分可分為：

1.普查（censuses）：普查是將所有母體內的元素都納入為觀察的對象，基於時間、經濟上的考量，普查比較少見，但有時當母群體不是很大時，普查是可以進行的。例如，某一學校的校長想要瞭解該校教師對推行某一新政策的看法時，若教師並不是太龐大，是可以使用普查的方式來蒐集資料的。

2.樣本調查（sample survey）：是從母體中抽出某些樣本作為調查的對象，其所強調的是樣本的代表性，若樣本具有代表性，則所調查的結果才可以推論回母群體。

若依調查的對象的性質可區分為真實事物（tangible）與非真實事物（intangible），態度、動機、行為發生的次數是屬於非真實事物，學校大小、桌椅、設備是屬於真實的事物，在教育研究中多數是屬於非真實事物（抽象）的調查。

若依資料蒐集的方法可分為：

1.問卷調查（questionnaire survey）：以問卷作為資料蒐集的工具。

2.訪問調查（interview survey）：可以面對面的訪問或電話訪問

的方式來進行，其訪問的問題可以是開放式的或封閉式的，其程序可以是嚴謹的或有彈性的。

3.控制觀察（controlled observation）：此種研究方式也很常見，研究者可以使用標準化測驗來蒐集資料，或者請求學校提供一些學生的基本資料（考試成績、一般記錄）。

若依資料蒐集時間的長短可分為橫斷式調查（cross-section survey）與縱貫式調查（longitudinal survey），將在發展研究法中敘述。

四、問卷的題目形式（王文科，民89）

問卷是一種蒐集資料的工具，不僅在調查研究中常使用到，在心理學上也使用問卷來研究人的某些心理與社會特質。

依回答的方式，問卷的題目有兩種方式：開放式問題（open-form items）與封閉式問題（closed-form items），封閉式問題有固定的選項，開放式問題則無。

（一）開放式問題的型式

開放式問題幾乎沒有限制，又稱為無結構式的問題（unstructural items），其答案可能有無限多種。

例1：您認為應如何促進國小數學科的建構教學？_____

_____。

例2：您　□贊成　□反對興建核四？請陳述理由：_____

_____。

開放式問題的優點有：

1. 當研究者並不瞭解所有可能的答案時，可以使用開放性問題，或者在封閉式問題之後再加一個其他項，讓受試者回答。
2. 開放式問題較具有彈性可以允許受試者表達其看法，澄清自己的意見，可以提升研究的品質。
3. 當問題的答案可能很多，無法一一羅列於封閉式問卷中時，只好使用開放式問題。
4. 若問題相當複雜，無法歸納成一些小問題時，也必須使用開放式問題。
5. 開放式問題容許受試者發揮其創意。

開放性問題比較具有彈性，如果搭配訪問法使用，能使研究者能夠適度的引導受試者表達深層的情感，故一般常使用在質性研究中。

開放性問題亦有下列的限制：

1. 可能蒐集到一些不相關的資訊。
2. 因為沒有標準化，造成統計分析上的困難，這一點是多數人傾向於選擇封閉式問卷的原因，因為封閉式問卷很容易進行統計的處理。
3. 資料的記錄與分析可能有主觀的介入，而降低了研究的信度。
4. 開放性問題可能需要有一定程度的文字表達技巧，缺乏此種能力的受試者比較不適合。
5. 開放式問題需要思考、解釋，較花費時間，容易使受試者拒絕回答。同時，需要較大的篇幅讓受試者填寫，使受試者以為問卷本身很長。

在調查研究中，一般可以開放式問題作為探索性的研究，用來蒐集可能的問題與選項的依據。

（二）封閉式問題的型式

封閉式問題要求受試者從研究者所提供的選項中作選擇。

例：請問您選擇考教育研究所之理由？　(1)興趣　(2)經濟因素
　　(3)想謀教職

封閉式問題的優點有：

1. 有標準答案，有利於受試者的選擇以及統計的處理。
2. 受試者比較能確定問題與選項的意義，減少離題、文不對題的機率。
3. 適合於處理某些敏感性的問題，例如，問年齡（收入）時可以一段級距的方式而非要求受試者填寫確實的數據。
4. 比較適合於缺乏文字表達能力的受試者。

但封閉式問題的限制有：

1. 受試者雖然無意見、不瞭解題意，或者對所有的選項都不滿意，仍然必須強迫選擇，有時會感到挫折。
2. 封閉式的問題並沒有提供受試者澄清、解釋的機會。
3. 較容易發生筆誤或受作答心態的影響（例如，趨中效應、寬大誤差或嚴格誤差）。趨中效應是指研究者偏好選擇「尚可」、「還不錯」、「中等」的選項。

若以所問問題的性質來分類，又可分為：（林振春，民81）

1. 事實的問題：常出現在問卷中對基本資料的調查，是屬於人口統計學上的問題（demographic questions），這些變項有：性別、年級、年齡、居住地、教育程度、職業、家庭人口數與排

行等。這些都是自變項，而且是屬於類別變項，研究者最終以這些變項為基礎進行卡方檢定。

2. 意見與態度的問題：教育研究中這類的問題較多，是屬於抽象層次的探討。例如，中學生對性的看法、對多元入學的看法等。

3. 資訊的問題：是在瞭解受試者是否理解某項訊息與瞭解到何種程度？有時用來作為篩選（filter）之用。

例1：您是否知道使用火力發電的成本以及所產生的二氧化碳對地球臭氧層可能造成的破壞？　□是　□否

例2：您　□贊成　□反對興建核四？

在這樣的問題設計裡，第一題與第二題是相關的，第一題稱為過濾性題目，其目的在先確認受試者是否具有研究者所強調的某項特質或背景知識，若受試者具有這項背景知識，則所調查的結果比較具有意義，一般人對於是否支持興建核四的決定是基於一些來自媒體片斷的知識，有些被刻意的誇大、扭曲，有些論點似是而非。因此在研究受試的態度時，可以觀察受試者究竟對此項議題瞭解多少？而受試的立場紮不紮實。

4. 行為的問題：主要在瞭解受試者出現某些行為的頻率。

例：您　□經常　□偶爾　□很少　□從不　上圖書館。

設計封閉式問題時有五種方法：

1. 類別反應的題目：

例：您贊不贊成體罰？　□贊成　□反對

屬於類別的選項尚含有次序性質者，例如，非常贊成、贊成、無意見、不贊成、非常不贊成，或者一個陳述句。

2.評定順序的問題：評定順序的題目要求受試者依先後順序、重要性或喜愛的程度來評比，亦有下列幾種方式：

(1)等第順序法：

> 例：您選擇職業的優先順序為何，請用1至5的數字順序來表示，1表示最優先。
>
> _____ 興趣；_____ 距離遠近；_____ 未來發展性；_____ 穩定，有保障；_____ 在職業中成長；_____ 親友推薦；_____ 薪資多寡；_____ 工作性質；_____ 公司的福利制度

(2)配對比較法：您選擇職業的條件下列共有五種供您比較，如果A大於B，就在（　）內寫（＞），若A小於B，則在（　）內寫小「＜」，但不可以寫「＝」。

A		B
收入	（　）	興趣
遠近	（　）	未來發展性
穩定性	（　）	收入
員工福利	（　）	遠近
興趣	（　）	保障

(3)連續性類別法：

例：您對學校的觀感如何？

	非常好	好	中等	不好	非常不好
1.學校設備	☐	☐	☐	☐	☐
2.教師素質	☐	☐	☐	☐	☐
3.學校環境	☐	☐	☐	☐	☐
4.學校文化	☐	☐	☐	☐	☐
5.師生關係	☐	☐	☐	☐	☐
6.行政效能	☐	☐	☐	☐	☐
7.教學品質	☐	☐	☐	☐	☐

(4)恆常刺激法的問題：

例：與其他實習教師相比，您對班上實習教師的評等為：
☐ 1.優等
☐ 2.中等
☐ 3.不佳

3.條件反應式題目：前述對核四的意見調查是為條件反應式題目，條件反應式題目對受試者扮演守門者的角色，只有滿足某些條件的受試者才能充當調查的對象，另一個目的，是使受試者回答的題目具有適切性，那一種受試者回答那一類的問題。

4.等距量表式題目：一般的人格測驗、性向或態度測驗等，常使用等距量尺（interval scale），例如，有名的語意區分量表即屬於等距量尺。

積極的　<u>1</u>　：　<u>2</u>　：　<u>3</u>　：　<u>4</u>　：　<u>5</u>　：　<u>6</u>　：　<u>7</u>　消極的

快　　　___　：　___　：　___　：　___　：　___　：　___　：　___　慢

關懷的___　：　___　：　___　：　___　：　___　：　___　：　___　冷淡的

有趣的___　：　___　：　___　：　___　：　___　：　___　：　___　無趣的

等距量尺常被使用，其選項的形式亦有多種，例如，同意／不同意／無意見；適合／不適合；優／中／劣；經常／偶爾／從不……，這些選項本質上是屬於次序變項（優＞中＞劣），但是一般的作法是給予各選項一個分數，例如，同意2分，無意見1分，不同意0分，最後再加總這些分數形成一個總分，這個總分被視爲等距變項，可以進行母數分析，在標準化測驗裡這些總分都可以對照常模以求出相對地位量數。

五、問卷問題的編製原則（林振春，民81；王文科，

民89；郭生玉，民84）

1.題意要定義清楚明確，以免引發誤會。

例：您認為看電視會對兒童產生不良影響嗎？

　　□會　□不會

此題應定義看那一類型的節目，　看電視時間的多寡，以及所謂的不良影響是指視力，或是課業或思想上。對於一般常用的字詞也需定義清楚，例如，您的年齡是_____歲，是指十足年齡還是虛歲？

2.儘量少用不精確的形容詞或副詞作爲選項而改用明確的字詞讓

學生選擇。

例：您　□經常　□偶爾　□很少　□從不上電影院看電影？

受試者對此類副詞或形容詞可能有不同的認知，對一位青少年來說一個月看三場算是偶爾，但是對一位很久沒去看電影的中年上班族而言，可能是經常，這個問題可以改為：

最近這個月您上電影院看電影的次數是？
□ 1.沒有
□ 2.1～3次
□ 3.4～6次
□ 4.7次以上

或者要求受試者填答：

最近這個月，您上電影院看電影的次數是_____次。

3.儘量使用肯定句而不使用（雙重）否定句。

例：您贊成軍公教人員不應該扣所得稅嗎？（不佳）

應改為：

您贊成軍公教人員應繳所得稅嗎？

例：您認為電視不應該播放沒有事實根據的call-in節目嗎？（不佳）

應改為：

您認為電視應播放有事實根據的call-in節目嗎？

4.避免使用不當或不周延的題目。

例：您是那裡的人_____？

答案可以是北部人、台北縣人或台灣人。

5.一個問題只能問一個概念。

例：您對貴校的教學與設備感到滿意嗎？

這題比較麻煩的地方是有些學校的設備不好，但教師教學認真，則學生無法回答，應改為兩題。

6.在需要強調的字詞下面畫底線或使用特殊的字體（例如，粗體字）。

例：九年一貫課程實施後教師應使用多元評量。

7.若調查的對象是一般的社會大眾，應避免使用專有名詞。

例：您贊成小學的評分方式改為質性評量嗎？

8.若要求受試者作比較時，必須有一個比較的標準。

例：您認為該位實習教師的表現如何？

改為：

與其他實習教師相比，該位實習教師在教學上的表現如何？

9.問題中不可以有不當假定的問題。

　　例：您已經停止打你家的狗嗎？

這題無論如何回答，都無法逃避過去有打過狗的嫌疑。有時研究者會在不經意中做了一些不當假定而不自知，解決的方法就是在建構題目時更加的謹慎，在必要的時候使用過濾性題目。

10.問題必須切合所有的受試者，建議用您（中性字眼）而不是你或妳，建議用他／她而不單獨使用他或她。此外，問題內容必須是符合一般受試者，不可只針對某類受試者而建構。

11.避免具有暗示性的線索。

　　例：多數的教育學者反對體罰，您是否贊成適度的體罰？

12.某些問題應以研究者來作「事後分類」而不是由受試者從事「事前分類」。例如，在社經調查中要求國小受試者填答家長的職業：

□非（半）技術工人
□技術工人
□半專業人員
□專業人員
□高級經理人員

此類題目常讓國小受試者感到困惑，例如，家庭主婦是歸為那一類？教師是那一類？在家裡開一家雜貨店又是那一類？若要求受試自行填答是屬於事前歸類，比較可行的做法是研究者再列出各行各業的明細表，在這五項類別底下詳細的列出所包含的職業以供受試者對照。另一種方式是研究者要求

受試者寫出家長的職業或頭銜，事後再加以歸類，這種作法雖然比較繁雜，但是卻更為精確。

13. 問題內容與用字遣詞應顧及受試者的程度。

14. 僅問重要的問題，問題如果太多太長會影響回收率。

15. 發問敏感性問題必須有技巧。敏感性的問題包括性、收入、一些隱私性或違法的問題（偷竊、違規、所得稅申報不實）等，都必須有適當的處理，否則不易取得受試者的合作，在原則上可以強調一般社會上對此項議題尚無結論。例如，有人贊成墮胎合法化，有人反對，您贊成嗎？或者事先聲明所調查的行為有許多人皆曾經有過，並不是一種特殊的行為。例如，多數人都曾經有闖紅燈的經驗，請問在過去三個月內您是否闖過紅燈？但是若強調這是一般多數人常有過的行為以解除受試者的心理防衛，則必須確定這是事實。不可以問：多數人都有外遇的經驗，請問您去年曾外遇幾次？有些敏感性問題比較不適合用問卷調查的方式來蒐集，除非受試者相信其資料是可以「絕對」被保密的。

16. 先問一般性問題，後問敏感性問題或複雜的問題。先問一般性的問題，如基本資料，可以讓受試者比較願意回答，需要思考的問題（例如開放性問題）儘量列在最後再問。

17. 各問題的答案必須要互斥不可以互相包含。

　　例：你比較常參加何種休閒活動？（不佳）
　　　　1.登山　　2.戶外活動　　3.攝影

在這樣的選項中登山或攝影也可能具有戶外活動的成分。

18. 題目必須是受試者可以回憶的範圍之內。

　　例：您就讀國中時，每週平均花多少小時補習。（不佳）

19. 反應類別的項目，其選項應該儘可能完整，如果懷疑有不完整的可能性時，可以加入「其他」選項。

> 例：當您遇到班上有特別干擾教室秩序的行為發生時，通常會如何處置？
> 1. 交給訓導室或輔導室處理
> 2. 自己先行處理
> 3. 通知家長來處理
> 4. 置諸不理

學生不當行為產生的原因很多，當然處理的方式也不只一種，教師可能會視不當行為發生的對象、頻率、不當行為的性質、嚴重性、以及本身的能力與對學生的影響力等諸多因素而定，此題會誤導受試者選擇2.自己先行處理。因為如果選擇交由訓導室處理的話會顯得自己的無能，通常家長顯得太嚴重，置諸不理顯得太冷酷，但處理的方式卻是巧妙各有不同的。

20. 屬於學理性的研究時，則其題目的建構必須基於理論不可憑空想像。例如，在探討教師工作動機時，在題目的設計上可以依據赫茲伯格的雙因素理論或馬斯洛的需求層次論。

21. 注意受試者的作答心態：下列的作答心態可能會造成填答的誤差。

(1) 社會期許性：受試者傾向於選擇符合社會標準的選項，以維持一個良好的形象。

> 例1：您　□贊成　或　□反對　同性戀？
> 例2：您願不願意嫁或娶一位同性戀者？

例1的問題多數人是會選贊成的，以表示自己開明的態度，

但例2多數人則反對，因為事關己身的福祉，您認為這兩題那一題才能真正代表一個人對同性戀的態度？此外，愛面子也會影響我們的選擇，高夫曼就表示我們在公眾場合有「印象整飾」的動作，我們會儘量表現好的一面，掩飾不好的地方，使得一些調查的數據失真。例如，婚前性行為、小違規、外遇等都有可能低估。

(2)月暈效果：是指當我們在評定某事務時，受到被評定事務不相干特質的干擾。例如，在評定實習教師的表現時，受其外表、穿著的影響。

(3)反應心向：包括前述的「趨中效應」、「嚴格誤差」或「寬大誤差」等，有時受訪者抱持著遊戲的心態而隨便作答，我們可以在題中放入適度的「反項題」以求得受試者作答的「題問一致性」。

(4)受試者心不在焉：受試者有時是在勉強的情況下（例如在路上被調查者拜託）或是在忙碌的情況（例如在車站等車，而車子就快要來了），可能會使受試者比較粗略的回答。

22.表明受試者是依自己的觀點或是組織（學校）一般的觀點來作答。

23.設定問題的調查與分析層面：

例1：您對我國的教育滿意嗎？

例2：您對課程統整的看法如何？

例3：您對目前的教學工作是否感到繁重？

在上述舉例中以例1的範圍最廣，而例3的範圍最特殊，一般人不管是不是教師都可回答第一題，但是只有對教師生涯有深刻體察者才適合回答第三題，一般性或特殊性問題的選擇必須視研究的目的與對象而定。

24.題目必須公平。

例1：您贊成政府加稅嗎？

例2：您贊成政府加稅以提升國民的福利嗎？

顯然的第二題比第一題公平。

25.應避免題目中有「月暈效果」。

例1：您認為李登輝的「戒急用忍」政策有效嗎？

例2：您認為我們應對企業管制以免資金過度流向大陸嗎？

例1可能有些人會因為對一般李登輝的過去經驗而影響到作答。

26.語句構造必須符合文法，避免使用俚語、俗語。

27.矩陣問題：使空間作有效的利用，以及使填答更加的快速。

	非常贊成	贊成	無意見	不贊成	非常不贊成
1.學校的行政很有效率……	( )	( )	( )	( )	( )
2.教師教學認真…………	( )	( )	( )	( )	( )
3.師生互動良好…………	( )	( )	( )	( )	( )

六、問卷的設計與實施程序

問卷的設計包含下述的程序（林振春，民81）：(1)決定所要調查的對象；(2)發展討論的焦點；(3)設計題目；(4)編排題目；(5)預試；

(6)修正問卷；(7)完成正式問卷。

1. 決定所要調查的對象：依題目與研究旨趣，考量時間、精力與可行性來設定研究的對象、範圍，依此再決定抽樣的方法或分層的原則，例如，依性別、區域、職業等來估計所需的樣本數。受試者必須經過慎重的選擇與界定，以減少抽樣的誤差。

2. 焦點討論：此階段是屬於探索性階段，研究者可以請教專家，或相關的實務工作者，與其討論、尋找研究的焦點，並且依此澄清可能的疑惑，印證自己的觀點是否與他人的觀點一致，思考可能的介入點。

3. 建構題目：題目的形成可以透過三種方式：(1)參考已有的問卷；(2)以前的研究經驗；(3)與專家或相關人士討論的結果。並不是先前的問卷都適合研究者的研究目的與性質，研究者必須仔細思考先前問卷的每一個題目，對照自己的研究心得或以往的經驗，在必要的情況下給予適度的修正。

4. 題目的編排：問卷的格式分為前言、基本資料、作答說明與問題四個部分，有時會給予問卷一個標題、前言放置在問卷的上頭，若分開附於問卷開始前的信上，就成為傳達信函，其內容包括：研究者的身分與姓名，研究的目的與重要性，對受試者保密的承諾，支持研究的單位，填答的期限（二週以內），請求受試者的配合並且致謝。

   題目的編排方式依漏斗技術處理：一般性的問題在前，特殊性、敏感性、需要思考的問題在後，題目多時，應分段處理，在題目之前的填答說明應清楚明確，題目的編排不宜太過擁擠。

5. 預試：如果研究者不使用現成已經建立信度與效度的問卷，那麼在正式施測前都必須預試，預試的目的在評估問卷的可行性，抽樣架構是否完整，瞭解未回答的原因，題目是否妥當等等，作為修正的參考。

6.修正問卷：修正問卷可以透過一些方法，如：

(1)依照項目分析的結果，這是針對等距變項的資料而言，有時亦可以進行因素分析。

(2)依受試者的反應作為修正的依據。

7.形成正式問卷：問卷在修正之後，通常必須再預試以建立正式問卷的信度與效度。信度的建立方式有兩種：(1)重測信度，即使用同一份問卷針對相同受試者重複施測兩次，再求兩次的相關；(2)內部一致性係數，在問卷內設置某些類似的題目，或反問題，求受試者回答的一致性。內容效度的建立可以邀請專家來協助，或者使用其他方法（因素分析、效標關聯效度等），預試時樣本不需太多，但是回收率至少要在75％以上，其結果才算正確。

8.正式施測與催收問卷：問卷調查的缺點之一就是回收率偏低，若回收率過低（低於50％），則研究的結果並不具有代表性，應提高問卷的回收率。

9.分析資料、提出報告：首先必須以資料的性質加以編碼，輸入電腦再進行統計的分析。

七、良好問卷的特徵（王文科、林振春）

1.問卷的題目符合研究的目的，問卷的題目應讓受試者覺得是重要的，才願意花時間作答。

2.問卷不宜過長，儘量簡短。

3.若可以經由一般程序（例如，機構的調查報告、報章媒體）獲得所需的資料，則不需重複調查。

4.問卷的編排應符合漏斗技術。

5.問卷的外觀具有吸引力，印刷清楚。

6.問卷所蒐集的資料容易分析與統計處理。

7.作答說明應清楚明確。

8.問題的設計符合原則，不帶有暗示性或偏見。

八、問卷調查法的優點與限制

問卷調查的優點有：

1.比較經濟，節省大量的時間與經費。

2.採匿名方式作答，使受試者比較沒有顧忌的表達心中的想法。

3.受試者可以在自己有空時再作答，回答的時間有彈性。

4.問卷調查的問題經過仔細的選擇與測試，標準化高，比較不容易誤解。

5.與訪問法相比，比較不會產生曝光效應或摻雜訪談者之偏見。

6.受試者可以參考自己的資料而作答，幫助回憶。

7.可以接受調查的區域很廣。

問卷調查的限制：

1.有時問卷的內容與選項固定，缺乏彈性，當受試者不瞭解題意時無法澄清。

2.問卷的回收率偏低。

3.受試者必須具備相當程度的語文能力。

4.無法控制回答者的回答情境（回答者認不認眞作答，是否在急促的狀態下作答，是否由其本人作答）。

5.有時會有跳題作答，或對某些問題不回答的情況（尤其是敏感

性的問題）。

6. 若回收率偏低，則無法瞭解未回收的人的態度，是對研究有敵意、反對研究的論點、忘記或其他原因。

7. 有時問卷所蒐集到的僅是表面的資料，並非受試者內在真正的感受，有時，必須搭配其他的研究方式才能驗證資料的正確性。

8. 問卷調查也容易受有心者的誤導，有時不同的機構調查相同的議題，其結果竟然有甚大的差距，甚至於南轅北轍。問題可能出於題目的設計、調查對象的選取，或者對資料分析與解釋的扭曲，對此，我們必須保持獨立思考才不至於被誤導。

9. 太偏重經驗主義致使研究與理論脫節。例如，有些調查研究缺乏理論與文獻的支持，而淪為資料蒐集的研究。

10. 理論架構牽就於調查的資料。原本是理論架構引導資料的蒐集，而現在本末倒置，為圖方便而使理論架構牽就於所蒐集資料的形式。

11. 將變項間的關係視為因果關係；調查研究因為沒有刻意控制，無法排除不相干因素的干擾，故無法建立因果關係。

12. 調查研究可以與其他方法相輔相成，並使用一些科學儀器或工具來提升其信度與效度。

九、如何提升問卷的回收率

問卷調查的主要缺點之一是問卷的回收率偏低，因此，研究所喜歡考如何提升問卷回收率的問題（申論題型），以下簡介王文科及林振春兩位學者的見解。林振春引述王宜燕（民75）的規納，提升問卷回收率的方法有：

方法	研究結果
1.追蹤聯繫（follow up）	·以明信片或信件來催收，多數的研究結果顯示其方法是有效的。但若以電話、面談或特別郵寄（掛號）的方式來催收則效果更佳
2.事前接觸（pre-contact）	·事先以電話、面談或信件的方式接觸、告知，但並不事後追蹤
3.問卷的長度	·研究顯示問卷長、短並不影響回收率
4.提供負責的單位名稱	·並無實證研究指出該項因素的影響力，但有聲望或官方的組織能夠提升回收率
5.郵寄方式	·以特別的掛號郵寄可以提升回收率
6.郵票方式	·以手貼郵票或郵資已付的方式不影響回收率
7.稱謂個人化	·沒有一致的研究結果
8.傳達信函（cover letter）	·沒有一致的結論
9.問卷的大小、印製方式或顏色	·並不會產生顯著的效果
10.匿名的保證	·沒有明顯的效果
11.提供金錢的報酬	·有效
12.截止日期	·並不會顯著的提高回收率，但是，至少可以加速回收的速度

資料來源：林振春（民81）。《社會調查》。台北：五南。頁212。

除了以上這些因素會影響問卷的回收率之外，其他因素諸如郵政業務的服務品質、受試者的流動性以及戶政是否健全亦會影響問卷的回收率。

林振春（民81）認為可以以總體設計品質的提升來提高問卷的回收率，其理論依據原則為：交換論（exchange theory）。所謂交換論是指吾人在決定是否進行某行動之前會以理性的方式來計算投資報酬率，原則上是投資少而回收大則行動的意願高，以此理論的預測。我們可以遵守下述原則以提高回收率：

1.提供適當的報酬（不一定僅是金錢）。
2.減少填答問卷所需付出的代價。
3.建立研究的信譽。
4.詳細注意研究工作中的所有細節。

5.問題的排列應以回答者最關心者放在最前面。

6.儘量減少需要花費心思去理解的問題，使問卷顯得流暢。

7.可以鼓勵回答者儘量寫下額外的意外，並且有適當的空白，避免過度的花俏，會引起反效果。

黃光雄、簡茂發（民84）認為有下列提高問卷回收率的方法：

1.謹慎選擇研究的問題與調查的對象。

2.提升問卷設計的品質。

3.印出贊助者。

4.增加回答的誘因，例如，答應給予小禮物、告知研究的成果或強調該研究的重要性。

5.附上傳達信函與回郵信封，並填妥地址。

6.考慮郵寄的方式與時間。郵寄與填答問卷的時間避免學校繁忙時（剛開學、期中考、期末考）、放假時。

7.適時給予催覆的信函。

十、電話訪問（林振春）

一般郵寄問卷的方式其品質不易掌控而面對面訪問時的花費又太大，在電話普及的今日，使用電話訪問，不為一種經濟有效的方式。

（一）電話訪問的準備工作

1.抽樣方法：包括有「電話簿抽樣法」、「隨機撥號法」以及「加一法」，加一法是在抽中的電話號碼最後一個數字再加1號，例

如，若電話是234567，則加一之後為234568，其目的是在避免所抽中之號碼為空號。

2.決定受訪者：

(1)「任意成人法」，任何一個人皆可受訪，但此法可能造成樣本中女性、年輕人、教育程度高者以及喜歡講話者的比率較多。

(2)採用隨機選擇受訪者之排列表；事先瞭解電話用戶的家庭人口組成，再決定何者為適當的受訪者。

3.電話訪問問卷的設計。電話問卷的設計分為幾部分：

(1)開場白：問候語、訪問員的自我介紹、調查的目的、訪問所需的時間、保密的保證與結果的處理等。

(2)記錄部分：受訪者之電話號碼或姓名、訪問員的姓名、問卷的編號、訪問的時間、次數、訪問的結果與拒訪的原因。

(3)問題的部分：剛開始時的暖身問題、對訪問員的指示、題目儘量簡短、注意訪問員誦讀的方便等。

4.訪問場地的安排：可使用電腦輔助電話訪問。

5.決定訪問的適當時間。

（二）電話訪問的實施程序（林振春）

1.先鼓舞訪問員之工作士氣。

2.迅速解答訪問員的疑慮。

3.維護工作場所的安寧。

4.檢查訪問員的記錄。

5.檢查訪問員的評鑑資料並且調整作業。

十一、提高電話訪問完成率的原則（林振春）

1. 儘量避免拒訪的原因：拒訪的原因很多，例如，調查被視爲無意義、電話訪問問不出東西、受訪者不想告訴別人自己的想法、受訪者對訪問內容不瞭解、太忙、身體不適、不喜歡被打擾。

2. 應對受訪者表示尊敬、請教，並解釋受訪者被抽中的原因，以解除對方的焦慮，而且不管有沒有完成訪問，都要表示感謝。

3. 插足技術（foot-in-door）：在訪問前，先以電話或信函告知，並約妥時間。

4. 酬賞技術（incentive）：以小禮物或其他方式酬謝受訪者。

5. 追蹤技術（follow-up）：當第一次電話訪問被拒時，可以寄一封信詢問拒訪的原因，之後再進行第二次的電話訪問。

十二、電話訪問的優點與限制（林振春、王文科）

（一）電話訪問的優點

1. 彈性大，可以在訪問過程中澄清、修正、補充。
2. 比較經濟、快速，速度上比問卷調查與面對面訪問更快。
3. 容易實施，只要有電話即可進行。
4. 可以使用電腦來輔助調查以提高效率。
5. 保障隱私，避免面對面訪問時的曝光效應。
6. 調查的範圍廣。

（二）電話訪問的限制

1. 樣本未能包含未裝電話者，有時會有空號、故障、未登錄電話者。
2. 對受訪者的身分無法充分瞭解，受訪者是否對訪問保持認眞的態度亦未知。
3. 受訪的情境不一致，有時受訪者正在忙而無心回答。
4. 電話訪問員的訓練考量，除了能力、態度外，尚有聲音的需求。

十三、訪問調查（林振春、王文科）

依林振春（民81）的定義：「訪問調查包括晤談和觀察兩部分，當訪員直接從事面對面的調查時，不但與受訪者從事語言溝通，也對受訪者本人及其相關環境從事觀察的瞭解。訪問調查兼具晤談和觀察兩大特性，因此其對於研究對象的深入和瞭解，常常是其他研究方法所無法達成的。」（p.177）

訪問調查的類型若依人數區分可分爲：

1. 個別訪問：一對一方式，是訪問調查中最常使用的形式。
2. 團體訪問：對象爲一群人或一個單位、組織，在訪談的過程中，由於會產生團體的互勤，較能形成一致的意見，但訪問員需有經驗，掌控發言的歷程，以免流於爭論。

依訪問的方式分爲：

1. 結構式訪問（structured interview）：又稱為標準化訪問，訪談員依事先規劃好的程序與內容來進行，通常訪問的問題與答案固定，其優點是有利於統計處理，以便驗證理論，而且訪談者也容易控制，通常使用在量化的研究中，但其過程缺乏彈性，無法臨機應變。

2. 無結構式訪談（unstructured interview）：無結構式訪談的限制極少，只規劃一般的訪問重點與原則，訪談者鼓勵受訪者儘量發表，彈性較大，可以視情況而轉移話題。通常使用在質性的研究裡或者作為量化研究的先前調查（pilot study），作為一種資料蒐集的探索。無結構式訪談又可分為幾種型式：

(1) 重點訪問法（focused interview）：僅針對某項議題作深入的探討，例如，問受訪者對某項政策的看法，在選擇受訪者時，需考慮到其是否對該問題的背景有深入的瞭解。重點訪問法有時亦稱為「焦點團體法」（focused group），其方法是先預備一個情境，將一群具有研究者想探討之某項特質的一群人加以集合，使產生互動與討論，再蒐集討論的資訊，例如，將一群具有婆—媳經驗的婆婆加以集合，討論婆—媳間的問題，再予以記錄每個人的發言。焦點團體法具有五項的優點（胡幼慧，民85）：

① 可以探索較新的研究方向或領域。

② 可以觀察受訪者的經驗，並依此發展出具體的研究假設。

③ 可以評量不同時間、空間的人口群其觀點上的差異。

④ 對以前的研究結果，尋求參與者的解釋（以合目標抽樣方式，尋找實例，與先前的研究相互的對照）。

⑤ 在研究的過程中，可以擴大討論的範圍，與具體的面向密切的接觸，深入瞭解受訪者的認知、情感以便與以往的經驗產生連結。

⑥ 比深度訪談省時，且較容易執行。

⑦ 適合探討具爭議性的問題，激發受訪者的各種不同的反
　應。

其缺點爲：

① 焦點團體的互動情境仍然與眞實的社會情境有一段差距，
　其推論性受質疑。

② 研究者對焦點團體所討論的方向與內容，其控制力有限。

③ 各組的經驗與資料不一，變異大，因此比較無法進行對照
　分析。

④ 團體的情境以及對話內容的可信度，會影響研究的效度。
　（胡幼慧）

(2)客觀陳述法：訪談者鼓勵受訪者儘量站在客觀的立場來回答
　問題，例如，在人事甄選的訪談過程中，甄選者要求應徵者
　客觀的描述自己的經歷、能力與性向，但必須考慮到應徵者
　的動機（例如，是否隱惡揚善）與其能力能否以客觀的立場
　來敘述。

(3)深度訪談（indepth interview）：常用在質性研究或諮商輔
　導中，研究者感興趣的是來談者內心世界眞正的想法，常用
　來探討受訪者的動機、恐懼、內心衝突、情欲等，訪談者需
　要有專門的訓練，以自然的隨興的方式與受訪者互動，希望
　能產生一種洞見（insight）。

3.半結構性訪談（semistructured interview）：爲結構性與非結
　構性訪談的組合，例如，剛開始時對受訪者問一些結構性的問
　題，以蒐集一些基本的資料，之後再問一些開放性的問題以便
　深入瞭解受訪者。

十四、訪問調查的技巧（林振春）

訪問員應具備下列的技巧：

1. 建立親善的關係與訪問氣氛，使受訪者在沒有壓力與愉快的氣氛之下願意說出心中的感受。為此，訪問員應保持下列的態度：
   (1)中立的：不批判受訪者。
   (2)有信心的：相信自己能勝任這項工作，並且有充足的訓練可以處理突發的狀況。
   (3)公平的：對不同年齡、性別、教育程度、職業的人，應公平的鼓勵其發言，而不存有任何偏見。
   (4)謹慎的：對受訪者的文化、經驗有充分的瞭解，並且尊重受訪者，謹慎的考量各種因素（例如，禮貌、稱謂、態度、禁忌、該如何切入、那些該問那些不該問），拍照、錄音、錄影，都要事先經同意，尤其當受訪者在進行極為神聖或私密的儀式時，更應慎重。
   (5)閒談的：儘量讓受訪者放輕鬆，不要覺得拘束。
   (6)友善的、互信的、坦然的。
2. 如何接近受訪者：
   (1)建立良好的第一印象，例如，衣著整潔、有禮貌。
   (2)拉關係，例如，同鄉情誼、稱讚孩子聰明、可愛。
   (3)察言觀色。
   (4)培養談話氣氛，使受訪者感到自己是重要的、受尊重的，以激發其發表欲。
3. 處理拒絕訪問的技巧：以耐心、一再保證、情感攻勢等態度以瞭解受訪者的敵意或惰性。
4. 問問題的技巧：

(1)依問題的語句，不作變更。

(2)以題目的順序問。

(3)避免遺漏某些問題。

(4)避免有誘導或暗示的行為。

(5)避免做規定外的解釋。

十五、訪問員的訓練（林振春）

訪問員的訓練也是研究所考題之一，雖然出題率不高，但仍要注意。以下分為幾個層面來探討：

（一）訪問員應有的特性

訪問員最好與受訪者之性別與種族一致，能說受訪者的語言，年齡以二十五至五十五歲為佳。其教育程度最好是專科或大學畢業，教育程度太高，會與受訪者產生社會距離，但若教育程度過低，則會難以溝通。訪問員應有相當的社會知識，以促進訪談。在人格特質上顯現出積極進取、誠實堅毅的特質，以及聰明、機警的應變能力。

（二）訪問員應有的態度

1.應全力以赴。

2.依上級指示行事，不得任意更改。

3.避免個人的偏見。

4.應具有抽樣的觀念。

5.相信調查工作是有意義的。

6.相信社會大眾是親善的，樂於提供意見的。

7.尊重受訪者，並對自己的專業有信心。

8.能表現出作客人的禮貌與風度。

（三）訪問員應具備的資訊

1.對調查研究有基本的認識。

2.對所研究的問題有所瞭解。

3.瞭解所欲訪問的對象。

4.瞭解研究主持人的性質。

5.瞭解訪問行為標準化的重要性。

6.瞭解回答者的回答心向，並防止不當的回答心向。

7.具有晤談的基本知識等。

（四）訪問員的訓練課程安排

課程分成四個領域來進行：

1.有關調查訪問知識的研習，例如，抽樣的理論與技術、訪問員的態度與行為準則等。

2.有關調查訪問技巧的研習，例如，問問題的技巧、隱私的訪問技巧。

3.對問卷內容之解釋與討論。

4.給予實際訪談的經驗，例如，進行室內模擬訪問或進行實地演練再予回饋、檢討。

（五）進行訪問時所需注意的事宜

例如，不要催促受訪者，或不要給予每一個問題暗示（點頭、微笑、同意或不同意），不要任意的更動訪問的現場。

十六、訪問調查的優點與限制（王文科、林振春）

訪問調查的優點有：

1. 較有彈性，若受訪者不瞭解題意，或者離題，回答不完全時，可以當場予以解釋或要求回歸題目原來的意旨。
2. 回收率較高。
3. 可以選擇與控制情境，可以選擇較少干擾或較隱秘的地點來進行訪談。
4. 可以針對受訪者的非語言行為加以觀察以判斷其受訪的心態。
5. 可以運用技巧提高受訪者的動機（例如，發展親善關係）。
6. 可以問較為複雜的題目。
7. 可以對訪談的情境、時間、地點予以記錄，供日後核對。
8. 比較容易取得完整的資料，訪談可以比較深入，有彈性的瞭解受訪者對問題的看法。
9. 可以適用於特殊的對象，例如，缺乏文字能力者、幼童、小學低年級學生，一個很好的例子是電視台記者對中部921災區遊民的訪問。
10. 可以控制問題回答的程序，要求受試者按規定的次序作答，才不至於影響問題的結構。

訪問調查的缺點：

1. 比較不經濟而且費時費事：包括訪員的訓練、車馬費、與受訪者的聯繫、訪談時間、地點的安排等。

2. 訪問的偏差：訪問的偏差可能在無意或刻意之下而影響訪問的結果。訪問員的出現可能引發受訪者的警覺性而表現出與平常不符的行為，稱為曝光效應。在訪問的過程中訪問員會與受訪者產生互動，而影響到訪問的結果，訪問員的談吐、穿著、談話的方式、經驗、語氣、都可能影響到受訪者的知覺與感覺。

3. 較少保密：訪問者知道受訪者的一些基本資料，而且也面對面的與受訪者互動，可能會影響至一些隱私性或敏感性的問題。

4. 刺激難以標準化，而影響到客觀性：對每一位受訪者的情境可能有所不同，對相同的問題，可能由於用字遣詞、聲調、語氣上的差異而導致不同的解讀。

5. 取樣範圍較窄，而影響到代表性。

十七、德惠法

(一) 德惠法的內涵

德惠法（Delphi Technique）最早是由Dalkey與其同事（Olaf Helmer & Norman Dalkey）在蘭德公司（Rand Corporation）所發展的，目的在形成共識與作為預測之用。王文科（民89）認為德惠法是「係針對某一主題，交由一組專家（a panel of experts或稱得爾慧小組——Delphi panel）表達意見，然後予以蒐集、組織，務期獲致團體一致的看法。該組專家毋須面對面對質或辯論，他們僅需就某單一主題編製成多項問題的一系列（三～四份）問卷，根據個人的知覺與認知，表達看法或予以判斷，進而達成共識。」（p.349～350）。其特

色有：

1. 匿名：德惠法的成員彼此之間不見面討論，僅回答一系列的問卷，表達自己的想法。匿名的優點是：(1)可以避免公開討論時可能引發的情緒性衝突；(2)使平常很少發言者（害羞、不敢、不便表達者）也有表達之機會；(3)可以免於發言者招至秋後算帳的顧忌。

2. 使用一系列的問卷調查：第一次的問卷為開放式的問題，目的在蒐集資料作為形成與確定問題的依據。第一次的問卷可以面談、集體回答或郵寄的方式提出。問卷的內容應包括：研究的單位與負責人（建立信用）、提供研究結果的簡單報告、匿名的保證，同時，信件應儘可能的私人化。第二次問卷：是以第一次問卷為基礎而編製的，是為封閉型的問題（但也可包含部分的開放式問題），使用封閉式的問題在有利於統計的分析處理，封閉式問題可以採五點量表形式，可以分別計算各題的平均數與標準差，以作為比較對照之用。第三次問卷：提供第二次問卷調查結果的基本統計資料，要求受試者若其選項與主流的意見不符，應提出簡短的說明與解釋，其內容包括：

    (1)將各項目按照投票結果的高、低予以排列。

    (2)讓受試者有表達不同意見的機會。

    (3)受試者可以堅持自己的意見，亦可以改變先前的看法。

    (4)問題不宜過多，最好在三十分鐘內可以填完。

3. 三個先決條件：德惠法的實施必須有三個先決條件：

    (1)要有充足的時間，若進行三次問卷調查，則前後致少要有四十五天。

    (2)參與者應對問題有相當的瞭解與文字表達能力。

    (3)參與者應具備高度的動機。

4. 參與者的性質：德惠法與解決問題、形成決策有關，因此其參

與者都是與問題相關的決策者或專家,在人員的挑選上極為重要。此外,亦可針對某項議題(例如,興建學校停車場)來形成一個工作小組,工作小組的成員可以包括:(1)對該議題熟悉的專家;(2)具有操作德惠法及問卷設計實務的人員;(3)相關的行政人員。

(二)德惠法的實施程序

1. 確定問題。
2. 決定問卷的實施方式:包括集體填答、個別遞送、郵寄問卷、考量時間、經費、距離以及討論內容的隱秘性。
3. 謹慎的選擇回答問題者,其原則有:
   (1)對所討論的問題有研究、有動機參與、有相關性。
   (2)若德惠法的目的是在擴大團體的支持與形成共識,則應增加參與者。
   (3)若所調查的問題較複雜、牽涉的層面較廣,則增加參與者。
   (4)若時間緊迫,或有人力、物力的限制,則人數不要太多。
4. 編製第一次的問卷。
5. 郵寄問卷,進行調查。
6. 回收問卷並催收問卷。
7. 分析第一次問卷。
8. 編製第二次問卷。
9. 分析第二次問卷。
10. 編製第三次問卷。
11. 分析第三次問卷,提出結果報告。

十八、德惠法的優點與限制

（一）優點

　　適合提供行政決策的參考、減少公開討論的爭執、形成共識。另外，在電腦普及的今日，亦可利用電子郵件（E-mail）的方式來增加效率。

（二）限制

1.缺乏面對面溝通：有些問題必須透過面對面的溝通、澄清與協商才容易解決。

2.若決策小組對資料的分析與解釋懷有成見，或者對問題的看法保守，不願接納建言，則其效果有限。

十九、調查法在教育研究中之功能（優點）與限制（張芬芬、譯光鼎）

功能	限制
1.可用來描述學習行為、教育內容、教育方法與教育制度	1.無法詮釋、分析教育活動中屬於價值導向之規範性行為，例如教育愛
2.可以建立普遍性原則，以為解決教育問題的參考	2.1無法深入理解社會互動、社會文化、與人的內在生命交織而成的價值體系
	2.2無法對教育活動深層所隱含的迷思或錯誤的意識形態進行批判
	2.3無法激發教育者的反省思考，促進社會正義的實踐
3.可以發展規律性的知識，以利於解釋或預測某些教育的現象	3.1對教育背後的脈絡與意義的詮釋予以忽略
	3.2無法對研究對象產生同理心，加深瞭解的層次
4.使用化約的方式來建立理論模型	4.忽略了教育情境中複雜的交互作用，多元觀點與偶發性
5.適合建立小型理論，因為樣本受限於時、空因素，具有特殊的社會脈絡	5.理論與實務可能有相當的隔閡
6.僅能對教育現象中「客觀的意義」進行量化的分析與解釋	6.1忽略了「主觀的意義」與行動者的意圖
	6.2未能掌握完整的發展脈絡
7.比較關心類與型的問題	7.並不處理變異與常態的問題
8.重視調查工具的信度	8.忽略了研究問題本身的效度
9.注重各變項間關係的統計分析	9.忽略真實世界中變項的關係，以及不問為何會產生關係
10.研究方法傾向工具化	10.忽略了方法與對象間的不可分性
11.將研究的對象孤立，窄化了教育研究	11.忽略了教育現象之時間、空間與社會的脈絡
12.教育的目的被技術化	12.喪失引導正面價值之教育目標
13.研究的結果屬於決定導向（decision-oriented），調查的結果可供決策的參考	13.研究為非結論導向（conclusion-oriented），需與其他研究配合以建立理論

二十、訪問法、問卷調查法與電話調查之比較（林振春）

比較項目	訪問調查法	問卷調查	電話調查
一、問卷設計			
1.題數	・題數可以多	・不宜太多	・不宜太多
2.開放式題目	・可以	・不宜	・可以
3.複雜性題目	・可以使用高複雜性題目	・低複雜性題目	・低複雜性題目
4.問卷之結構	・低	・高	・中等
5.敏感性的問題	・比較可以得到答案	・不易得到答案	・可以引導，使之回答
6.過濾性題目	・可以使用	・不宜使用	・可以使用
二、樣本			
1.母群資料之完整性	・較容易取得	・不易取得	・很難有完整資料
2.代表性	・高	・中等	・低
3.對樣本的控制	・容易找到本人	・無法確信是否由本人作答	・容易找到本人
4.樣本的替換	・容易	・不容易	・容易
5.受訪可能性	・高	・不高	・稍高
6.拒答的原因	・可以知道，並設法予以克服	・不知道，不容易克服	・可以知道，但不容易克服
7.作答的態度	・可以因訪員的鼓勵而提升	・無人在場監控，難以保證受試專心配合	・可以鼓勵，但效果不好
8.樣本的廣度	・適合各階層，只要能以口語溝通	・必須具備文字表達能力	・必須要有電話，適合各階層
三、作業實施			
1.人力需求	・需要較多的人力（訪員）	・不必太多的人手	・需要一些人手，但不必太多
2.時間的需求	・花費時間較多	・需要一些時間，但速度較訪問法快	・不需太多時間，速度最快
3.經費需求	・需大批經費	・不需太多經費	・不需太多經費
4.樣本資料的取得	・不易得到姓名、住址的資料	・不易得到姓名、住址資料	・電話號碼容易取得
5.作業場所	・不佳	・佳	・佳

比較項目	訪問調查法	問卷調查	電話調查
6.實施程序	・具彈性	・無彈性	・具彈性
7.情境之控制	・很好	・不好控制	・尚可
四、訪員 1.工作時間	・必須配合受訪者的 時間	・任何時間都可以	・配合受訪者
2.訪員之要求	・健康、誠實、可靠	・一般具文書處理 能力即可	・需口齒清晰
3.訪員的偏差	・有	・沒有	・有,但可以監控
五、其他 1.保密性	・較少保密性,受訪 者恐會曝光	・具隱秘性	・有一點隱私性, 但仍感受到一些 威脅
2.調查地域	・不太可能太廣	・只要信件可以寄 到的地方就可以 涵蓋	・有電話的地方即可
3.相關資料的 蒐集	・容易取得	・無法取得	・只能透過電話中 之交談先判斷
4.使用視覺輔助	・可以	・可以	・無法

試題分析

一、名詞解釋：德惠法（Dephi technique）。〔暨南87〕〔政大87〕

答：德惠法是Dalkey及其同事在1950年代所〔市北師87〕發展的，其
程序是利用一系列的問卷調查，以蒐集資訊，並形成共識，問卷
是針對一組特定的受試者，其成員在回答問卷時皆匿名。林振春
（民81）指出，德惠法欲達效果必須滿足三大條件：「一是有足夠
的時間，經由至少三輪的問卷調查，至少要四十五天的時間；二
是參與者要具有文字表達的能力，他們必須看得懂問卷且能針對
問題，用（文字書寫）來回答問題；三是要具有高度的參與動
機，如果沒有動機，便可能敷衍了事或乾脆不填答問卷。」
（p.266）

　1.德惠的參考者。參與德惠的小組成員有三類：

　　(1)決策者。

　　(2)工作小組包含精於德惠法研究設計及實施者、熟悉該議題的
　　　專家與問卷設計與施測的專業人員。

　　(3)具代表性之參與者。

　2.德惠法的實施程序。林振春指出，德惠法的進行步驟為：

　　(1)確定研究問題。

　　(2)決定問卷調查的方法：選擇集體填發問卷、個別遞送方式或
　　　郵寄問卷方式。

　　(3)決定參與者，考量對該議題之相關程度、瞭解程度與關切程
　　　度。

　　(4)編製第一次問卷，以開放式問題為主，應符合問卷編製原
　　　則：傳達信函，匿名保證、獎賞說明、作答說明、回收截止
　　　日等。

　　(5)實施郵寄問卷調查。

　　(6)回收問卷與問卷的催收。

(7)分析第一次問卷。

(8)編製第二次問卷。

(9)分析第二次問卷。

(10)編製第三次問卷，注意各類項目以投票的高、低順序排列，題目不宜過多，以二十至三十分鐘內可以填完為主。

(11)分析第三次問卷。

(12)撰寫報告。

3.德惠法的缺點：

(1)缺乏面對面溝通，而減少協調解決、問題與澄清問題的機會。

(2)缺乏意見交流、辯論與相互間腦力激盪的機會，但由於電腦的普及，目前已可透過E-mail的方式來進行問卷調查，與利用電子郵件或視訊媒體來溝通訊息，更有效率。

二、名詞解釋：前導性研究（pilot study）。〔市北師87〕

答：是在進行正式研究之前所從事的探索性研究，其設計不若正式研究來得嚴謹，探索式研究可以從兩個層面來看：

1.有關研究設計的瞭解與試探：在量化的研究中，可以先對較小的樣本進行調查，並使用相關矩陣來瞭解變項間的關係，發掘與研究相關的重要變項與無關變項，以便在從事正式研究時可以專注於重要變項的探討。

在質性研究中，研究者選擇與進入現場，從事一段時間的試探性觀察，以便評估研究的可行性，並據此修正發展將來的研究計畫。

2.有關研究工具的試探：以問卷調查法為例，若研究者自行發展問卷，則在正式完成問卷之前，必須進行先前測試以建立該問卷的信度與效度，方法是針對一些受試者重複施測數次，以統計分析（相關或因素分析）、請教專家，以及修正問卷，經過數

次探索性研究以及建立了該問卷的信度與效度之後，才可以使用該問卷進行正式研究，這樣的程序也稱為問卷的預試。

並非所有的研究都需要前導研究，多數的研究在事先即設計的相當的嚴謹而直接從事正式研究，從廣義上來說以及從時間的觀點來看，某些從前的正式研究，後來發展為現在研究的探索性研究，啓發了後來許多相關領域的研究，這樣的研究本身是具有高度的原創力的。

三、某一研究者想利用調查研究法，進行比較甲縣的男女教師在組織溝通行為上的差異情形。甲縣之國小教師名冊中有各校教師之性別、年齡與服務年資，共計2,000位教師。該研究者欲以機率抽樣方式抽取20％之甲縣教師為其研究樣本，你／妳會建議他採用哪一種抽樣方式較為適當，並說明此一抽樣的步驟、優缺點與可能遭遇的問題。〔屏師86〕

答：1.應採用分層隨機抽樣的方式為佳，理由：國小教師在性別、年齡及服務年資上，各層次之間可能有明顯的差異，女教師的人數可能明顯多於男教師，服務年資越久的教師所占的比例越少，在這種情形下，不適合採用簡單隨機抽樣，因為各子群被抽中的機率並不相等，所以應採用分層隨機抽樣，依受試之性別、年齡與服務年資來分層，發展抽樣的架構，以增進各層次的代表性。

2.步驟：

(1)依研究的性質決定分層的標準。在本研究中具有決定性影響的因素是性別（男教師與女教師的溝通行為可能有很大的差異）、年齡與年資。例如，在年資的劃分上可以分為工作5年以下、6－10年、11－20年以及21年以上，如果只以性別與年資為抽樣的架構，可以圖示如下：

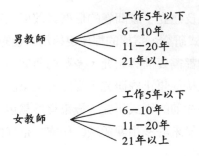

(2)計算各層人數的比例及人數，例如，總數為2,000位教師，
其比例為：

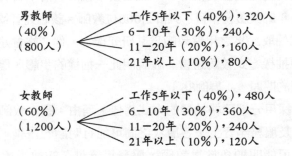

(3)計算各層次樣本，因為題目限定各層抽取20％的人，故各層
樣本數為：

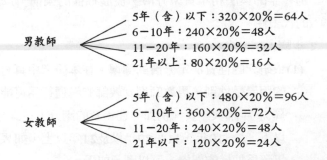

3.優點：

(1)增加各層的代表性，正確性在此個案中較隨機抽樣為佳。

(2)可以進行層次與層次間之比較。

4.缺點／可能遭遇之問題：

(1)如果母體不夠大，可能造成某些層次的樣本過少而缺乏代表
性。

(2)具以分層的特質必須是與研究有密切相關的特質，無關特質
的分層並無意義。

(3)分層時應把握各層間要儘量異質，不可互相包含，而層內應
儘量同質。

四、以問卷進行調查研究是我們常採用的一種方法，請敘述執行調查
研究的步驟。〔屏師84〕

答：朱柔若（譯者）認為調查研究分為兩階段：設計與計畫階段以及
資料蒐集階段，筆者認為第三階段為資料的寫成階段。

1.調查研究的設計與計畫階段：

(1)決定調查的型態，例如，郵寄問卷、訪談（面對面或電
話），受試者的特徵與母群體。

(2)發展／選用調查工具與問卷。

① 依研究的變項發展問卷。

② 確定問題的型式。

③ 組織問題。

④ 設計問卷、符合問卷編製原則，包括：基本資料部分、作
答指導等。

(3)規劃答案的登錄／編碼系統。

(4)如果需要，則進行問卷的預試以及訪問員的訓練。

(5)抽樣：

① 界定母群體。

② 決定樣本的類型與人數。

③ 發展抽樣架構。

④ 決定樣本的人數或比率。

⑤ 抽樣。

2.資料蒐集階段：

(1)找出／聯絡受試者。

(2)寄發問卷／進行訪談。

(3)催收問卷。

(4)進行資料的整理、編碼與登錄。

3.資料的分析與寫成：

(1)進行統計分析、決定拒絕或接受假設。

(2)撰寫研究報告。

五、一個良好的研究必須能控制中介變項，調查研究法是如何做到此點的？〔南師81〕

答：此題在詢問如何控制調查研究中無關因素的干擾，以增加研究的嚴謹性（信度、效度）。由於調查研究的範圍相當的廣泛，包括問卷調查、測驗、訪問調查與電話訪談等四種，這四種方法各有優點與限制，所以可以談的很多，以下筆者歸納幾點，另外中介變項與思考有關，因此儘量從思考而非技術層面來回答此題。

1.有關自我填答／社會期計性的控制：不管是使用問卷或訪問的方式來蒐集資料，受試者都是以「自陳」的方式來作答，其基本的前提是受試者是誠實的，但有時人們會隱惡揚善或顧全面子，或者意圖配合研究者的心意而在有意或無意中選擇性的或扭曲了本意，使答案看起來很「正常」，稱為社會期許性。處理社會期許性的方法有：

(1)准許匿名以及保密的保證，因此比較可以提升受試者表達相反的或負面觀點的意願。

(2)採用深度訪談來配合調查，在訪談的過程亦隨時觀察受試者的情緒表現以及肢體語言，以佐證談話的確實性，並且以訪談的資料與調查的資料相互的印證。

2.有關研究者偏見或訪談者偏見的控制：產生偏見的原因很多，例如，文化因素、研究者不瞭解受試者、研究者有自我應證預言的傾向、訪問者缺乏技巧等等不一而足，以下是一些預防的方法：

(1)研究者與訪問者必須受過充分的訓練，包含研究方法、統計、訪談的技巧、態度，甚至訪談者的性格都必須妥善的考量。

(2)使用兩位（以上）的訪談者或觀察者，而且事先建立觀察者間的一致性係數。

(3)與同事討論，將研究結果與受試者討論，以及將研究的成果公布在科學社群，接受專家們的批判。

3.有關變項的化約問題與控制：調查研究法是屬於量化的研究典範，強調對研究對象的具體而精確的測量以達到客觀性，於是原本複雜的社會現象就被簡化（化約）成一些研究的變項，以操作性的定義來陳述。例如，將智力侷限於魏代智力測驗的結果，窄化了智力，這樣化約的結果，造成了幾個問題：

(1)研究的內容轉變為片斷的、膚淺的，喪失其社會性與脈絡，使研究的對象與真正的社會現象脫節。

(2)研究者無法確信是否掌握了所有相關的變項，又是否有某些重要的變項因為難以測量的緣故而被排除在研究的範圍之外。

這些問題若無法解決，將使研究變得武斷，研究者只選擇研究者可以認知而且測量的研究變項來代表所研究的社會現象，解決的方法是結合量化的研究與質性研究，亦即使用三角測量法，將社會意義與脈絡包含在研究的設計裡，以增加研究的內

涵。

4.有關推論的問題與控制：調查研究法傾向於化繁為簡，建立通則，使其研究結果可以儘量推論到類似、較大的母群，但由於調查研究在方法上的限制，其在從事推論時，更應小心，這些限制包括：

(1)當採用問卷調查時，有回收率偏低的問題：解決方法是提升回收率，例如，催收、給予誘因（小禮物、答應告知結果），當回收率偏低時，其代表性受限制，正面答案的機會較高。

(2)測量工具的問題：並非所有的研究工具都具有良好的信度與效度，特別是當研究者使用自編工具時，必須花費相當的心思來建立該工具的信度與效度，解決的方法是採用多源資料來源，長期觀察以及儘量選用標準化測驗，當測量工具沒有信度與效度時，其測量的結果會產生偏差，因此其推論自然是不正確的。

(3)樣本的代表性問題：避免使用自願者，採用具代表性的抽樣策略。

考生亦可以再補充自己的想法與意見，其答題方式可以參考上述，先指陳調查法的缺失，再提出控制的方法，比較具體、明確。

六、一般使用郵寄問卷方法進行研究時，往往遭遇問卷回收率過低的事實（約20％～30％而已）。試問：面對這項難題，您有何提高問卷回收率的策略想法？請敘述之。〔政大87〕

答：此為研究所常考題，請注意，提升問卷的方法歸納如下：

1.稱謂親切，屬名為對方的姓名而不是貴住戶或敬啓者之類，讓對方有被尊重的感覺。

2.可以單獨附上一封信，或者附在問卷開始之處說明：研究目

的、研究單位、研究者的姓名、保密之保證、請求合作以及填
答的期限。

3. 附上回郵信封，打好回信的地址。

4. 若採用郵寄方式，則限時掛號的回收率高於平信。

5. 注意排版、印刷、容易閱讀、不要太過繁複、擁擠。

6. 對未回覆者給予催收，可以使用電話催收，或者使用催覆信
函。

7. 避開繁忙節日或假日。

8. 提供適當的誘因，以金錢報酬最有效，其他如給予小禮物，或
答應寄上研究的成果。

七、請舉例說明撰寫問卷題目的五個原則。〔市北師87〕

答：雖然題目只要求五個原則，但筆者建議考生多寫一些，以免有遺
珠之憾。以下是朱柔若所歸納的方法，考生可自行選用。

1. 避免行話、俚語或簡寫，例如，心理學所謂的正增強、負增強
或伊底帕斯情節等。

2. 題意必須清楚明確，避免模稜兩可、混淆與題意不清。

3. 使用中性語言，少用具有情緒性或聲望偏誤（prestige bias）
的字眼。

4. 避免在同一個題目中問兩個概念。

5. 避免使用誘導性的問題。

6. 避免問題超過受試者能力所及的範圍。

7. 避免有錯誤的前提。

例：核廢料的半衰期很長，以人類目前科技的能力，即使再過
一千年也無法處理核廢料。請問您贊成或反對興建核四？
（不佳）

此題為報紙上所刊載的內容，筆者將其改裝成問卷型式，其缺
點是錯誤的認定人類即使再過一千年也無法處理核廢料，是過

度悲觀、誇大的說法。以科技進步的速度，是有可能在不太長的時間內解決核廢料的問題。

8.避免詢問尚未發生的事情，未來的事情既然尚未發生，也無法排除突發事故的介入，因此不可詢問。

9.避免選項間重疊或互相包含。

10.注意問卷的類型是否合適，決定使用開放式、封閉式或過濾性題目。

11.問題必須符合研究目的與假設。

12.問題儘量避免社會禁忌。

13.用語應簡單、易懂、不複雜。

14.避免不具體、不完整、無法確定的時間長度（經常、偶爾）、無法肯定的相互比較〔例如，與大陸相比，我們的治安狀況如何？大部分人沒有住過大陸，即使住過也有不同的地方（治安狀況不同），因此無法肯定比較的結果〕。

八、為瞭解某校行政人員與教師代表，對於該校是否要成立教師會的意見，你決定利用訪問法獲得一些資料。試擬一份進行此項訪問的研究計畫。〔屏師86〕

答：本題考兩個概念：研究計畫與訪問法。考生在回答時，應按研究計畫的格式來寫，然後將訪問法的特色寫進去。以下筆者只針對研究計畫中重要的事項討論，考生在寫作時，可以從第一章：緒論、研究目的、待答問題、名詞解釋。第二章：文獻探討。第三章：研究方法：研究架構、樣本、工具、資料分析等格式來寫。

　1.研究目的：本研究之目的在瞭解本校教師對成立教師會的看法與建議，作為形成共識與決策的參考。

　2.待答問題：

　(1)教師對成立教師會的態度是否隨著教師的年齡、教學年資、性別、教育程度與是否兼任行政工作之不同而有明顯的差異？

(2)教師對成立教師會有何建議？

3.研究架構：

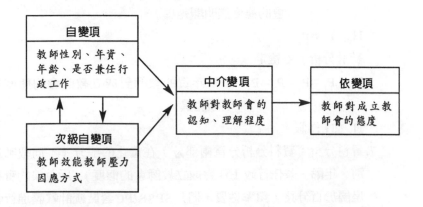

4.名詞解釋：

(1)任教年資：分為1−5年、6−10年、11−20年、21年以上，
四個層次。

(2)教師對成立教師會的態度：是指教師接受結構化訪問調查的
結果。

5.訪員訓練與發展標準化訪問問卷：

(1)採用結構式訪問（標準化訪問），依照事先設定的問卷，逐
項實施，其優點是容易進行比較、分析而且回答與訪問皆容
易控制，而提高了研究的正確性。

(2)選擇研究者、訪問者，並施予訪問的訓練，訪問訓練的內容
有：

① 瞭解訪問的目的與方法。

② 設計訪問的流程圖。

③ 熟悉訪問的技巧（建立親善氣氛、問問題的技巧、資料記
錄技巧）。

(3)發展標準化訪談問卷。

6.建立虛無假設與統計分析模式：

$H_0：P_1＝P_2$（男教師對成立教師會的態度與女教師對成立教師
會的態度無明顯差異）

$H_1：P_1≠P_2$

統計分析：X^2檢定

$H_0：P_1＝P_2＝P_3＝P_4$（不同年資的教師對成立教師會的態度無
明顯差異）

$H_1：H_0$為假。

7.資料分析：資料分析分為兩部分：在量化的部分（不同教師性
別、年齡、兼任行政工作對成立教師會的態度），所蒐集的資料
是屬於百分比，頻率性質，將以SPSS/PC套裝統計軟體進行資
料分析。質性資料是蒐集各教師對成立教師會的看法與意見，
將其歸納，並分析可行的意見。

8.若該校教師不多，可以採用普查，儘量使不同的教師有表達意
見的機會，若教師過多，可以使用分層隨機抽樣，依教師的性
別、年資來分層。

9.資料的寫成。

九、編寫問卷題目時應注意哪些原則？〔南師83〕

答：詳見內文。

十、一份完整的問卷可包含哪幾個部分？請舉例說明〔屏師82〕

答：林振春（民81）認為一份完整的問卷包含五個部分：

1.問卷的簡介（introduction）：簡介應簡單、具體而不抽象，不
具威脅性、態度認真、公正、語氣堅定而具有公信力。簡介的
內容包括說明研究的目的、研究之重要性、問卷填答的期限、
保證保密、研究者姓名、單位。

2.暖身性題目（warm-up questions）：以不具威脅性、較易塡答的問題起始，以便與受試者建立信任、親善的關係。

3.主要的題目（main questions）：是問卷的主要內容，其建構必須符合問卷的編寫原則，按照邏輯順序排列，一般性的問題在先，敏感性、需要思考的問題在後。

4.基本資料：對於受試者的年齡、性別、社經地位等之調查。

5.其他資料：包括對受試者的合作表達謝意，對調查或訪問歷程的確認（例如，受試者是完成全部訪問、部分訪問或拒絕接受訪問），若受試者拒絕接受訪問，其理由爲何？

十一、目前我國教育研究論文或報告中，偏重於使用哪種研究法？(A)調查研究法　(B)實驗研究法　(C)個案研究法　(D)歷史研究法。〔嘉師85〕

答：(A)

第**8**章

••

觀察研究法

一、觀察研究的意義

人類很早就使用觀察的方式來研究各種現象，例如，星象學家對天際的觀察、哲學家與心理學家對人性的觀察、教師觀察學生的表現等。人具有雙眼，很自然的就會使用我們的雙眼作為研究的基本工具。郭生玉（民84）定義觀察法為：「是指在自然的情境或控制的情境下，根據既定的研究目的，對現象或個體的行為作有計畫與有系統的觀察，並依觀察的記錄，對現象或個體的行為作客觀性解釋的一種研究。」（p.170）郭生玉認為觀察法具有下列的內涵：

1. 觀察研究（observational research）的情境分為兩大類：(1)人為控制的情境（laboratory observation），例如，實驗室內所進行的觀察，具有內在效度但缺乏外在效度；(2)自然情境觀察（naturalistic observation），在現場所從事的觀察，在質性研究中常使用。

2. 觀察是在目的的導引下，有系統、有計畫的進行：科學的觀察研究不同於一般的隨意的觀察，有一定的程序；提出假設、蒐集資料、驗證假設，其過程是嚴謹的。

3. 有詳細的記錄，作為驗證假設的依據。郭生玉進一步指出科學的觀察具有下列的規準：

   (1)科學的觀察是有系統、有計畫的，而不是無系統、無計畫的觀察。

   (2)科學的觀察是客觀的，儘量減少偏見。

   (3)科學的觀察是可以將資料量化的。

   (4)科學的觀察具有極高的信度與效度。

王文科認為觀察法的特徵有：

1. 觀察者瞭解所觀察事物的完整性，保持完形論的觀點，重視細節，但認為全體大於部分的總和。
2. 觀察者在記錄時必須區分事實與對事實的解釋，對事實的解釋是屬於推論部分，一般是等到蒐集足夠的資料之後，再作進一步的分析與解釋。
3. 觀察的結果應該是可以供檢證或複製的，以便瞭解研究的正確性。
4. 對觀察的結果予以審慎的記錄。

二、觀察研究的類型

（一）依場所與結構來區分

　　如前所述依場所來區分可分為自然情境（natural settings）與人為實驗情境（artificial laboratory settings）。並非所有的人造器物（例如，教室、辦公室、機構）所引發的情境都是人為實驗情境，若研究者進入一所學校直接觀察教師與學生互動的情形，並且做成記錄，則是屬於自然情境的觀察，但是，若研究者選取實驗組與控制組進行某種教學法的實驗以瞭解其成效，則是為一種人為的實驗情境。心理與教育領域的許多理論發展是在人工環境下進行的，例如，早期行為學派在實驗室內觀察一些動物的行為而發展出制約刺激的理論。

　　若依結構來區分可分為結構性觀察（structured observation）與非結構性觀察（unstructured observation）。結構性觀察屬於量化的研究典範，具有一定的程序，對研究問題、工具、樣本、假設與資料的分析有一定的規定，常使用結構化的觀察量表作為資料蒐集的工具。而非結構性的觀察常應用在質性研究中，常使用參與觀察配合深

度訪談的方式來蒐集資料，其研究過程較具彈性，將結構與場所加以綜合，可歸納為四類型的觀察研究（王文科）：

情境

		自然情境	人為情境
結構	非結構	非結構性田野研究	非結構性實驗研究
	結構	結構性田野研究	結構性實驗研究

（二）依觀察者所扮演的角色區分（楊國樞、文崇一、吳聰賢、李亦園，民78）

依觀察者涉入研究之程度可分為四類型：

1. 完全參與者（complete participant）：完全參與者涉入的程度最深，扮演著雙重的角色，既是參與者也是觀察者，涉入的程度深固然更加深切的體認被研究對象的感受，但亦可能因為涉入太深而喪失客觀性（心理學上所謂「投資越多則越喜歡」的假設），為避免此種偏見的產生，通常人類學者在進駐現場一段時間之後，必須跳出來以冷靜自己的思緒。

2. 參與者的觀察（participant-as-observer）：完全參與者和參與者的觀察皆屬於無結構性的觀察，通稱為參與觀察（participant observation）。參與觀察法最早起源於英國學者Bronislaw Malinowski在美拉尼西亞（Melanecia）的初步蘭群島（Trobriand Islands）對土人所做的研究，Malinowski曾高度的涉入當地人的生活，因此能描繪當地土著極為神秘、隱私的巫術，犯罪與性生活。在完全參與者的研究中，當地人容納研究者使其成為團體的一份子，但並不曉得研究者另外具有

觀察研究的使命，其優點是，因為不被當做局外人看待，所以當地人對他並不設防，可以取得極為隱私、客觀的資料，但卻有欺騙的嫌疑，可能違反了研究倫理。另一種做法是從被研究的群體中甄選成員，使接受人類學的研究訓練，再送回去執行研究，也比較容易為該群體所接納。

在多數的情況下，研究者的身分是被當地人所知悉的，被研究對象視其為外人，但在長期建立親善關係之後，可以相當程度的容許研究者的接近，也能容許研究者參與某些活動，但是非常隱私的事誼則被保留，研究者透過各種方法以發展與對方的關係，降低對方的懷疑與戒心，例如，學習當地的語言、適應當地的習慣、提供某種服務（例如，簡單的醫療），以當地人的方式來推展友誼等（楊國樞等）。

3. 觀察者的參與（observer-as-participant）：涉入的程度較淺，其觀察比較正式，可能在觀察的過程中與其對象互動，但此種互動並不是深入或持久的，常常是短暫而膚淺的；往往不是刻意的，而是隨意的，其所觀察的資料比較不深入。

4. 完全觀察者（complete observer）：並不與被觀察者產生任何的互動，刻意隔絕兩者間的接觸，常用於量化的研究中，其所強調的是客觀、量化事實的記錄，但由於缺乏與對象間的互動，有可能導致片面的觀察（以偏概全），或者是誤解。

四種觀察者的關係，可以如下圖所示：

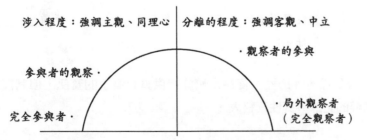

資料來源：楊國樞等（民78）。《社會及行為科學研究法》。頁139。

（三）依研究方法區分

1. 非參與觀察（nonparticipant observation）：研究者扮演局外人的角色，不與對象產生互動，依其情境可再分為：
   (1) 自然觀察：研究者在自然情境中觀察，但不與對象產生任何的互動，例如，研究者觀察國小教室中教師與學生之互動。
   (2) 模擬觀察：當研究者無法在自然情境中觀察到所要研究的特質時，可以創造一個實驗情境，要求受試者模擬該情境的可能表現，類似在測驗中所使用的情境測驗，例如，要求受訓學員處理一個模擬的意外事故。
2. 參與觀察：與研究對象互動，並且扮演某種角色，以深入體會其思想、情感。

（四）依觀察記錄的形式區分

1. 描述性觀察（descriptive observation）：目的在對所觀察的事項作忠實的記錄，可以文字或劃記（數量）的方式來記錄，並沒有針對結果作任何的推論。
2. 推論性觀察（inferential observation）與評鑑性觀察：推論性與評鑑性觀察，常使用具有推論性的觀察工具來蒐集資料。

　　例：此位實習教師的表現是：很好＿＿＿＿＿　　普通＿＿＿＿＿
　　　　不好＿＿＿＿＿。

　　推論性（評鑑性）資料比較能提供具有價值的資訊，但其誤差要比純粹的記錄事實性資料大。

三、觀察研究的程序（王文科）

1. 決定研究目的。
2. 決定研究觀察的對象。
3. 與該團體聯繫，並准許進入該團體。
4. 與研究對象建立親善關係。
5. 設定研究觀察的時間單位（日，月，年），執行觀察，詳細記錄。
6. 排除干擾的因素（不被信任、不受歡迎、被誤會等）。
7. 離開觀察的情境。
8. 資料的分析。
9. 提出報告。

四、結構性觀察工具（郭生玉；陳英豪、吳裕益，民87）

前述觀察法可以分為結構性觀察與非結構性觀察，兩者所使用的資料蒐集方式與工具不同，結構性觀察所使用的工具比較具體、明確，其特色為：(1)對所要觀察的對象與行為給予詳細的界定；(2)妥善規劃觀察的時間與程序；(3)使用結構性的觀察工具。以下介紹結構性的觀察工具。

（一）評定量表

在評定量表（rating scales）中對所要評定的特質予以明確的界定，執行觀察時，研究者依對象的表現，給予等級，是屬於推論性質的資料。

1. 評定量表的形式：

(1)數字評定量表（numerical rating scale）：

例：這位實習教師的教學表現：
① 非常好
② 好
③ 中等
④ 不好
⑤ 非常不好

(2)圖示評定量表（graphic rating scale）

例：該生參與討論的程度：

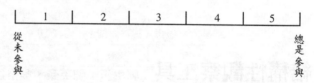

(3)描述式的圖示評定量表（descriptive graphic rating scale）：以簡短的語句來描述各選項，以便有更清楚明確的定義。

例：該生參與討論的程度：

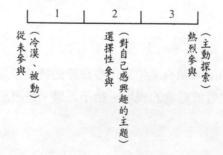

2.評定量表的使用時機：

(1)程序性知識（procedural knowledge）的評鑑：所謂程序性知識通常含有一定的實施步驟，具有行動的特質，例如，做實驗、演唱一首歌曲、教師的教學等。

(2)學生作品的評鑑。

(3)個人社會與心理變項的評鑑：例如，動機、課堂參與、領導行為、互動、情緒狀況等。

（二）檢核表

檢核表（check list）僅記錄事件是否發生或事件發生的頻率，並不具有推論的性質，故比評定量表更客觀，信度也比較高。

例：

教師教學檢核表（觀察時間五十分鐘）

	次數	總和
1.教師問問題的次數	正	5
2.學生問問題的次數	下	3
3.學生離座次數	丁	2

檢核表適合用來觀察學生的程序性知識的執行，例如，做實驗有沒有按規定的程序完成，操作機器有沒有按照一定的步驟等，但檢核表比較不適合用來評量學生的心理與社會變項。

五、行為的分類方法與記錄方式

在設計觀察的步驟與工具時，必須考慮到所要捕捉的是那些特質，而這些特質應該如何定義？以及在什麼時間、場合進行觀察。

（一）行為分類方法

在量化的研究中（結構性觀察），首先必須對研究的對象予以明確的界定，以觀察的範圍來區分，界定的方式分為：

1. 整體方法（molar approach）：以完整的行為作為觀察的單位，例如，當研究教師效能時，其觀察的變項包含：教學品質、師生互動、教師對學生的關懷、教師與家長的互動等許多層面，其優點是從各層面來看教師的表現，比較圓融，不會以偏概全，但此類整體方法一般對變項的定義比較模糊，導致不同的觀察者所捕捉的重點不同，使信度下降。

2. 分子方法（molecular approach），以某部分而非整體作為觀察的單位，例如，只以教師與學生互動來表示教師的教學品質，此種方法集中衡量教師與學生互動的情形，優點是定義明確，觀察的信度增加，但卻有以偏蓋全之嫌。

（二）行為取樣

以操作性定義（operational definition）對所觀察的特質予以具體化，然後在某時段觀察該行為出現的頻率，是為行為取樣（behavior sampling）。例如，將教師與學生互動定義為「教師發問問題」，之後，在某些時段（例如上午第一節課），記錄教師問問題的次數。有兩種記錄行為的方式：

1. 事件取樣（event sampling）：以事件發生的完整經過為單位從事記錄，適用於不常發生的行為，而且該行為持續的時間較長，例如，學童間的爭執，或問題解決。事件取樣的優點是：(1)對所觀察的行為予以詳細完整的記錄，而不是片斷的記錄，在解釋上比較周延；(2)所記錄的行為具有連續性，比較自然；

(3)適用於不是經常發生的連續性行為（郭生玉）。

2. 時間取樣（time sampling）：對一些持續時間不長的行為，例如，學童的離座行為、教師發問、學生舉手適用於時間取樣，時間取樣可分為兩種方式：(1)系統的方式（systematic way），例如，每隔四十分鐘觀察十分鐘，連續觀察兩週；(2)隨機方式（random way），系統方式的缺點是可能造成系統的誤差，觀察的時間固定，有一些時段沒有被觀察到，使研究的代表性受質疑，解決的方式是改用隨機方法，例如，將一天中可能的觀察時段分為二十段，放在抽籤桶中，每天抽五個時段作為取樣的依據，此種隨機的方法比較具有代表性。

六、觀察研究的限制與改進

觀察法是以人的一雙眼睛為工具，但人的觀察有時是不太可靠的，其限制為：個人偏見（observer bias）、觀察者對被觀察者的影響（the effect of the observer on the observed）、評量的誤差（rating error）、月暈效應（halo effect）、污染或混淆（contamination）或邏輯謬誤。

（一）個人偏見

個人偏見是難免的，只是程度的問題而已，偏見產生的原因很多，例如，從認知歷程來看，刺激可能在感官記憶、短期記憶與長期記憶的過程流失、扭曲。人的記憶並不像攝影機那般忠實的記錄，可能會受到動機、順攝抑制、倒攝抑制、注意集中程度等諸多因素的影響。從社會、文化的觀點來看，個人的思考與行為模式是受其深刻的影響，米德提出所謂的符號互動論，一個人是在其所處的文化脈絡上去詮釋所觀察的現象，因此，不同的經驗可能有不同的認知。

對觀察者偏見的處理方式有：觀察者本身認知產生偏見的可能性，加強自己的觀察與判斷力以增加客觀性，在態度上保持開放的心靈，避免先入爲主。對研究的對象有深入的瞭解，不以偏概全。

（二）觀察者對被觀察者的影響

若被觀察者知道正在受觀察時，可能產生生理與心理上的激起，而表現出與平常不同，稱爲曝光效應，尤其當受試者知曉研究者的意圖時更傾向於表現出符合其意圖的行爲。例如，當教師知道研究者在觀察其與學生的互動行爲時，教師可能比平常問更多的問題，在態度上表現得更爲友善。

觀察者的出現有時也會對受試者產生負面的影響，例如，南美的某些印第安人對白人的觀察者含有敵意（由於過去不愉快的遭遇）、覺得受到干擾（某些邊緣人不願意曝光）。有時校長的領導風格並非內向，而是訪談員本身缺乏語言技巧，導致訪問的過程顯得沈悶，而使校長顯得內向。

（三）評量的誤差

當我們採用評定量表來進行評量時，可能產生偏差。偏差的型態有：

1. 寬大誤差（generosity error）：傾向於給評量的對象打高分。
2. 嚴格誤差（severity error）：與前述相反，傾向給對象打很低的分數。
3. 趨中效應（central tendency error）：傾向於給對方打「中等」的成績，這些誤差是屬於觀察者的一種反應的心向（response set），與其對被觀察者以往的接觸經驗及個人的人格特質有關。

（四）月暈效應

是指觀察者在記錄時，受被觀察者的一般印象（general impression）的影響，例如，受到被觀察者的容貌、穿著、社經地位的影響而扭曲了資料。

（五）污染或混淆或邏輯謬誤

觀察者在評某項分數時，受到另一項不相干因素的影響，例如，教師將學業成績好的學生，其操行成績也評得比較高。

針對這些限制，其改進的方法有（王文科；郭生玉；陳英豪、吳裕益；楊國樞等）：

1. 儘量使用非強制性的觀察（unobtrusive observation）情境：所謂非強制性是指被觀察者不曉得自己正在被別人觀察，因此其表現與平常一樣，可以使用單面鏡，在自然情境下進行觀察，另外聘請觀察員，不告知正在進行研究（但必須考慮到研究的倫理）。
2. 觀察者有良好的訓練：觀察者要能知道誤差的原因與預防之道，訓練對事物的敏感性。
3. 要求觀察的準確性優先，而非快速的、大量的記錄資料。
4. 儘量使用事實性的記錄（例如，查核表），少用推論性的記錄（例如，評定量表），因為事實性的記錄比較客觀。
5. 儘量不要透露研究者的假設與期望。
6. 與研究無關的研究對象的背景資料，儘量不透露給觀察者知道，例如，社經地位、智力，以免產生月暈效應。
7. 訓練觀察者提高觀察的信度與客觀性。
8. 隨機選取觀察者，以增加觀察的信度。
9. 仔細設計觀察工具，減少誤差。
10. 採用整體方法的行為分類而不採用分子方法的行為分類，而且

各類別應該定義清楚而不重疊。

11.所評定的特質必須能直接觀察，以減少推論性，例如，舉手、離座行為可以直接觀察，比較客觀，但動機、熱忱等就不容易捕捉，必須轉化為操作性定義。

12.請兩位或兩位以上的觀察者共同觀察，以增加信度，但是必須要先求兩位觀察者間的一致性。

13.對於一些可能干擾到觀察情境的因素能夠事先設想、預防（例如，道路修築的吵雜聲）。

七、觀察研究的信度與效度

觀察研究的信度（reliability）是指觀察結果的一致性。郭生玉與楊國樞等引用Medley與Mitzel（1963）年的研究，指出觀察研究的信度有三種：

1.使用不同的觀察者，在同一個情境中進行觀察，求兩者間的相關（coefficient of observer agreement），其算法為：

$$\frac{兩位觀察者間看法（觀察）一致的數目}{觀察一致數目＋觀察不一致數目}$$

2.針對相的觀察者，在不同的時段觀察，求兩時段觀察結果的一致性。

3.針對不同觀察者，在不同時段觀察，求其間的一致性。

以上之觀察時間不可太長，以免疲勞因素介入而降低信度。

楊國樞等引用Dunnett的研究指出，為了要提升觀察的信度，應

儘可能的避免下列的錯誤：

1. 對觀察內容的選擇不夠精確（inadequate sampling of content），特別是當所觀察的事件比較複雜時，不同的觀察者選擇的重點可能有所不同。

2. 機遇反應趨勢（chance response tendency）：發生在當不同的觀察者對所觀察現象的分類不能肯定時，此時可能依他們自己的想法予以分類而造成不同的分類情形。

3. 環境的變遷（change in the environment）：在不同的時間觀察時，情境可能有所不同而影響人的行為。

4. 人的變遷（change in the person）：同一個人在不同的時段，其行為亦可能產生變異。

觀察研究在質性研究取向中常使用參與觀察，請參閱質性研究的部分。

試題分析

一、「非參與觀察」的意義為何？請說明該研究技術的適用時機與功能。〔屏師86〕

答：觀察以研究者是否涉入觀察對象的程度分為「非參與觀察」（non-participant observation）與參與觀察（participant observation）兩種。非參與觀察常用在量化的研究中，研究者採取局外觀察者的角色，並不涉入任何相關對象的活動，研究者刻意與研究對象保持距離，以維護客觀、中立的立場、非參與觀察的適用情境。

　　1.避免研究者涉入太深而喪失客觀、公正的立場。

　　2.避免研究者的出現以及與被研究者產生互動而改變了事項原本的特質。例如，人種誌研究者在長期與原住民互動的歷程中，可能無意中「教導」原住民某些觀念或使用某些新工具，而引發其思想、行為的改變。

　　3.當參與觀察不可行或違反道德時，只好使用非參與觀察，例如，對隱私行為的研究（同性戀、偏差行為）。

　　4.非參與觀察也經常使用在個案研究與個案輔導之中，其目的有二：(1)瞭解個案問題行為的成因；(2)發展理論，例如，皮亞傑觀察其女兒們的行為而歸納出有名的認知發展論。

　　5.在某些極端的個案中研究者必須隱藏其研究目的，或為了避免曝光效應，也使用非參與觀察，有時借助科學工具（單面鏡、錄影機）的使用。

二、觀察研究中，要如何減少觀察者的偏誤（biases）或影響（effect），試申論之。〔中師85〕

答：1.觀察偏見的來源：

　　　(1)來自觀察者本身的偏見：

　　　　　① 觀察者可能具有偏見（stereotype）、選擇性觀察、主觀

　　　　的介入、自我應驗預言、觀察者的期望。

　　② 兩位或兩位以上觀察者間不一致（包含對觀察對象與解釋
　　　　上的不一致）。

　　③ 月暈效應或污染：觀察者對觀察對象的解釋受不相干因素
　　　　的干擾。

　　④ 評量上的誤差：例如，寬大誤差、嚴格誤差、趨中效應。

　　⑤ 資料蒐集不周延：工具缺乏信度、效度，觀察的角度、時
　　　　間、情境不夠。

　(2)來自被觀察者的誤差：

　　① 曝光效應或霍桑效應：因為被觀察者知道有人在場觀察故
　　　　改變了行為以符合社會期許性。

　　② 有時觀察者在場反而會使被觀察者過度緊張而影響其表
　　　　現，特別是內向、害羞的人。

　(3)在質性研究中使用參與觀察，可能因為涉入越深而越喪失客
　　　觀的立場。

2.改進之道：

　(1)採用非干擾性觀察，使受試者不知道自己被觀察，例如，使
　　　用單面鏡，或不告知真正研究目的。

　(2)長期觀察原則：剛開始時受試者比較有戒心，比較會偽裝，
　　　但久而久之其防衛心態自然鬆懈，而所觀察的資料就比較真
　　　實。

　(3)多元資料來源：採用三角測量法，以不同的角度、情境、方
　　　法、人員來蒐集資料，相互佐證。

　(4)使用多位觀察者，並且給予相當的訓練，並建立觀察者間一
　　　致性信度。

　(5)與被觀察者建立親善關係，保證保密，降低其防衛心態。

　(6)觀察者有充足的訓練與經驗，知道自己的優點與可能犯錯之
　　　處，能夠自我反省、檢查。

(7)觀察者透過同儕檢查與公布研究結果的方式來減少偏見。

三、試說明如何觀察、記錄與分析教室中師生互動之行為？〔屏師84〕

答：師生互動行為的觀察可以量化或質性研究的方式來進行，一般此類有關「互動」的研究較偏向於質性研究，例如，可以使用詮釋學、符號互動論作為師生互動解釋的基礎。

　1.質性的觀察、記錄與分析程序：

　(1)預示問題：描述起始的研究焦點、目標、待研究的問題。

　(2)選擇研究的場所。

　(3)發展田野中之研究角色。

　(4)選擇資料蒐集的策略，對師生互動的觀察可以採用參與觀察的策略，研究者可以選擇某種角色來扮演，例如，選擇擔任學校的行政助理、短期代課教師，如果觀察的對象是成年人，研究者也可以選修幾門課以便觀察師生互動的情形。

　(5)蒐集與分析資料：質性研究中資料的蒐集與分析是一個連續不斷的歷程，資料的記錄方法包括田野筆記、軼事記錄法、觀察／訪談報告之整理與文獻探討等。質的資料分析是一種歸納分析，所使用的技術為「恆常比較」（constant conparison），其程序包括編碼、發展類目、組型以及詮釋資料。對師生互動行為的詮釋可以使用高夫曼的戲劇分析理論、社會學、符號互動論、紮根理論等角度來分析。

　(6)資料的寫成。

　2.量化的研究方式：

　(1)確定研究的主題，發展待答問題與假設。

　(2)以操作性定義定義所要觀察的變項。

　(3)選用觀察工具，例如，使用傅蘭德斯「師生行為互動量表」來／發展觀察師生互動行為。

　(4)觀察員的訓練／確認觀察者間之一致性。

(5)進行觀察。

(6)觀察結果的記錄、分析：在量化的觀察研究中所蒐集到的是量化資料（頻率、次數），故其資料的分析以統計爲主。

(7)決定拒絕或接受假設。

(8)撰寫研究報告。

四、觀察研究法，根據記錄（recording）觀察資料的方式，可以分爲幾種類型？並舉例說明之。〔中師84〕

答：1.在質性研究中採用田野筆記與軼事記錄法來捕捉現場的資料。軼事記錄法是對觀察對象詳細而完整的描述，不管是大事、小事、正面、負面的事件均予以記錄，一般在記錄時會記載事件發生的時間，此類資料多屬於文字性質，必須採質性的資料分析方式。

2.評定量表：有數字評定量表、圖示評定量表與描述式評定量表，觀察者依對象表現之好壞予以評定，有主觀的介入。例：該位實習教師的表現：優（　　）、中（　　）、劣（　　）。

3.檢核表：在記錄所欲觀的事件是否發生，如果有發生立即給予記錄，比較客觀。例如，記錄學生是否按順序進行實驗。

4.觀察量表：是比較嚴謹的觀察工具，其行爲分類的方式有整體方法與分子方法，而對行爲觀察的時間取樣方式則有系統抽樣與隨機抽樣兩種。

五、名詞解釋：月暈效應（halo effcct）。

答：是屬於觀察者偏見的一種，觀察者（研究者）在評定受試者的某項特質時，受到不相干因素的干擾而導致偏差，例如，我們對一個人的初始印象容易受到他的穿著、容貌的影響，有時並不是正確的；又比如教師在打作文或申論題的成績時受到學生字跡的影響。

第**9**章

●●

相關研究法

一、相關研究的定義

　　王文科定義相關研究（correlational studies）為：「相關研究係指蒐集資料，以決定兩個或多個可數量化的變項之間是否有關係存在，以及彼此之間的關係及於何種程度；關係程度以相關係數（coefficient of correlation）表之。惟諸變項有關係存在，並不含蘊著彼此之間有因果關係存在。」（p.498）簡言之，相關研究即探討變項間關係之研究。

二、相關研究的使用時機

　　相關研究具有下列的目的：

1. 變項間關係以及相關程度的探討：有些研究想瞭解變項間的關係，典型的例子是英國的「曼徹斯特調查」，想要瞭解學校與學生之學業成就的相關，後來卻發現家庭因素與學業成就的相關性遠大於學校與學業成就的相關性。在教育上也經常探索智力、性向或父母管教態度與學業成就的相關，都是很好的例子。

2. 探索性的目的（exploratory study）：相關研究的另一個功能就是探索變項與變項間的關係，以及找出可能的重要變項以便在正式研究中可以傾力關注在重要的變項上，其方法是利用電腦統計，計算出各變項間的相關矩陣，然後檢查相關矩陣中那些變項間的關係達到統計上的顯著性，選出這些達到顯著水準的變項並且在正式研究中加以納入。

3. 預測性的目的：預測的目的在加強控制，以達到某種目的，或

防患事情於未然，例如，假若我們發現老人獨居者其自殺率較高，其間有顯著的相關性，則我們可以回過頭來增進獨居老人的福利措失或社交生活。又假如我們發現家庭因素比學校因素對學業成就的相關性更顯著，則我們應使用有限的資源去改善家庭環境因素，行有餘力才進而改善學校因素。在統計上常使用相關作爲迴歸分析的程序之一。若我們發現變項間的關係是呈現直線相關，則可以形成一個迴歸方程式，用某一個（些）自變項去預測另一個（些）效標變項。

4. 求研究或測驗的信度與效度：相關也常使用在測驗裡求測驗的信度與效度，例如，重測信度、效標關聯效度、評分者間一致性係數等皆是使用相關來求出的。相關也可以用來建立建構效度之用，著名的杜葉二氏法則，發現工作的表現是與動機呈現曲現相關的。

三、相關研究的程序

相關研究的程序如下：（王文科，民88）

1. 界定問題。
2. 選擇樣本與工具：一般相關研究的樣本至少三十人，若研究的變項種類增加時，必須再增加樣本。
3. 發展研究設計與程序：考慮變項的性質與數目，可考慮使用母數分析或無母數分析，簡單相關或複相關。
4. 資料的分析與解釋：考慮相關係數的大小，是否達到顯著性、研究的目的或決定係數等。

四、相關的分析

相關的分析，依變項的性質分爲母數分析與無母數分析兩種，若依變項的多寡則分爲簡單相關與複相關兩種，常用的是簡單相關。

（一）皮爾森積差相關係數

皮爾森積差相關係數（The Pearson product-moment correlation coefficient）是英國學者卡爾・皮爾森（Karl Pearson）所發展的，適用於雙變項（一個自變項另一個依變項），且兩個變項都是等距或等比變項，其公式爲：

$$r = \frac{\Sigma Z_x Z_Y}{N}$$

式中　　r：積差相關係數
　　　　Z_x：X變項（自變項）之Z分數
　　　　Z_Y：Y變項（依變項，效標變項）之Z分數
　　　　N：總人數

（二）相關之大小

皮爾森積差相關之值爲 $|r| \leq 1$，當其值越接近1（－1）時，相關的程度越高，相關程度高、低的判別對研究有決定性的影響，以下羅列一些判定的原則：

1.朱經明（民79）：
　　$|r|$＝.80以上，非常高的相關
　　$|r|$＝.60～.80，高相關
　　$|r|$＝.40～.60，中相關

　　|r|＝.20～.40，低相關

　　|r|＝.20以下，非常低相關

　一般在求信度、效度時都要求其r值達到0.8以上。

2.相關係數的檢定：直接由相關係數之值來判定相關程度是不夠的，必須進一步檢定相關的係數是否達到顯著水準，若達到顯著性則表示是真相關（即兩變數間的相關並非機遇因素所造成的），也就是兩變項確實存在著某種程度的關聯性，而此種關聯性並非抽樣誤差所造成的。其檢定的程序是依相關研究的樣本人數，計算其自由度（D.F.＝N－2），再對照關鍵值，若所計算之相關係數大於關鍵值，則表示兩變項間的相關達顯著性。

3.研究的性質：相關除了必須考慮到是否達顯著水準之外，尚需考慮到研究的性質。自然科學研究中可以控制嚴謹，故相關係數應較高，而在社會科學研究中，由於研究的對象是人，而人的變異性較大，相關程度很少太高的，因此當r＝0.6時，對自然科學（或測驗領域）來講可能不算是高相關，但對社會科學領域的研究而言，可能就是難得的高相關。

4.人數的多寡：人數的多寡也會影響到相關的顯著性，查表得知，當人數越多時，N值越大，其相對的顯著水準越低，也就越容易達到顯著性。

5.團體的變異性：當團體的變異程度增加時，其相關係數也會增加，其他因素衡定，使用異質編班的受試者，其相關係數將高於使用同質編班的受試者。

（三）複相關

　　在真實的世界中事件的發生總是有很多複雜的因素交互作用而成，若僅以兩個因素間之簡單相關來解釋，往往會造成以偏概全的危險，例如，若我們求得智力與學業成就的相關是0.6，且達到顯著水

準，只能說此兩變項有相當程度的關聯性，但不能說提升智力之後，學業成就自然就會提升，因為兩者並沒有建立因果關係，原來，影響一個人學業成就高低的因素，除了智力之外，尚有其他的因素，例如，性向、動機、認知形式、家庭因素等，除非把這些相關的重要因素都納入考量，否則其推論上是不周全的。在統計上，若我們以兩個（或兩個以上）之自變項去預測一個效標變項，例如，使用智力、性向、動機去求與學業成就的相關，稱為複相關（multiple conelation）。

研究所考試有時會問相關研究的缺點，其典型的回答之一就是當我們僅使用簡單相關來求兩變數間的關係時，容易產生以偏概全的限制，而其解決之道是使用複相關。

（四）無母數分析之相關統計法

前述皮爾森積差相關係數與複相關皆是屬於母數分析，在使用時必須符合三點基本假設：(1)變異數同質性；(2)樣本所從出的母體是為常態分配；(3)資料是屬於等距或等比的性質。當我們所蒐集到的資料違反了上述任何一點的假設，即應改為無母數的分析方式，無母數分析的公式很多，必須視情況而定，下列是有關無母數分析的歸納。

Y ＼ X	二分變項	基於常態分配的二分變項	次序變項	等距或比率變項
二分變項	φ相關			
基於常態分配的二分變項	φ相關	四分相關		
次序變項	等級二系列相關	點二系列相關	斯皮爾曼等級相關肯德爾和諧係數	
等距或比率變項	點二系列相關	點二系列相關	同上	皮爾森積差相關

（五）相關比

研究所相關的考試中常見的陷阱是給予一個陳述句（例如，考試緊張程度與學業成就的相關），或者一組數值，例如：

	大一	大二	大三	大四
成就	80 90 90 100	70 80 70 60	70 40 60 50	90 80 70 80

要求受試者判斷在此相關研究中，應該使用何種的統計公式，若考生不察，寫上皮爾森積差相關，則是一個錯誤的答案。在陳述句中，考試緊張程度與學業成就的相關，其圖形是：

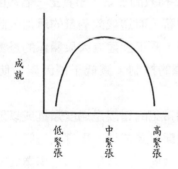

由上圖可以看出，中等程度的緊張其表現最好，太緊張或不緊張時其表現都不佳，此圖即為所謂的曲線相關。在大學各年級與學業成就的相關中也呈現類似的曲線相關的現象，在曲線相關的情境中不可以再使用皮爾森積差相關係數，因為可能會有低估的現象，此時應該改用相關比（correlation ratio）η^2（eta-squared）。

（六）決定係數

另一個考試重點是所謂的決定係數（coefficient of determination），當X與Y的相關爲0.8時，不可以說Y有80％的變異量是由X所決定的，而應該說Y有（0.8）^{2}，即64％的變異量是由X所決定的，此r^2稱爲決定係數。

五、相關的解釋

相關的解釋應注意下列事項：

1. 有相關不一定有因果關係：相關研究中常犯的錯誤之一就是過度的推論因果關係，舉例而言，有位研究者發現教師加薪與社會上之酗酒量有正相關（教師加薪越多，社會上的飲酒量越多），因此建議不要給教師加薪。事實上，若教師加薪，社會上其他行業也可能加薪，而造成飲酒量的增加，此例說明有相關不一定有因果關係，眞正能建立因果關係的是實驗法，因爲實驗法企圖透過嚴謹的控制，減低干擾因素，使推論上更爲精確。

2. 共同因果：另一個常犯的錯誤是過度類推或以偏概全，例如，前述只以智力來推斷學業成績。事實上是智力＋成就動機＋親子關係＋其他因素共同交互作用而影響學業成就，在研究上稱爲共同因果，也就是說應該使用複迴歸或複相關來取代簡單相關。

3. 無法發展滿意的效標（王文科）：要建立相關必須先找出有可能相關的變項，而且必須假設這些變項可以準確的測量，例如，若我們想要瞭解學校因素是否會影響學生的學業成就，在此研究中，學校因素稱爲獨立變項，而學業成就是爲依變項或

效標變項（criteria variable），研究者必須定義清楚何謂學校因素？是否包含教學、行政、設備、師生關係等等，以及何謂學生成就？學習的滿意度、教室的氣氛算不算是學業成就的部分，都要經過詳細的定義，以免造成偏誤。

4.應避免使用不正確的相關公式：相關研究的情境與所蒐集的資料極為多元，其所相對應的公式亦多，應檢驗資料的特性，慎選適合的相關統計公式。

試題分析

一、發現「用餐情形和偏差行為有顯著的相關」。推論在家用餐，青少年的偏差行為會降低。試說明以下問題：

　1.闡述研究發現的論點。

　2.推論的看法。

　3.偏差行為如何研究。〔市北師87〕

答：此題為對量化研究批判的典型考法，其解剖的重點在闡明相關研究中「有相關不一定有因果關係」的概念，是初學研究所常犯的錯誤之一。筆者猜測此問題是緣於台灣某位知名教授的研究，採用調查研究法，其發現有吃早餐的學童其成績明顯優於沒吃早餐者（X^2檢定）。因此下結論說吃早餐有助於學業成就。這位教授的論點曾遭致批判，可以參考胡幼慧所編的《質性研究》中有精彩的論述。

　1.闡述研究發現的論點：研究者嘗試探討用餐情形與偏差行為的相關，在此研究中自變項為用餐行為（例如，有吃早餐vs.沒吃早餐），依變項為在校偏差行為（例如，犯規情形），研究者所犯的錯誤是在發現此兩變項間之相關達顯著水準之後，即下結論說在家用餐有助於降低偏差行為（因果關係），我們都知道，相關研究是無法建立因果關係的，因為「有相關不一定有因果關係」。

　2.對推論的看法：研究者的推論是不周延的，因為在相關研究中是無法從事因果關係的論斷，理由：

　(1)相關研究並未對不相干的混淆變項予以控制，因此無法確定：

　　① 倒底本研究中是否包含影響偏差行為的自變項之探討，例如，受試者的性格、親子關係、與同學間之互動等等是否會影響偏差行為，而其間的互動關係如何？比較可能的現

象是共同因果：

②在此研究中用餐行為並非真正影響偏差行為的因（自變項）、真正的因是親子關係（父母對子女關愛程度），如果父、母親很關心子女，一定千方百計的弄早餐給小孩吃，盡心盡力的照顧小孩，而此種「愛心」與「責任感」也會很自然的擴散致對小孩學業的關心與要求，自然小孩的成績會更好，正確的說其間的關係是：

用餐行為
親子關係→　　對孩子之關懷、期望→　　小孩成績
自變項　　　　　中介變項　　　　　　依變項

因此，用餐行為只能算是在親子關係影響下的中介變項，如此說明了一件重要的事：學生走上偏差之路，固然學校、同儕可能有部分的影響，但影響最大的是家庭、家長們應反躬自省，自己是不是太寵小孩？太不關心？父母失和？而造成小孩的偏差。

3.偏差行為的研究：偏差行為的研究在文獻上眾多，可以從許多不同的角度切入，而其研究方法亦極為多元、有趣。主要的原因是「偏差行為」是有很多面向，而且有許多是與我們生活息息相關，甚至在我們每一個人的基因裡都多少隱藏了某些偏差行為，以下筆者舉例偏差行為的研究方式。

(1)以質性研究方式來進行：包括人種誌研究、歷史研究法、內容分析法、心理學自傳的研究，以「小說」方式來描述，此

類作品汗牛充棟，例如，榮格的《人類破壞性之解析》描述「戀屍症」偏差行為；台灣著名作家白先勇的《孽子》，描述同性戀行為；李昂的《殺夫》描述精神分裂。有不少作家對人類黑暗面的描述熱愛到極點，這些研究的對象尚包括有虐待症（例如，人類各種酷刑研究）、性犯罪（例如，《香水》）、攻擊（例如，肯納利的《辛德勒的名單》）等等，研究題材不一而足。

(2)以量化研究的方式來進行：問卷調查、相關研究、事後回溯法。例如，多數國家都會統計全國、各區的不同型態犯罪比率，在教育研究中通常是以犯規、記過、逃學、加入幫派等來定義偏差行為。

二、下列各問題之探討以何種研究方法來進行較為適切？

1.女生的語文能力較男生為佳。

2.接受過「寫作修改歷程教學」的學生其寫作能力顯著高於未接受過這種教學的同年級學生。

3.高創造力學生的成就動機比低創造力學生為強。

4.學生上課出席率與其學業成就的關係。

5.高中生對於自學方案能提升學生學習興趣的看法。

答：此種題目是師範學院學校的典型考題。除了考研究法之外，亦常考相關的假設寫法與統計名稱，筆者示範其解答方式如下：

1.調查法（以標準化語言測驗來蒐集男生與女生之語文能力資料，或直接計算受試者在校的語文成績）。

統計假設：$H_0：\mu_1 = \mu_2$（男生的語文成績＝女生之語文成績）

$\qquad\qquad H_1：\mu_1 \neq \mu_2$

統計分析：t 檢定。

2.實驗法，本研究為兩種教學法之比較，99％是實驗法，必須透過實驗才能斷定兩者之優劣。

統計假設：$H_0 : \mu_1 = \mu_2$（實驗組與控制組之作文平均數無明
顯差異）

$H_1 : \mu_1 \neq \mu_2$

統計分析：t 檢定。

3. 調查法（以「拓浪斯創造力測驗」來捕捉學生之創造力，再以
「成就動機問卷」來測量學生之成就動機）。

統計假設：$\mu_高 = \mu_低$（高創造力學生之成就動機平均數等於低
創造力學生之成就動機平均數）

統計分析：t檢定。

4. 調整法或事後回溯法（以調查方式計算學生之出席率與在校成
績）。

統計假設：$H_0 : \rho = 0$（出席率與成就無關）

$H^1 : \rho \neq 0$

統計分析：皮爾森積差相關。

或

$H_0 : \mu_1 = \mu_2 = \mu_3$〔出席率的類別（高、中、低出席率）與學
業成就無關〕

$H_1 : H_0$為假

統計分析：F檢定。

5. 調查法（可以採用問卷調查來探討受試者對自學方案的態度與
意見）。

統計假設：$H_0 : P_男 = P_女$（男生與女生受試對自學方案的態度無
明顯差異）

$H_1 : P_男 \neq P_女$

統計分析：X^2檢定。

三、某研究者發現學習動機與學業成就之相關為0.67，根據此研究結
果，請對下列結論加以評論？

1.學習動機愈高者，學業成就愈高，反之亦然。

2.為提高學生之學業成就，學校應大量採行提高學習動機之方法。〔花師83〕

答：1.推論錯誤，原因：

(1)應先查清楚是真相關還是假相關，方法是查出自由度後，依自由度決定關鍵值，若0.67大於關鍵值，表示達顯著性，為真相關，若未達顯著性則不可以推論說學習動機與學業成就有任何的關聯。

(2)若0.67達顯著性，只能表示兩變項間存在著某種關聯性，但只是相關而已，不一定是因果關係。在0.67達顯著性的前提下我們才可以下結論說學習動機愈高者，其學業成就愈高或反之亦然。

2.推論錯誤：理由為前述所謂的「有相關不一定有因果關係」，更何況我們也不知道0.67是真相關還是假相關。筆者以為本題應是共同因果：智力、動機、性向、能力共同貢獻學業成就變異量，只提高學習動機，效果有限，尚需考慮學生之興趣、親子關係、教師之教學等種種因素。

四、試以下列資料，繪製相關矩陣；並以.40為該項研究相關的顯著水準臨界值來說明其發現。

智力與成就動機.52

智力與焦慮－.24

智力與學業成就.75

成就動機與焦慮－.33

成就動機與學業成就.63

焦慮與學業成就－.45〔嘉師83〕

答：1.相關矩陣：

相關矩陣

多項 變項	智力	焦慮	動機	成就
智力	1	−0.24	0.52*	0.75*
焦慮	−0.24	1	−0.33	−0.45*
動機	0.52*	−0.33	1	0.63*
成就	0.75*	−0.45*	0.63*	1

(1)因為是以.40為關鍵值，所以凡是│r│＞0.40者，一律在其值之右上角打一個「＊」號，例如，0.75＊，表示該值已達顯著水準（真相關）。

(2)在相關矩陣之左上、右下填上「1」。

(3)在矩陣之左小角寫上「p＜.05」字樣。

2.解釋發現：達顯著性，真相關者包括：智力與動機，智力與成就，焦慮與成就，動機與成就。若以成就為依變項，則其共同因果（自變項）為：智力、焦慮與動機，亦即智力＋焦慮＋動機共同影響學生之學業成就，而且以智力與成就的相關最密切。說明學業成就有相當的比例（0.75）²其變異量是由智力（先天因素）所貢獻的。

第10章

事後回溯研究法

一、事後回溯研究之定義

事後回溯研究（ex-post facto research）是當事情發生之後再去探討事情發生的原因的一種研究方法。ex-post facto的原始意思是自事情發生以後，是一種回溯性質的研究，又稱爲因果比較研究（causal comparative research）或解釋觀察研究（explanatory observational studies）（郭生玉、王文科）。王文科引用柯林格（Kerlinger, 1973）對事後回溯研究的定義爲：「有系統的實證探究方法，其中科學家未直接控制自變項。因爲它們如不是早已發生過的，就是自始即不能被操縱，只能從自變項與依變項的共存變異中，推論諸變項間存有的關係，而無法直接干預。」（p.544）。

郭生玉指出事後回溯研究的適用時機有：

1. 研究者（受試者）無法操控研究變項時：理想的研究情境是研究者可以操控研究變項，並且排除無關因素的干擾，以增進研究的效度，這即是典型的實驗研究法，但是有些時候研究者是不可能對自變項予以操控、干預的，下述幾個例子即是無法控制自變項的例子：

   例1：單親兒童與雙親兒童其生活適應問題是否有明顯的差異？

   例2：智力與學業成就是否有明顯的相關？

   例3：家庭社經地位是否會影響學生之自我概念？

   在此三個例子中單親或雙親兒童、智力與社經地位都不是研究者與受試者可以主動選擇的，研究者無法隨機抽樣，將抽出的樣本分配至單親家庭或雙親家庭。在此情形下，只好進行事後回溯研究。

2. 若免強操控研究變項時將會違反研究倫理時應使用事後回溯研究法。研究倫理中規定所進行的實驗不得對受試者造成心理或生理上的傷害。若研究者有此類的顧忌時，應改用事後回溯法，例如，若我們想要瞭解抽菸與得癌症的關係，我們不可能找一群受試者並強迫他們吸菸，一段時間之後再觀察他們健康受損的情形，比較可行的作法是調查那些人有吸菸，以及吸菸的程度，再分成數組（不抽菸組、輕度抽菸組、重度抽菸組），然後比較這三組受試者健康狀況。其他不適合做實驗的尚有：「女性電腦操作員對胎兒的影響」（輻射線）、「輻射屋對人體之影響」、「大專學生婚前性行爲調查」等。

3. 有現成的資料時：現成的資料包括官方或民間的統計資料，例如，失業率、國民平均所得、離婚率、就學率等等，都可用來作爲事後回溯研究或趨勢研究的參考。此外，我們也可以從許多大眾傳播媒體取得所需的資訊。

二、事後回溯研究的程序

王文科認爲事後回溯研究的程序有：

（一）定義問題

考慮到研究的旨趣、貢獻、資料來源與可行性，其中最重要的是必須確立研究的變項。

（二）發展假設

當研究的變項確定之後再發展研究假設，例如，若研究的變項爲智力與學業成就，我們的假設可以是「智力與學業成就是否有顯著的相關」或「學業成就的高低是否會影響智力的發展」。

（三）發展研究的設計

事後回溯研究設計有兩種模式（郭生玉）：

1. 關係性研究：關係性研究即相關研究，目的在探討兩個（或兩個以上）自變項間之關係，例如，探討智力與學業成就之關係或智力、性向、親子關係與學業成就的關係。在這類的研究中研究者並不試圖去控制受試者的智力、性向或親子關係的程度，只是用測量工具去捕捉已有的特質而已。

2. 標準組設計：標準組是指研究者依某項標準來加以選取受試者，受試者之所以被選中，並沒有經過隨機的過程，而是因為受試者符合研究在所定義的標準而言，由於沒有經過隨機，有可能造成樣本的偏差，這樣的選樣過程，又稱為樣本的自我選擇（self-selection），意指樣本自我選擇符合某種特質，例如，若研究者想比較有犯規學生與無犯規學生其學業成就是否有明顯的差異，學生之是否犯規是其自己選擇的結果。標準組設計有兩種模式：

$$
\begin{array}{ccc}
C \quad O_1 & & O_1 \quad C \quad O_2 \\
\cdots\cdots\cdots & \text{或} & \cdots\cdots\cdots\cdots \\
O_2 & O_3 & O_4
\end{array}
$$

模式中C代表選擇的標準（criterion variable），第一個模式沒有前測（觀察），第二個模式則有前測與後測，虛線則表示這兩組並沒有經過隨機取樣。

標準組設計的另一種型式是雙因子設計，例如，我們想要比較高社經與低社經對學生學業成就的影響，但考慮到學業成就亦可能受到學生智力的影響，則可以形成一個二因子變異數分析（社經×智力）同時探討智力與社經對學業成就的影響力：

有關標準組設計的探討方式可分為三種（郭生玉）：

1. 將標準變項視為依變項，探討此標準變項的先在因素（antecedents），例如，若我們研究單親與雙親兒童之生活適應是否有明顯的差異，在此項研究中，單親與雙親是為標準變項，而先在因素的探討是在瞭解是什麼因素造成了單親與雙親家庭。

2. 將標準變項視為獨立變項，而探討該變項的影響後果（consequences），例如，瞭解單親或雙親兒童（自變項）之生活適應問題（依變項）是否有明顯的差異。

3. 探索標準變項的可能並存因素（concomitants），例如，想瞭解除了單親或雙親因素之外，在校成績與性格是否會影響受試者的生活適應問題。

（四）控制無關變項

事後回溯研究由於研究者無法操控，故其效度較差，但可以透過下列三種方式來增加樣本的代表性與效度。

1. 配對（matching）：配對是指研究者儘量讓兩個比較組在重要的變項上相等，以提升比較上的公平性，例如，若研究者認為智力是重要的變項，則可以選取兩組時，確定兩組之受試者在

智力上是相當的。例如，第一組一號受試的智力是100，則第二組一號受試的智力應在100左右。

2.同質組或次級組的比較：研究者亦可將社經地位分為高、中、低三個層次，並且比較此三組受試在某項特質上之差異情形，此即為次級組的比較。

3.共變數分析：配對與次級組的比較都是屬於事前控制，在情況許可下應儘量使用事前控制，但若事前控制不可行，研究者若懷疑兩組之間的起始點行為可能不相等，則可以使用共變數分析來進行統計控制、調整。在執行共變數分析時，其先決條件是兩組存在一個相同的共變數（covariate），但此共變數可能對兩組受試產生不同程度的影響，而導致結果上的差異，亦即，兩組受試其結果上的差異不純粹是由標準變項所引起的，有部分原因是由共變項所引起的，在共變數分析裡會校正前測（共變數）的影響力，使後測的分數能反應前測的影響而提升比較上的公平性。

（五）蒐集與分析資料

可以使用調查法、觀察法或多重方法來蒐集資料，並且依資料的性質選擇不同的統計分析公式。

（六）資料的解釋

王文科提出三種資料詮釋的模式：

1.共同原因：即那些因素造成這樣的結果，這些因素稱為共同原因，例如，影響學業成就的共同原因可能有智力、性向與社經地位。

2.反逆因果：又稱為倒果為因，原來以為是X造成Y，但實際上卻

是Y造成X，欲證明有因、果關係，則每次X的發生都必須在Y之前。

3.另一種解釋的可能性：原來以為是X造成Y，但實際上是另一種因素Z造成Y，例如，電視上經常演鬼片，我們看到鬼時會害怕，所以鬼是因，害怕是果，但仔細想起來真正使我們害怕的原因並不是鬼，而是我們對鬼的認知，如果我們可以這樣想：其實電視上都是騙人的，世界上根本沒有鬼，或者，其實鬼並不知人可怕，那些要求高額贍養費的離婚太太、律師、貪官、不肖子才真正可怕，在認知轉變之後，也許我們就不再怕鬼了。

三、事後回溯研究之優點與限制

（一）優點

1.當無法進行實驗時，可以使用事後回溯法，例如，從事實驗不經濟、不可行，或違反倫理規範。
2.可以探討事件發生的先在因素與結果因素。
3.由於統計的進步，有助於事後回溯研究的資料分析。

（二）限制

1.事後歸因的謬誤（post hoc fallacy）：事件的發生可能各因素間有複雜的交互作用，或者原因隱而不顯以致被研究者忽略，

都可能造成事後歸因的謬誤，把原來不相干的因素視為具關聯性。

2. 缺乏對自變項的控制，因此其研究的結果無法作因果推論，因為有一些干擾變項的介入。

3. 難以確定相關因素究竟有那些，是否都包含在研究的調查裡。

4. 造成事件發生的因素可能極端複雜，又有交互作用，而使解釋上產生困難。

5. 有相關，不一定有因果關係，要確定變項的因、果關係不是一件容易的事。

6. 有時分類的標準是模糊的，而喪失研究的價值。

7. 沒有隨機取樣與隨機分派，使樣本的代表性受限（王文科）。

試題分析

一、試就(1)因果關係的認定；(2)使用時機；(3)研究設計；(4)研究結果解釋等四個層面來比較「實驗研究法」與「事後回溯法」。〔竹師86〕

答：1.因果關係的認定：

　　(1)事後回溯法：無法斷定因果關係，因為其控制不嚴謹，有一些無關變項之干擾，而且其樣本是屬於「自我選擇」的性質，缺乏代表性。

　　(2)實驗法：可以斷定因果關係，透過各種控制來減少內在效度的威脅以增加推論的正確性，實驗研究的目的在建立通則。

　　2.使用時機：

　　(1)事後回溯法：

　　　① 無法從事實驗時。

　　　② 從事實驗可能違反研究倫理或缺乏經濟效益時。

　　　③ 有現成資料可供使用時。

　　(2)實驗法：

　　　① 欲建立因果關係時。

　　　② 可以從事實驗時（可以操控、進行實驗）。

　　3.研究設計：

　　(1)事後回溯法：

　　　① 相關研究：O_1　　　O_2

　　　② 標準組設計：

$$\begin{array}{ccc} O_1 & X & O_2 \\ \hline O_3 & C & O_4 \end{array}$$

　　　③ 因子設計：

		A 因子	
		a_1	a_2
B 因子	b_1		
	b_2		

(2)實驗法：

① 單因子設計：

‧前實驗設計，例：$O_1 \quad \times \quad O_2$

‧真正實驗設計，例：$\begin{array}{cccc} R & O_1 & \times & O_2 \\ R & O_3 & C & O_4 \end{array}$

‧準實驗設計，例：$\begin{array}{ccc} O_1 & \times & O_2 \\ \hline O_3 & C & O_4 \end{array}$

② 多因子實驗設計，例：

③ 時間系列設計：$O_1 \quad O_2 \quad O_3 \quad \times \quad O_4 \quad O_5 \quad O_6$

④ 倒返實驗設計：$A-B-A-B$

4.研究結果之解釋：

(1)事後回溯法：偏向於敘述性質，可以說明相關、比較、描述。

(2)實驗法：可以推論變項間因果關係，建立理論模式。

二、請說明事後回溯法的研究步驟，並指出它與相關研究法和實驗研究法之異同。〔市北師86〕

答：1.事後回溯法的步驟（王文科，民85）：

(1)確認研究問題。

(2)發展假設。

(3)選取比較組〔依效標（criterion）來選擇〕。

(4)控制無關變項（可使用配對法或同質組或次級組之比較）。

(5)蒐集與分析資料。

(6)詮釋與資料的寫成。

2.事後回溯法、實驗法、相關研究法之比較：

比較項目	事後回溯法	相關法	實驗法
1.是否對變項進行操控	否	否	是
2.是否有隨機	無	有	有
3.是否有控制組	否，但有對照組	否	是
4.變項是否已發生	是	是	否
5.是否可以推論因果關係	否	否	是
6.研究目的	探索、解釋社會現象	1.探索、解釋社會現象 2.建立研究工具之信度與效度	1.建立理論 2.建立因果關係 3.建立通則
7.資量分析	以統計為主	以統計為主	以統計為主
8.是否建立假設	是	是	是

第**11**章

● ●

發展研究法

一、發展研究的內涵

發展研究（developmental research）是探討時間變遷所產生的影響，因此，特別重視時間因素的考量，其研究的目的有三：(1)瞭解人類心理或社會發展的模式（pattern），包括生長的模式，認知發展模式，心理、社會發展（道德認知發展）模式等；(2)瞭解影響人類行為發展的因素，以及因素間的交互作用，例如，是什麼因素影響兒童的認知發展或兒童的道德發展、性別角色發展受那些因素所左右；(3)探討現象過去的發展趨勢，以便針對未來的發展給予合理的預測與控制。（郭生玉）

許多發展心理學家的研究是屬於發展研究法的範疇，例如，佛洛依德的「性—心理發展論」，艾力克遜的「心理—社會發展論」、柯柏格的「道德認知發展」，以及著名的皮亞傑所提出的「兒童認知發展理論」，這些理論對教育都有深刻的影響。

發展研究有時又稱為發生研究（genetic study）在於其經常使用同卵雙生子（identical twins）作為實驗、調查的對象。典型的研究是關於智力受環境或遺傳因素的影響何者較大的問題。同卵雙生子由於遺傳基因極端的接近，若在相同的家庭成長，則可以研判遺傳對智力的影響，但若分開在不同的家庭長大，則可以同時研究遺傳與環境對智力的影響，此類研究結果顯示智力的發展早期受遺傳影響的因素較大，而後期受環境的影響較大，因此，智力是遺傳與環境交互作用影響的結果。

二、縱貫研究法

縱貫研究法（longitudinal approach）是針對相同受試者長期觀

察的結果，通常需要持續相當長的時間（依研究的性質而定）。若我們要研究兒童的智力發展，使用縱貫法的程序如下（例如，國小三年級至六年級）：

1. 樣本的選擇（對國小三年級樣本抽樣）。
2. 第一次測驗（針對三年級樣本作智力測驗）。
3. 第二次測驗（當三年級受試者升至四年級時）。
4. 第三次測驗（升上五年級時）。
5. 第四次測驗（升上六年級時）。

　　需施測四次，才能取得三年級至六年級的智力分數，以研究受試者智力的發展情形。

三、縱貫研究法的優點

1. 縱貫研究法比橫斷法精確，可以正確的反映發展過程中的個別差異的現象：縱貫研究法針對所有的受試者作長期的、連續性的觀察與記錄，因此，可以偵測出個別發展的差異性。
2. 可以更深入的瞭解個案的各項特質的發展：縱貫研究法的研究對象較少，而且研究的時間長，因此，可以對研究的對象作深入的探討。
3. 較容易控制與研究變項相關的因素：理由同上。
4. 可以顯示發展上的陡增或高原現象：所謂發展的陡增，例如，身高的發展有兩次較為快速，即三歲以前與青春期；所謂高原現象是指當發展接近極限時會有趨緩的現象。（郭生玉）

四、縱貫研究法的限制

1. 費時費事：縱貫研究法需要經歷一段相當長的時間，除了費時與費事之外，研究者必須具備相當大的決心、毅力與經費的後盾才有辦法完成。

2. 練習效果：縱貫研究法爲了確保嚴謹性，每次施測時所使用的工具與程序是固定的，很容易讓受試者有練習的機會，第一次施測時是思考性的題目，第二次施測時就轉變爲記憶性的題目。

3. 無法引用新的研究程序與工具：縱貫法有時需延續相當長的一段時間，在這段時間可能有更新更好的研究工具發表，但礙於需維持研究的嚴謹性不得中途更換研究的程序與工具，因此研究的品質亦無法改進。

4. 樣本的流失率偏高：當研究進行的時間越長，樣本的流失率越高，樣本的遷移、轉學、或不再配合研究等因素都會使流失率不斷的上升。一般留下來的受試者多數具有較強的動機與健康，但卻有可能產生所謂的自願者效應，影響致研究的效度。

5. 不相關因素的介入：當研究的進行期間拉長後，不相干的因素介入的機會越多，使得解釋上變得更爲複雜。（郭生玉）

五、橫斷研究法

縱貫研究法由於延續一段較長的時間而不容易實施，克服的方法之一就是使用橫斷研究法。所謂橫斷法是一次取足所有年齡層的樣本，一次施測，並且分析各年齡層間的差異。例如，我們要研究國小

四、五、六年級生智力的發展情形，則研究者可以隨機選取四、五、
六年級受試者，安排在同一時間、地點接受智力測驗，並且分析此三
年齡層間智力測驗結果。

（一）橫斷研究法的優點

1. 快速方便：橫斷法只針對各年齡層樣本施測一次，甚為方便，
   但所得的結果也較粗略，一些精確的數據，例如，個別差異狀
   況則無法取得。
2. 樣本多，比較具有代表性：橫斷法由於經濟方便，而且不會有
   流失率，因此可以一次選取更多的樣本以增加研究的代表性。
3. 不會有練習因素的影響：因為只施測一次。
4. 可以中途調整研究計畫：在還沒有到最後正式施測之前若研究
   者發現有更好的研究方法時都可以取代原訂的研究方式。

（二）橫斷研究法的限制

1. 沒有連續性的觀察，缺乏效度：從理論上來說，研究人類的發
   展狀況應該是長期連續性且系統化的針對相同人的研究其效果
   最精確，但此種研究方式需要長期的投注心力，故一般較少
   見，而橫斷研究固然方便但以一次測驗的結果來論斷人類的發
   展歷程，可能有以偏概全之嫌。
2. 樣本偏差以及代間的影響（或文化刺激的不同）：橫斷法的最
   大缺點是使用不同的受試者來衡量人類行為的改變情形，不同
   的受試者其經驗、成長背景與文化刺激皆不同，使研究的解釋
   上益形困難。筆者舉一個假設性的例子來描述代間影響（文化
   刺激不同）所產生的偏差：假設有一位研究者想瞭解人類智力

的發展由十歲至七十歲的情形，用橫斷法與縱貫法的研究結果
可能為（假設性）：

(1)橫斷法：

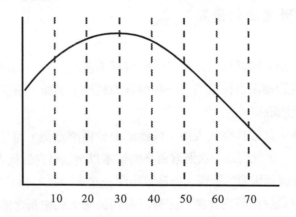

(2)縱貫法：

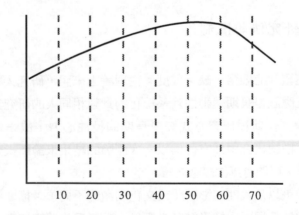

　　讀者可以研判上述兩個圖形有何差別嗎？那一個才是正確的代表人類智力的發展現況？可以看出，以橫斷法進行研究可以發現智力在三十至四十歲間就開始走下坡，而縱貫法卻發現智力要到人類晚年時才顯著下降。橫斷法與縱貫法都發現人類智力在幼年及青少年、成年前期有逐步發展的現象，此點是一致的，但橫斷法之所以證明智力提前在中年期就衰退的原因是樣本的偏差所造成的（代間影響）。在橫斷法中，一次取足各年齡層的樣本（十歲組、二十歲組……七十歲組），但各年齡層所接受的文化刺激不同，年輕人高學歷是一個普遍的現象，但老一輩的人在困苦的環境中長大，不見得有同等的文化刺激，在年齡與文化刺激不足雙重因素的影響下，使得智力測驗的結果在中年時就開始下降。但在縱貫法中，由於是針對相同受試者長期追蹤的結果，可以發現其智力（尤其是晶體智力）不斷的在增長，只有在老年後期才下降，因此，縱貫法似乎比較能反映人類智力的發展現象。

六、輻合研究法

　　研究所考試曾考過橫斷法與縱貫法各有利弊，兩者是不是可以互補，有沒有更好的解決方式？其答案是輻合研究法（convergence approach）。輻合研究法兼採縱貫研究法與橫斷研究法的設計，又稱為加速縱貫研究法（accelerated longitudinal approach），具有縱貫法的優點，但實施的期限較短，若有一位研究者想要研究國小三年級至高中三年級十年間智力發展的情形，若使用縱貫法必要連續進行十年，有高流失率的危險難以克服，但若使用加速縱貫研究法則只需進行三年即可，其方法為：

樣本團體	施測年齡（第一次）	第二次施測	第三次施測
A	8,9,10	9,10,11	10,11,12
B	9,10,11		
C	10,11,12		
D	11,12,13		
E	12,13,14		
F	13,14,15	14,15,16	15,16,17

1.各取五個樣本團體，每個樣本團體各含有三個年齡層樣本，各樣本的年齡層相差一歲。

2.第一次針對五個樣本團體施測，共可取得八歲至十五歲的資料。

3.一年後再針對相同的團體進行第二次施測，可以取得九歲至十六歲資料。

4.再隔一年進行第三次施測，可以取得十歲至十七歲的資料。

5.與前述各資料合併，共可取得八歲至十七歲（國小三年級至高中三年級）的資料，歷時共三年。

輻合研究法雖然具有「加速」的優點，但相對的需要更多的樣本來進行，只有在經費充裕下才有利於實施。

另外，針對縱貫研究法樣本高流失率的問題，可以使用同期群研究（cohort design）來解決，所謂同期群是指針對研究目的具有相同特質的一群人，例如，若有位研究者想要探討某校學生智力的發展，採用縱貫研究法間隔二十年，則該校的學生被視為同期群，研究者可以以該校畢業生為抽樣的架構，每次施測前抽取足夠的樣本，並且假設這些樣本在研究的特質上是相近的，如此就可以克服流失率高的缺點，但是此種研究無法保證每次施測時所取的樣本是否真正的同質。

試題分析

一、請以「兒童分配公平概念之發展研究」為題，先說明應用「縱貫」
（longitudinal）與「橫斷」（cross-sectional）兩種設計型態的實
施程序，然後比較兩種設計的優缺點。

答：1.縱貫研究之程序：

　　(1)定義問題：

　　　　例1：國小高年級兒童與低年級兒童對分配公平之概念是否
　　　　　　　有明顯差異？

　　　　例2：國小男生與女生對分配公平的概念是否有明顯的差
　　　　　　　異？

　　(2)決定樣本：縱貫法是研究時間介入對受試者所產生的影響，
　　　　需要連續施測數年，樣本無法太多。可以針對某國小三年級
　　　　生隨機抽樣男生30名，女生30名，共60名樣本作為觀察分
　　　　配公平概念的對象。

　　(3)連續觀察：針對這60名樣本，在其國小四年級時施予「公平
　　　　概念問卷」測試，以取得從國小四年級至六年級的資料。

　　(4)統計分析：可以使用趨勢分析（trend analysis）。

　　(5)撰寫報告。

　　2.橫斷研究程序：

　　(1)定義問題：如前述。

　　(2)決定樣本數：一次抽足國小四、五、六年級樣本，每年級各
　　　　有男生30名，女生30名，三個年級，共180名樣本。

　　(3)一次施測，同時取得三個年級的資料。

　　(4)統計分析：可以使用多因子變異數分析（ANOVA）。

　　(5)撰寫報告。

　　3.兩種設計之比較：

	縱貫法	橫斷法
優點	1.比較精確,對個別樣本長期觀察,瞭解比較深入、切實 2.可以探討個別樣本的發展狀況(發展的共同模式)以及個別差異 3.沒有代間差異(文化刺激不同的影響)	1.比縱貫法容易實施,只需施測一次,故沒有受試流失或練習效果的影響 2.在沒有正式施測之前,若發現有更佳的研究方法或工具都可以更改、使用 3.取樣範圍較廣,代表性較佳
缺點	1.若研究期間太長則流失率增加。其他尚有成熟與臨時事故會介入 2.每次測驗必須使用相同的工具,有練習效果的介入,同時亦無法改善研究的程序與工具 3.代表性較差	1.可能有代間差異的介入 2.無法得知個別差異的情形 3.比較不精確

二、請舉例說明發展研究的綜合設計(含橫斷設計、縱貫設計與時間差隔設計)。

答:橫斷法與縱貫法請參考內文。此處的時間差隔設計應該是時間系列分析(設計)(time-series design),其結構:

$O_1 \quad O_2 \quad O_3 \quad \times \quad O_4 \quad O_5 \quad O_6$,在實驗前有幾次的前測以建立基準線,在實驗後亦有幾次的後測以瞭解發展、改變的模式(pattern)。

第**12**章

● ●

實驗研究法之理論基礎

一、實驗法的意義

　　實驗法（experimental research）必定有從事某種實驗，其發展的歷史甚早，型態、種類也很多，程序上也非常的完整、嚴謹，常用來作為一種建構或理論的考驗，最早實驗法是應用在自然科學裡，之後由於科技以及測驗的進步，在人文社會科學裡也普遍的運用，許多行為學派的理論是透過實驗法而發展的，例如，巴夫洛夫以狗為實驗對象發現了古典制約的理論，而桑代克與史金納以餓貓及老鼠為實驗對象發展出操作制約的學說。

　　郭生玉對實驗法的定義是：「研究者在妥善控制一切無關變項的情況下，操縱實驗變項，而觀察此變項的變化對依變項所產生的影響效果。易言之，就是指在小心控制可能影響實驗結果的因素之下，探求自變項和依變項間之關係。」（p.310）黃光雄、簡茂發（民84）定義實驗法為「研究者在控制足以影響實驗結果的無關干擾變項（extraneous variables）之下，探討自變項（independent variable）與依變項（dependent variables）之間是否存在有因果關係（causal relationship）的一種研究方法。」（p.309）

　　實驗法是研究所最熱門的考題，如果有下列關鍵字的出現：控制（control）、操弄（manipulate）、隨機選樣與隨機分派、與因果關係時，考生寫實驗法通常是對的。

二、實驗法的特徵

1.操作：所謂操作是對實驗處理、自變項、依變項、研究情境、受試者等之選擇、設計與控制，操作或控制的目的有三：
　(1)降低不相干因素的干擾。

　　(2)瞭解自變項對依變項所產生之影響力大小。

　　(3)將該影響力（變化）加以量化。

2.陳龍安，莊明貞（民84）認為實驗法有下列的特色：

　　(1)單獨及有系統的處理自變項。

　　(2)在此同時，控制其他無關變項，不使這些無關變項有系統的變化。

　　(3)對依變項加以觀察，判斷是否隨著自變項的變化而變化。

　　(4)若依變項是隨著自變項的變化而變化，此種函數的關係即說明了自變項與依變項間存在著因果關係。

3.客觀、系統、實徵、控制、操作性定義、重複驗證（陳龍安、莊明貞）。

4.周詳的觀察：研究者保持懷疑與客觀的態度從事資料的蒐集與檢證，對於觀察遵守三項原則：

　　(1)對可能發生錯誤的事實加以接受。

　　(2)對錯誤之處加以鑑別。

　　(3)觀察不只限於感官知覺，尚且必須對所蒐集到的資料加以檢證。

5.情境的妥善控制：為了減少不相關因素的干擾，實驗情境儘量控制使其單純化，實驗的程序有嚴格的步驟必須遵守，以免造成系統化的偏差。

6.無關變項的排除：實驗法利用操縱與控制來排除無關變項的干擾，例如，利用隨機化的手段來排除起始點不均等的內在效度的威脅。

7.反覆的實驗：反覆的實驗目的在重複檢證某人的研究成果，如果以相同的程序，其實驗的結果與先前研究一致，則表示先前的研究是有效的，在量化的研究中重視具體化、量化與系統化，因此重複的驗證本身是可行的，但是在質性的研究中由於是個案研究的性質，因此是不太可能進行重複驗證，因為每一

個個案都有其特殊性。

8.隨機化原則：隨機化是指隨機選取樣本與隨機分派樣本至實驗組與控制組，隨機化的目的在取得具有代表性的樣本，以避免抽樣的偏差。

9.實驗法在方法論上有三個原則：

(1)命題或概念上的可驗證性或可否證性。

(2)對因果關係的判斷。

(3)對觀察結果的量化與反覆操作之可行性。（陳龍安、莊明貞）

三、實驗法的哲學基礎

實驗法的發展，其根源可上溯至培根（Francis Bacon）、笛卡兒（R. Descartes）、孔德（A. Comte）與近代科學方法的倡導者彌爾（J. St. Mill）與涂爾幹（Emile Durkheim）等學者的理論。而歐陸的實驗心理學，以系統化方法、控制來測量人類的心理現象，亦對實驗法有絕大的貢獻，其中最著名者是德國的實驗心理學之父憑德（W. Wundt），在美國則有實驗主義強調實驗或對知識懷疑、驗證的重要性，其代表人物中最有名的是杜威（J. Dewey），其認為我們所居住的宇宙無時無刻不在變動之中，而產生下列兩點對世界的基本假設（陳龍安、莊明貞）：

1.認為一種普遍的「實在」之理論不僅不必要，也是不可能的。

2.對於我們所居住之世界之意義與性質所產生的信念，應只能當做暫時性的假設來理解，而這種假設或信念是有待進一步的資料來加以檢證。

其中對實驗研究法影響最為深遠的是為邏輯實證論（Logical Positivism），其強調知識需透過明確的感官經驗加以檢驗。此理論的核心觀點是邏輯與可檢證性，最早發源於維根斯坦（L. Wittgenstein）與維也納學圈（Vienna circle）的新實證主義（Neo-positivism），主張以絕對客觀的語言作為自然科學研究的基礎，之後逐漸運用到人文科學上。其學說的要點有：

（一）可檢證的

知識應是具體、客觀、可驗證的，也就是說，知識的真、偽，必須透過經驗與物理的法則來加以判斷。因此，只有那些能夠透過經驗來具體判斷的知識，才是有價值的。但檢證的方法不僅是以「具體」為判斷的唯一規準，必須將知識化約成邏輯經驗或數學語義加以精確的定義，亦即知識是透過命題的型式來加以表達與檢證的。

（二）邏輯

檢證不涉及命題內容的意義，只關心語句型式的組合是否合乎邏輯的機械化型式，知識是後驗的，而且必須以命題型式加以表達。（張芳芳、譚光鼎）

張芳芳、譚光鼎歸納經驗主義、實證主義與邏輯實證論對自然科學典範（量化研究）的要點如下：

1. 研究對象的一致性：實證主義者認為人文以及自然科學的研究對象都具有客觀性，而且可以加以驗證而判斷知識的真、偽。
2. 研究方法的一元化：既然自然科學與人文科學的性質類似，即可將自然科學的研究方法運用在社會科學上，可以以相同的邏輯概念、操作法則來探索人文科學的普遍概念與因果法則。
3. 知識的後驗性：實驗主義者反對先天理性（理性主義）的看法，不贊成有先驗知識的存在，認為知識的形成是透過後天感

官知覺而不斷的累積的，而我們可以透過科學的方法：量化、分析、比較來促進觀察的可靠性。

4. 「假設—演繹」的典範：實證主義透過科學的、系統化的程序來驗證知識——定義問題、發展假設、蒐集資料、分析資料與結論。量化研究方法中的一個重要的步驟就是提出假設與假設的驗證。

5. 因果的解釋：邏輯實證論認爲這個世界是有規律的、線性的，因果關係是一個客觀而普遍存在的自變項與依變項間的關係，但韋伯卻認爲因果關係並非普遍存在的自變項與依變項間的關係，而是在歷史脈絡中各種因素間之一種有機的、辯論的關係，必須透過歷史的意義去加以瞭解，因此，意義不僅是個人主觀上的問題，尚須把握歷史的脈絡。

6. 事實與價值的二分：邏輯實證論強調科學與技術的優越性，爲了客觀起見，研究時必須將事實與價值分開，所以研究者才能專注的分析事實，而沒有偏見。但哈伯瑪斯反對這種對知識的獨斷處理方式，認爲邏輯實證論僅適合用來處理技術層次的問題，無法理解價值範圍內的活動。

實證主義亦有一些缺失，以下所羅列的缺點可以回答研究所的考題：

考題1：比較質性研究典範與量化研究典範（包含兩種研究典範之特色、「理論基礎」、優點與「限制」）。

考題2：實驗研究法的優點與「限制」為何？應如何改進？

實證主義（量化研究、實驗法）之限制有：

1. 一元論（methodological monism）的限制：實證主義認爲人文社會一樣可以運用自然科學之客觀、操控、具體的方法加以

測量，忽略了人的主體意識，以及人與環境的互動，在教育的情境中有許多的因素都是極為重要，但又不容易客觀、量化，例如，價值、態度、情緒等，若一味的強調客觀、具體，將使所觀察到的現象化約成一堆堆沒有「內涵」的數字文字，脫離了數字所從出的社會脈絡。

2.客觀的極限：實證主義者認為事實或真理是獨立而普遍存在的，在任何時空中都是一致的，但在人文科學中我們是很難做到絕對的客觀、中立。由現象學的觀點來看，我們的存在經驗會影響我們對這個世界的認知，我們對事後的理解，多多少少會受到經驗的影響。以量化研究所強調的「操作性定義」、「具體的、精確的觀察」為例，海森堡（Werner Heisenberg）就曾經指出古典數學中的極限性：「測不準原理」（the uncertainty principle），以圓周率 π 為例，即使在科學昌明的今天，還是沒有人能夠說出 π 的確實數據（只能知道它是：1.14159……）。

以米德的語言來說，意義是我們的心靈，透過符號與環境互動的結果，意義本身絕對具有主觀性與社會性是無法將其化約成只有客觀的成分。

四、實驗法的基本假設

陳龍安、莊明貞引用美國學者鄭設（Zinser, 1984）指出實驗法的基本假設為：

1.科學的哲學觀：

(1)研究者認為所研究的對象與事件是有規則的、穩定的、有秩

序的，可以加以控制與預測。

(2)事件是可以加以測量與預測的，一件事的發生，必定有其先在因素（antecedent events），我們可以對這些先在因素加以控制。

2.對研究對象的假設：

(1)人與動物都是受外在的刺激所制約與控制，多數的社會行為是在制約的狀況下進行的。

(2)人的行為是可以客觀的觀察與測量的。

(3)可以使用演繹的法則來解釋人類的行為，並找出行為間的一致性。

3.對研究架構的假設：

(1)可以將概念或理論轉化為研究假設予以檢證。

(2)亦可以修改已有的概念或理論，成為研究者自己的假設而予以檢證。

(3)將一些現象視為相關的因素而成為假設的基礎，並且不斷地從事累積性的研究以建立新的理論或概念。

五、實驗法的研究程序

張春興（民82）認為從事實驗研究時，應遵守下列步驟：

1.確定研究的問題：考量研究的目的、性質、對象、經費、時間、人力與研究的限制等。

2.發展研究的假設：確立研究的變項，對變項給予操作性定義，先設立一般性的研究假設，再依此發展具體的統計假設（虛無假設、對立假設）。

3. 發展研究設計：考慮採用何種實驗設計，以及如何實施，明確的規範研究的程序與實施的時間。

4. 決定研究的對象：考慮研究的目的、經費與所需樣本的性質、多寡與抽樣的架構、方式。

5. 選擇資料蒐集的工具：資料蒐集的方法極為多元，但必須符合精確、具體的原則，可以使用標準化測驗、觀察量表、或者輔以科學儀器來加以記錄。

6. 進行實驗觀察：按原預定的計畫，在控制的情境下進行實驗觀察，研究者儘量保持客觀、中立的立場，減少自證預言，或偏見等不相關因素的干擾而扭曲了資料的本質。

7. 整理與分析資料：包括資料的編碼、輸入電腦，與進行統計分析處理。資料的分析應與假設前後呼應，並且考慮資料的性質，使用正確的統計分析方法。

8. 撰寫研究報告：參考APA的格式，對研究的方法與結果作詳細的交待。

黃光雄、簡茂發認為實驗法的程序有：

1. 決定進行實驗的目的。

2. 提出實驗假設。

3. 界定變項，使用操作性定義加以界定。

4. 準備實證或測驗的器材（工具）。

5. 對干擾變項予以控制。

6. 選擇實驗設計。

7. 受試者的抽樣與分派。

8. 決定實驗程序並且依計畫進行實驗。

9. 資料的統計分析。

10. 依實證資料撰寫研究報告。

六、實驗控制的目的

實驗研究法的特色之一就是控制，而控制的概念並非指「絕對的」
而是「相對的」，亦即控制的嚴密程度是會隨著研究的性質、情境與對
象而有所不同，依張春興與郭生玉的解釋，控制包含三個層面：

1. 控制自變項，使其有系統而且儘量的（maximized）使實驗前
   與實驗後的變化能顯示出差異。郭生玉稱為「擴大實驗變異量
   至最大」，例如，A研究者想要進行傳統教學與電腦輔助教學對
   學生數學科之實驗研究，其研究的程序（情境）為實驗組每週
   三下午使用一次電腦輔助數學科教學，其餘時間，實驗組仍使
   用傳統教學。另一研究者B研究相同的題目，但其實驗組的受
   試者卻每週有五天接受電腦輔助教學，每天三小時。兩位研究
   者的實驗情境是不同的，但何者的研究比較具有效度？答案是B
   研究者，B研究者控制實驗組受試，使其儘量接觸電腦輔助教
   學，因此，若實驗的結果顯示出兩組學生有明顯的差異，比較
   能肯定是不同教學法所產生的結果，相反的，A研究者的實驗
   組每週只接受一次的實驗處理，比較不可能達到顯著性的差
   異，即使達到，也很難加以「防衛」，勉強說是因為實驗處理所
   造成的結果。

2. 減少無關變項的影響：減少不相關因素的干擾，使研究的情境
   單純化，可以相對的增加實驗的變異量，使研究的結果具有內
   在效度。降低誤差的方法很多，可以從研究者本身、受試者、
   研究工具、研究情境等多方面予以考量。

3. 對測量工具的選擇與控制：測量工具的選擇必須考量到信度與
   效度的問題，信度是指測量的穩定性與一致性，而效度是指測
   量結果的有效性，亦即測量結果符合研究的目的。

七、實驗控制的方法

　　研究所很喜歡考實驗控制的方法，其典型的考法是先給一個簡單的個案，要求考生回答幾題相關的簡答題，例如，本研究的獨立變項是什麼？依變項是什麼？本研究是屬於何種研究法，應如何進行統計分析等。最後，考官多半會問本研究有何缺失？應如何改進。最後這兩個問題才是重點，應如何改進，就是問如何進行控制的意思。考生應對下列方法融會貫通，考試時方能靈活的運用。實驗控制的方法有：排除變項法（elimination method）、納入法（building-it-into method）或（多）因子設計法、配對法（matching method）、隨機法（randomization）、共變數分析法（analysis of covariance）。

（一）排除變項法

　　是指在實驗前，事先將可能的干擾因素加以排除，以免使其系統化的影響依變項。以前述傳統教學與電腦輔助教學之比較研究為例，若研究者懷疑學生之數學科成績除了受到教學法因素的影響之外，可能也會受到性別因素的影響（男生可能數學較好）而使結果不容易解釋，為求單純化起見，研究者可以只以男生為實驗對象，或只以女生為實驗對象，或者分開處理男生或女生的實驗結果。此類因性別所造成的差異比較容易控制，但有些因素即不太可能加以排除，例如，動機、智力、性向、認知風格等，這些因素亦有可能介入而影響實驗結果，若研究者刻意將這些因素加以排除，則反而使研究顯得極為不自然，其研究結果固然增加了內在效度，但卻降低了外在效度。因此，排除變項法並不常用。

（二）納入法或（多）因子設計法

　　前述排除變項法的缺點是可能產生缺乏外在效度的危險，較佳的

解決方式是改用因子設計，將可能的影響變項加以系統化的觀察並納入實驗設計裡，例如，前述的研究中，若我們懷疑電腦輔助教學可能對男生與女生產生不同的影響，則我們可以使用雙因子變異數分析來處理性別與教學法的交互作用效果，其架構如下：

由下圖中我們可以單獨觀察教學法的主要影響效果（$\overline{X}_{CAI}$，$\overline{X}_{傳統}$）以及性別的主要影響效果（$\overline{X}_{男}$，$\overline{X}_{女}$），亦可進一步分析，性別×教學法的交互作用效果（interaction effect）是否達到顯著水準。若達到顯著性，則我們可以下結論說實驗處理或教學法對不同的性別有差異性的影響。

因子設計的方式要明顯優於排除變項法，在其符合受試的本質。若干擾的變項多，我們可以進而執行三因子變異數分析或四因子變異數分析，但最好不要超過三因子，因為一方面因子過多使實驗複雜化，增加解釋上的困難，二方面對因子的控制觀察也需要額外的心力。

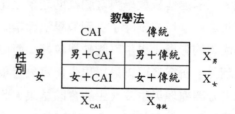

（三）配對法

配對法是使自變項以外的其他變項在實驗組與控制組中均能保持一致性。通常研究者所選擇用來作為配對的變項皆是研究者所認為重要的，而且可以加以控制的。例如，前述教學法之比較實驗中若研究者認為智力與社經地位亦可能影響研究的正確性，為求兩組受試從事公平的比較，此研究者可以進行配對法的程序：

	傳統教學（控制組）		CAI（實驗組）	
	智力	社經	智力	社經
1號受試	100	中	98	中
2號受試	112	高	111	高
3號受試	90	低	93	低
⋮	⋮	⋮	⋮	⋮
⋮	⋮	⋮	⋮	⋮

　　由上表可以看出控制組與實驗組中1號受試之智力與社經地位相當，2號受試亦如此，以此類推，配對法固然可以保證兩組受試在有配對（觀察）的項目上，其特質是相近的，故可以做公平的比較。但配對法亦有若干的缺失：(1)研究者有刻意配對的項目是相等的，但是沒有配對的項目確不保證相等；(2)配對的項目若增加，則不但不容易執行，而且，要符合研究要求的樣本會相對的減少許多，使研究喪失了代表性。

（四）隨機法

　　實驗法常伴隨著隨機，其目的是在避免產生系統偏差（由抽樣誤差所產生）。隨機法有兩層意思：(1)隨機取樣（random sampling），是指依抽樣的架構，從母群體中抽選具代表性的樣本；(2)隨機分派（random assignment）是指將所抽出的樣本再一次隨機分配的實驗組與控制組。隨機法當樣本人數增加到一定程度時，可以產生一種自我抵消（self-canceling）的效果，例如，使正的偏誤（例如，A生的測量誤差是＋5）與負的偏誤（例如，B生的測量誤差是－5）之間相互的抵消。但並非所有的實驗設計都是有隨機化的，在前實驗設計與準實驗設計中就沒有隨機化處理。研究所喜歡考類似的問題，在個案中描述研究者所使用的對象是現成班級，或該班老師所任教的班級，問有何缺失？應如何處理？其典型的答案是兩組的起始點行為可能不相

等，而處理的方法是：(1)增加樣本；(2)隨機化。

（五）共變數分析法

前述三種控制的方式都是在實驗之前即已進行，是學者們所鼓勵的方式，比較符合實驗的精神，此種方式又稱為事前控制。但有時候我們無法進行事前控制，或當研究成果呈現之後才發現兩組的起始點行為不同，而導致後者的成績受其影響，在此情形下，應進行統計控制或事後控制，典型的統計控制是指共變數分析（ANCOVA）。共變數分析的先決條件是實驗組與控制組皆受某個共變數（covariance）的影響，然而這個共變數對實驗組與控制組的影響力可能是不同的，而我們進行共變數分析的目的是在計算後測（或觀察結果）成績受此共變數影響的程度，並依此而調整兩組的後測成績，並以調整後的成績進行較為平等的比較。

依林清山的看法，共變數分析有三個程序：

1. 組內迴歸係數的同質性考驗（homogeneity of within-class regression coefficient）：即實驗組與控制組，各組之內，依X變項來預測Y變項所形成的迴歸方程式中，其斜率是相等的，若兩組的斜率差別太大，則不能進行共變數分析。
2. 共變數分析：目的在瞭解排除X的解釋量之後，各組間的平均數是否還有明顯的差異。
3. 求調整後的平均數（adjusted means）：調整後的平均數是扣除共變量影響的平均數，是真正屬於實驗處理所造成的差異。

八、實驗法的內在效度

內在效度（internal validity）是指研究結果的「正確性」，亦即研究結果符合所陳述的研究目的、目標。郭生玉對內在效度的定義為：「所謂內在效度（internal validity），就是指實驗者所操縱的實驗變項對依變項所造成的影響的真正程度，亦即實驗處理是否確實造成有意義的差異。」（p.315）簡單說，就是依變項的變化是不是純粹由自變項所引起的？亦或由其他不相干的因素所共同引起的？如果純粹係由自變項所引起，則我們說此研究具有內在效度。依王文科的定義：「所謂內在效度可界定為控制無關變項的程度，當研究的設計（受試者、工具與程序）能有效控制可能造成誤差的來源，那些來源不致與研究結果產生關聯時，被操縱的因素（自變項）卻能對覺察的結果（依變項）造成有意義的差異，或特定影響的程度。」（p.568）

依Campbell與Stanley將影響內在效度誤差的來源稱為內在效度的威脅（internal ralidity threats），為考試的重點，請熟記！

（一）生長與成熟

當實驗進行一段相當長的時間時，受試者在生理與心理上產生了變化，而使後測的成績優於前測，尤其當實驗的對象是小朋友時，成長的速度更加的快速。成熟（maturation）的因素發生時，我們比較無法衡量究竟實驗處理的結果有多少比重是真正屬於自變項所造成的。研究所考試會問改進之道，針對成熟因素的介入，其解決方法是增加控制組，因為兩組都會受到成熟的影響，而相互抵消。但並非研究的時間拉長後，成熟就成為內在效度的威脅，在縱貫研究中，我們刻意將研究的時間延長，以便判斷成熟對個體行為所造成的影響。

研究者在決定研究進行的期限時，若時間不長，可能無法發揮實驗的效果，而所得到的效果也可能是一種短暫的、不穩固的效果，也

許無法對受試者的習慣產生恆久性的、有利的改變，此為實驗法的限制之一，但若時間拉長了，則成熟因素就會介入，是一種兩難的情境。

（二）測驗或練習效果

翻譯成練習效果（testing）比較貼切，是當研究者有進行前測，或使用相同工具連續施測（倒返實驗設計），後測成績可能會高於前測，部分原因是受試者對測驗工具越加的熟悉。第一次測驗時，對受試者是思考、理解的問題，一旦想通了，第二次測驗時就轉變為記憶與運用的問題，增加了作答的速度與正確性。其解決的方法有數種：(1)使用複本測驗（alternative form tests），但無法完全排除練習的影響；(2)不使用前測；(3)使用控制組；(4)以前測為共變量進行共變數分析。請牢記這些解決方式，研究所常考。

在研究的倫理規範中都有詳細的說明受試者不得隨意取得某類測驗（例如，智力、成就測驗），以及測驗必須在專業指導下進行，怕學生私自做練習，產生練習效果。

（三）臨時事故或同時事件

是指在實驗期間不相干因素的介入，而使得研究的結果受到影響，當實驗期間越長時，臨時事故（contemporary history）發生的機率就越大。例如，若有位研究者想比較兩種英語教學情境對國小學生的英語學習之效果，若在進行研究的期間有些學生在放學後參加私人英語補習班的補習，或者從電視上收看英語教學的節目，都可能提升其英語能力，屆時，我們很難估計學生英語能力的提升究竟有多少比重是由教學法所促成的，有多少是由臨時事故所引起的。

對同時事件的控制方法是增加一個控制組，若同時事件會影響到實驗組，則也「可能」會影響至控制組，此處所謂的「可能」是指有些時候同時事件只會影響到某部分的受試者，例如，在電腦輔助教學

與傳統教學對學生數學科之影響研究中，實驗組在經常接觸電腦之後可能對電腦產生興趣，私底下購買電腦或參加校外的研習，而使電腦能力大增，而控制組則沒有這種現象。

（四）不穩定的工具或測量工具

許多研究常用測量工具（instrumentation）作爲資料蒐集的方法之一，有些是標準化測驗，其信度與效度比較高，另一些非標準化測驗或需經過人爲觀察、記錄者，其信度與效度需要謹愼的維護。例如，當有兩位觀察者同時記錄教室內的實驗情境時，必須先確定此兩位觀察者的觀察者間一致性必須相當的高，而觀察者本身的期望、經驗、敏感度與專業能力亦會影響觀察的結果。

研究者在選擇研究工具時，必須對研究所欲衡量的特質瞭解透徹，有時即使指導手冊上載明該研究工具的信度與效度很高，但假如不符合其上所註明的使用時機、對象與實施程序，則其結果也可能是無效的。

解決不穩定工具（unstable instrumentation）的方法有：(1)愼選研究工具；(2)輔以儀器；(3)多元資料來源；(4)人員的妥善訓練。

（五）統計迴歸

當第一次測驗爲極端分數時（太高分或太低分），第二次測驗有向團體平均數趨近的現象，稱爲統計迴歸（statistical regression），對第一次測驗考極高分者而言，第二次再進步的空間很少，但退步的空間較大，此稱爲「天花板效應」（ceiling effect），相反的，對第一次考非常低分者而言，第二次再考時，進步的空間比較大，此稱爲「地板效應」。之所以會有統計迴歸現象的產生，一定有一個先決條件：極端取樣。所謂極端取樣是指樣本並非呈常態分布，其能力不是太高，就是太低。研究所典型的考法，是給一個個案，內容訴說某研究者針對考試不及格的學生進行課後輔導，輔導一段時間之後，發現其成績

都有進步,問本研究的內在效度威脅。很顯然的,此研究的對象是成績不及格學生,即是極端個案,輔導後其成績的進步,有可能部分來自統計迴歸的貢獻。

對統計迴歸的控制方法就是儘可能不選擇極端的樣本(例如,升學班或放牛班),以隨機抽樣所選取的樣本,就不會產生統計迴歸的內在效度威脅。

(六)選樣不等或差異的選擇

選樣不等(differential selection)或差異的選擇是指受試者本身產生抽樣的偏差,或者實驗組與控制組的起始點行為不同,在比較上產生了不公平。原因有使用現成的受試者(例如,教師以該班的學生為研究對象,或是使用準實驗設計)、志願者或抽樣誤差(sampling bias)。

實驗法為了確保兩組受試能有公平的比較,發展了一些控制的手段,包括有:(1)隨機化;(2)配對組法;(3)共變數分析。其中最好的方法是隨機化的處理。

(七)受試的流失

當研究的時間拉長之後,受試的流失(experimental mortality)即會構成內在效度的威脅。而留下來的人可能是意願較強、比較聰明或對研究持正面態度者,將會扭曲研究的性質,其處理的方式是選擇較多的樣本,設定合理的研究期限。

(八)選樣與成熟交互作用

假設某研究者想研究啟發式教學與傳統教學對學生學習的影響,若實驗組為資優班而控制組為常態分班,則現成即有選樣偏差的內在效度威脅。再者,資優班比較聰慧,其心智成長的速度可能優於普通班學生,在此雙重因素的影響下,使得資優班的成績優於控制組。其

控制的方法是儘量採用隨機抽樣,如果剛開始時兩組的起始點相同,就不會產生選樣與成熟交互作用(selection-maturation interaction)。

(九)強亨利效應

強亨利效應(the John Henry effect)是發生在控制組上面的一種不服輸的精神,當控制組的受試者發覺實驗組有更好的資源,接受更多的關切時,可能引起心理上的不平衡,並試圖表現在行為上去證明其實自己在資源缺乏之下也能做得與實驗組一樣好,甚致更好,如果控制組更加努力而表現更好時,可能會使實驗的結果看來無效(兩組一樣進步)。

強亨利效應發生的原因主要在於受試者知道自己是控制組,並且感受到控制組的待遇不如實驗組,因此,控制的方法就是儘量不讓受試者知道自己是控制組,方法有:(1)使用非干擾性觀察(unobtrusive observation),例如,單面鏡或者使用現成資料(學校的測驗成績、記錄);(2)不告知受試者正在進行實驗,以及其是否為實驗組或對照組。

(十)實驗處理擴散

當實驗組與控制組有經常接近、互動的機會時(例如,同校的教師、學生),彼此之間可能相互學習,有可能控制組的教師也引用實驗組教師的處理方式,使得實驗處理的效果延伸至控制組。其控制的方法是在研究進行前即妥善的控制研究的情境,確定兩組受試不會產生互動(例如,在不同的學校),建立研究的規約,限定兩組之參與人員不得相互聯繫。

(十一)實驗者偏見或混淆

量化的研究很強調研究者應時時刻刻保持著客觀、中立的立場,

以免扭曲了我們的觀察,但質性研究卻認為我們多少都帶有主觀性,但無論是強調主觀或客觀,兩者皆提醒我們應儘量避免偏見,偏見是一種對資料的扭曲,或以偏概全、誤導或認知上的不正確,其產生的原因很多,如:(1)選擇性觀察:研究者在有意、無意間選擇對自己研究比較有利的證據,以證明自己的研究是有價值的;(2)自我應驗的預言:研究者蒐集符合自己期望的資料,並且以符合自己認知的方式,加以詮釋(有可能解釋錯誤);(3)認知基模:每一個人都有不同的認知架構,受其成長的經驗所影響,因此,對同一事項的解釋未必相同。

實驗者偏見多數是在無意中發生的,多數受過嚴謹的專業者都知道應儘量避免,但有時我們發現是研究者有意引導的結果,例如,研究者把他的期望傳達給實驗者與受試者,尚有其他許多精微的方式來影響研究的結果。有時研究結果所出現的一堆數據,並不如其表面一般的具代表性、科學性。

解決實驗者偏見(experimenter bias)的標準答案是採用雙盲法(double blind)又譯成雙層隱密。亦即只有研究者知道誰是實驗組或控制組的實驗者,誰是實驗組或控制組的受試:

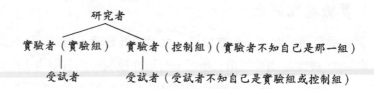

除了使用雙盲法之外,研究者應儘量要求自己保持客觀、專業與公正、嚴謹。

(十二)統計結論

當研究者對統計概念沒有深入理解,選擇錯誤的統計公式或解釋

錯誤，稱為統計結論（statistical conclusion），是一種常見的錯誤。例如，當皮爾森積差相關係數達0.8時，就下結論說有顯著之高相關，但沒有查證其p值是否小於0.05（是否達顯著性）。某位研究生對某國小一百多位學生進行普查，為了表示其統計的功力，執行了許多複雜的推論統計（t檢定、ANOVA），卻不瞭解，因為該研究生是對全校學生進行普查，沒有經過抽樣的程序，因此也就無法執行推論統計。

（十三）因素間交互作用

因素間交互作用（interactive combinations of factors）是指上述的這些因素彼此相互影響，例如，前述的選擇與成熟的交互作用。當研究延長時也可能發生同時事件與成熟的交互作用，甚至同時事件、成熟與受試流失所產生的交互作用。

九、外在效度

外在效度是指研究結果的推論性，亦即研究結果是否能推論到類似的母群體身上，關乎研究的實用性與樣本是否具有代表性有關。郭生玉的定義是：「所謂外在效度（external validity），就是指實驗結果的概括性（generalizability）和代表性（representativeness）。易言之，就是指研究結果是否可推論到研究對象以外的其他受試者，或研究情境以外的其他情形。」（p.318）王文科：「外在效度在於發問如下的問題：即這種實驗的結果，可以『概括』（或普遍應用於）什麼母群體、背景、處理變項與測量變項？」（p.574）。

王文科引用布拉希特與葛拉斯（G. Bracht & G.V. Glass）的觀點，認為有兩種外在效度。

（一）母群體效度

母群體效度（population validity）需要考慮下述三點：(1)樣本的代表性（sample typicality），亦即樣本是否能夠代表其所要概括的母群體：應考慮抽樣的架構、程序與人數；(2)實驗的可接近母群體（experimentally accessible population）與標的母群體（target population）：母群體是研究者最終想要推估者，而可接近母群是實驗者實際上可以取得名單，形成抽樣架構並從中抽取樣本者，若可接近母群具有代表性，則最終對樣本的統計量是可以推估到母體身上；(3)心理學變項（psychological variables）與處理效應的交互作用：實驗組或控制組之一有不相干的因素介入而導致結果的不正確，減低其推論性，心理學變項是指動機、態度、焦慮等因素，例如，實驗組教師對從事實驗的意願不高，不按實驗規定教學，則會使效果打折，這樣的研究結果是無法做推論的。

（二）生態效度

所謂生態效度（ecological validity）是指實驗情境與最終所要推論的自然情境間的差距，若差距越小，則越容易推論，要提升生態效度有：

1. 完整描述所有實驗的情境與程序：包括研究變項、架構、受試者、實施程序、工具、統計分析等，精確的敘述可以幫助後來的研究者理解、判斷並且正確的複製。

2. 多重處理的干擾（multiple-treatment interference）：若實驗組連續接受兩個或兩個以上的處理可能引起的干擾，例如，實驗組受試同時接受啟發式教學、建構教學與傳統講述法的處理，則我們很難估計此三種教學法的單獨影響力究竟是多少，如果在時間、經費有限的情形下那一種教學法的效果最好？因為若此三種教學法同時進行的話，有可能相互影響，產生交互

作用。目前我們可以統計上之複迴歸分析，計算各有自變項對依變項的 β 值，用來估計自變項對依變項的影響力。

3. 霍桑效應（Hawthorne effect）：霍桑效應是研究法與教育行政常考的名詞解釋，有些書將霍桑效應歸類為內在效度的威脅，有些書認為是外在效度，事實上，霍桑效應會使實驗喪失正確性（內在效度），而使其結果的推論受限（外在效度）。霍桑效應是早期美國西方電器公司針對霍桑廠之女工的實驗結果。原始的用意是若依照科學管理理論的原則，將女工分為兩組，一組有較佳的工作環境與福利，另一組則無，則實驗組的產量應高於控制組。但研究的結果卻意外發現兩組的產量都不斷的提升，甚至當實驗結束後，女工們的生產量還是繼續攀升，很明顯的，並非外在環境因素促進生產量的增加，而是來自內在的動機：人的因素。在實驗實施這段期間兩組女工接受到廠方更多的注意、互動與關心，而以往在科學管理的原則下只重生產不重士氣，如今女工們覺得自己受到尊重，被當人看，在自我覺醒之後，其生產量持續的增加。

霍桑效應是一個里程碑，管理理論至此邁入人際關係管理的時代，考試時需注意霍桑效應是發生在實驗組身上，解決霍桑效應威脅的方法同強亨利效應。

4. 新奇性與破壞效應（novelty and disruption effects）：有些人有好奇、一窩蜂趕流行的心理，看到別人在實施電腦輔助教學，也申請經費補助購買電腦，但電腦輔助教學的實施除了設備外，尚需有人力及相關軟體的配合，以及一些狀況的處理能力，是否教師們都能處理一些電腦方面的問題，若久而久之發現實施上有困難，而將這些電腦閒置或轉用它途，則稱為破壞效應，亦即對新措失、新方法不甚瞭解，使實施的結果不但無法發揮預期，甚且浪費人力、物力。

5. 實驗者效應（experimenter effect）：類似實驗者偏見，造成

研究結果之不正確，在推論上受限。

6. 對前測的敏感性（pretest sensitization）：若實驗有前測，則因為有練習因素的影響，其後測成績可能比單獨只有後測（沒有前測）時來得高。若某實驗在有前測的情形下得平均數80，在沒有前測的情形下得平均數75，則只能推論說該實驗在有前測的情形下，其平均數是80。

7. 臨時事故與處理的交互作用（interaction of history and treatment effects）：實驗處理其間若有外在無關的因素介入而影響研究的結果，其推論將受限。

8. 依變項的測驗（measurement of the dependent variable）：對依變項測量的信度與效度，牽涉到許多的因素，包括有測驗（觀察）情境、施測程序、受試者因素（動機、能力、疲勞）與工具本身。我們應對這些因素有深入、通盤的瞭解，才可以說研究結果適合推論至某種情境，例如，同樣是人格測驗，使用明尼蘇達多項人格量表與使用郭為藩自我態度量表所捕捉的人格特質是不一樣的，不可以將使用A種測驗的結果類推到使用B種測驗的情境，即使此兩種測驗是相同類型的測驗。

9. 測量時間與處理效應的交互作用（interaction of time of measurement and treatment effects）：測量時間與處理可能產生交互作用，亦即在處理的不同時段所觀察的值可能是不同的，在處理前、處理中、處理後立即測量或處理後間隔一段時間再予以測量可能蒐集到不同的值，在推論上應小心。（王文科）

郭生玉則歸納有四項影響外在效度的因素：

1. 測驗的反作用或交互作用效果（reactive or interactive effects of testing），即前述對前測之敏感性。

2. 選擇偏差與實驗變項的交互作用效果（interaction effects of selection bias and X）。

3. 實驗安排的反作用效果（reactive effects of experimental arrangement）。

4. 多重實驗處理的干擾（multiple treatment interference）。

張春興歸納出三點影響外在效度的因素：

1. 實驗情境太過於人工化：不符合自然情境中互動的模式，受試者可能在實驗情境中接受實驗者的暗示，做出符合實驗者期望的行為。

2. 樣本缺乏代表性。

3. 測量工具缺乏效度。

　　研究所在測驗理論的考題裡喜歡考信度與效度的關係，在研究法中有時也會考內在效度與外在效度的關係，內在效度與外在效度是一個魚與熊掌不可兼得的問題，提升了內在效度，必定降低外在效度，例如，在實驗室做實驗會提升內在效度，比較精確，控制更嚴謹，但太多的控制卻使研究結果顯得非常不自然而很難類推至自然情境。相反的，若我們進行實地實驗觀察研究，雖然其行為比較自然，但有許多因素我們無法控制，而干擾到我們的研究結果。

十、實驗法之優點

1. 可以將干擾因素予以嚴格的控制。

2. 對自變項作有系統的控制，以觀察其對依變項的影響。

3. 使用操作性定義將抽象的東西具體化，以利觀察。

4.使用具信度與效度的工具來衡量。

5.使用統計來分析資料與推論。

6.使用隨機化的方法來增加樣本的代表性。

7.將實驗情境減化，並減少干擾，以便推論因果關係。（陳龍安、莊明貞）

十一、實驗法的限制

1.在社會科學中以人為實驗對象，但人有個別差異與思考，不容易控制。

2.有些自變項不容易操縱：例如，違反人道，或是受試的生理特徵（智力）。

3.實驗情境人工化：與日常世界真實生活脫節。

4.無法採用大樣本：由於從事實驗需要一段時間與配合的行政、人力、物力，一般不可能對大樣本進行實驗，使其代表性受限。

5.測量工具的難覓及使用的偏差：實驗法相當依賴測量工具來捕捉所要觀察的特質，但測量工具所測量的結果必定與所要觀察的特質間有一段的距離，因為沒有百分之百有效的工具，例如，許多學者懷疑智力測驗的結果是否真能代表一個人的智力？

6.實驗期間費時費力且不容易取得配合。（陳龍安、莊明貞）

黃光雄、簡茂發（民84）則對實驗法在教育研究中的限制歸納為：

1. 教育研究的對象非常複雜，並不一定適用於「單一變項法則」，即排除無關變項的干擾，系統化操控自變項，觀察其對依變項的影響，影響人的因素極為複雜。
2. 教育研究常涉及價值判斷，使要保持客觀性有困難。
3. 教育事項常為單一事件，有其特有的脈絡，因此無法再次操弄、複製。
4. 研究的對象是人，可能產生研究者與受試者的交互作用（例如霍桑效應）。
5. 實驗控制有時牽涉到人性尊嚴或干擾到日常教育活動的實施。
6. 對教育情境中的複雜性，仍然無法完全正確的測量。

十二、實驗法的實施原則

1. 質、量並重：以實驗法，配合其他的研究方法，以提升研究的效度。
2. 同時重視理論與實踐：研究不應與日常生活脫節。
3. 重視教育研究背後的價值與規範。
4. 注意人道原則，不可違反倫理規範。
5. 慎選適當的實驗設計，考慮設計本身的內在與外在效度。
6. 進行實驗前要有完整的計畫。
7. 慎選研究問題，從大處著眼，小處著手。
8. 應有充裕的實驗期間。
9. 選用適當的統計公式。
10. 謹慎記錄實驗結果，提出具體的建議。
11. 實驗工作應是持續不斷的問題解決歷程，不斷的改進。（陳龍安、莊明貞）

第**13**章

• •

實驗設計

依張春興的解釋，實驗設計（experimental design）具有三個目的：(1)解決待解決的問題：例如，受試者如何選擇？自變項與依變項如何控制？如何觀察？又如何進行統計處理？(2)控制相關變項：包括自變項、依變項與中介變項；(3)提高研究的效度：實驗設計的類型很多，研究所比較喜歡考準實驗設計、真正實驗設計與多因子實驗設計。考生應該知道各種實驗設計的名稱、結構、可能的內外在效度威脅與相對應的統計公式。實驗設計常以下列代號來表示：

R（random）：表示隨機取樣與隨機分派
X（treatment）：表示實驗處理（自變項）
C（control group）：控制組
O（observation）：觀察／測量結果
……：表示實驗組與控制組不相等
──：表示兩組相等

一、前實驗設計

前實驗設計（pre-experimental design）僅使用單一的實驗組（沒有控制組）或即使有控制組，兩組的起始點行為不相等，此種研究不具有任何的信度、效度，因此不可以用來作為發展或驗證理論之用，比較適合當作探索研究之用。

（一）單組後測設計（one-group posttest only design）或單組個案設計（the one-shot case study）

其設計的結構為：　X　O

給予一個實驗處理，結束之後測量，學生成績進步與否沒有一個參照點（沒有前測或控制組以供比較），但若所使用的測驗為標準化測

驗，則可以與常模相互對照，但無法排除所有內在效度的威脅，例如，受試流失、差異的選擇、差異選擇與處理的交互作用等等。需注意此為量化研究的設計，不是人種誌的個案研究設計，人種誌的個案研究設計並不使用測驗而是以進駐現場與參與觀察的方式來蒐集資料。

（二）單組前測─後測設計（one-group pretest-posttest design）

O_1　　X　　O_2　　，　　O_1：第一次觀察（前測），O_2：後測

1. 本設計提供前測作為一種控制，其可以控制的內在效度威脅為選樣不等。
2. 無法控制的內在效度威脅有：對前測的敏感性、受試者流失、成熟、差異的選擇與同時事件。
3. 統計分析：使用關聯樣本t檢定，比較前、後測之差異。

（三）靜態組比較設計（the static-group comparison design）

1. 結構：　　X　　O_1

　　　　　　　　O_2

   兩組起始點行為不相等（沒有隨機化），且只有後測。
2. 可控制因素：多一個控制組可以控制成熟因素與同時事件的干擾，沒有前測控制對前測的敏感性。
3. 無法控制：差異的選擇、受試者流失以及選擇與成熟交互作用。
4. 統計方法：使用t檢定比較兩組後測的成績，但若能找到共變項，因兩組的起始點行為不同，則應執行共變數分析的程序。靜態組比較設計類似於事後回溯研究法中所使用的標準組設計。

二、真正實驗設計

真正實驗設計（true experimental design）具有兩項特徵：(1)隨機化（隨機取樣與隨機分派）；(2)有控制組，控制嚴謹，有較佳的內在效度與外在效度，因此，在情況許可下應儘量使用真正實驗設計。

（一）等組前、後測設計（pretest-posttest control group design）

1. 結構：　　R　　O_1　　X　　O_2　　（實驗組）
　　　　　　R　　O_3　　C　　O_4　　（控制組）
　　隨機抽樣，並將樣本隨機分派至實驗組與控制組，兩組皆給予前測、後測。

2. 內在效度威脅：無（控制組控制了同時事件、成熟、測驗、工具、統計迴歸，隨機化控制了差異的選擇、受試者流失以及選擇與成熟的交互作用）。

3. 外在效度威脅：測驗的反作用效果。

4. 統計分析方法：
   (1)執行t檢定（關聯樣本）計算O_1與O_2；O_3與O_4之間兩平均數的差異。
   (2)以t檢定（獨立樣本）估計O_2與O_4（後測成績間之差異）。

（二）等組後測設計（posttest-only control group design）

1. 結構：　R　　　X　　　O_1
　　　　　R　　　C　　　O_2

有隨機取樣與隨機分派，但兩組皆僅有後測。

2.內在效度威脅：無。

3.外在效度威脅：無。

4.統計分析：t檢定（獨立樣本）。

郭生玉認爲此種設計在實際運用上的缺失有：

1.實驗組與控制組是否完全相等，是依抽樣的人數與抽樣的過程來決定的，如果抽樣的過程有瑕疵存在，則不一定能保證兩組起始點行爲的相等。

2.若可供實驗的對象有限時，不宜採用此種設計，因爲樣本本身即缺乏代表性。

3.此種設計無法作次層次分析。

王文科認爲若有下列情境發生時宜採用等組前、後測設計：

1.在處理的條件之間有些微差異。

2.可能有受試者流失的現象。

3.可以進行次級組的分析。

4.沒有必要匿名。

5.前測爲受試者例行工作的一部分。

次級組分析（secondary analysis）是指將自變項分成幾個層次再加以探討，例如，在社經地位與學業關係之研究中，社經地位爲自變項，除了可以直接求出兩變項間的關係之外，我們亦可以將社經地位分爲低、中、高三個層次，比較三層次受試者之學業平均數是否有明顯的差異。有時候我們可以前測的成績再分爲幾個層次進行次層次分析（配合多因子變異數分析）。

（三）索羅門四組設計（Solomon four group design）

1.結構：

R	O_1	X	O_2	（實驗組）
R	O_3		O_4	（控制組）
R		X	O_5	（實驗組）
R			O_6	（控制組）

此種設計比較複雜，是前兩種設計（等組前、後測設計與第組後測設計）的綜合體，它的優點之一是可以查出前測的影響力是多少（研究所考題）。例如，有一位研究者從事電腦輔助教學與傳統教學在學生數學科上之影響研究，其結果為（使用所羅門四組設計）：

R	70	X	90
R	70		75
R		X	85
R			70

我們可以依此結果計算出前測的影響力為5，可以由三個地方驗證：(1)$75-70=5$（有前測；控制組）；(2)$90-85=5$（沒前測僅進步至85分）；(3)$75-70=5$（有前測控制組對沒前測控制組）。

2.內在效度威脅：無。

3.外在效度威脅：無。

4.統計分析：

(1)以t檢定處理方式，進行下列兩平均數之檢定：O_1與O_2，O_3與O_4，O_2與O_4；O_5與O_6。我們可以以O_2與O_4以及O_5與O_6相互檢證。理論上若O_2與O_4有明顯差異，則O_5與O_6亦應該有明顯的差異。

(2)以變異數分析方式來處理：成為處理（有無）×前測（有無）之雙因子變異數分析。

	無處理	有處理
無前測	$\overline{X}_1$	$\overline{X}_2$
有前測	$\overline{X}_3$	$\overline{X}_4$

所羅門四組設計有很好的效度，其缺點是實施費時費事，至少要比前兩種實驗設計多出一倍的受試者。

（四）多因子實驗設計（factorial design）

古典的實驗設計屬於單一變項法則，僅操縱一個自變項，並觀察自變項與依變項間之關係。單一變項法則往往無法反映錯綜複雜的社會環境，為了探討因素間複雜的交互作用，我們可以使用多因子實驗設計。所謂多因子實驗設計就是探討兩個或兩個以上自變項對依變項的關係，而此種關係則分成兩個層次來探討：(1)主要影響效果（main effect），是自變項單獨對依變項的影響力；(2)交互作用影響效果（interaction effect）是自變項間經過交互作用後對依變項所產生的影響力。多因子實驗設計可以同時回答幾個複雜的問題，或同時考驗數個複雜的假設。其一直是熱門的考試重點，考生應瞭解多因子實驗設計的性質、使用時機，有幾個自變項（例如在2×3個多因子實驗設計中有幾個自變項），主要影響效果、交互作用效果之解釋以及相關的統計。

多因子實驗設計中以二因子實驗設計最常出題，在A×B的二因子實驗設計之中，依樣本的性質又可分為三種型式：(1)A與B因子皆是獨立樣本的「二因子受試者間設計」，是屬於「完全隨機化多因子設計」（completely randomized factorial design）；(2)A因子與B因子皆是相依樣本的設計，或稱為「二因子受試者內設計」，是為「隨機化區組多因子設計」（reandomized block factorial design）；(3)A與B因子其中有一個為獨立變項，另一個為依變項的「受試者間受試者內混合

設計」或「分割區設計」（split-splot design）。

（五）獨立樣本二因子設計與交互作用（interaction effect）

例如，某位研究者想要瞭解三種教學法（傳統、建構、啓發式教學）與智力（高智力、正常智力）對學生數學科學業成就的影響，其實驗結果如下：

		教學法		
		傳統	建構	啓發	
智力	高智力	$\overline{X}=90$	$\overline{X}=80$	$\overline{X}=94$	$\overline{X}_{高智力}=88$
	正常智力	$\overline{X}=70$	$\overline{X}=65$	$\overline{X}=75$	$\overline{X}_{正常智力}=70$
		$\overline{X}_{傳統}=80$	$\overline{X}_{建構}=72.5$	$\overline{X}_{啓發}=84.5$	

我們可以先粗略的比較各教學法的表現（80對72.5對84.5），以及高智力組對正常智力組的表現（88對70），之後再代入公式求出單純主要效果的變異數分析摘要表。但雙因子變異數分析的工作不只到此而已，必須再畫圖，判斷是否有產生交互作用，以上述資料爲例，其圖示如下：

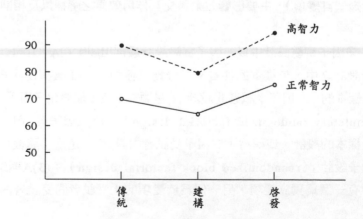

在此圖中高智力受試組分數分佈的模式約略與正常智力組分佈的模式相當，稱為無交互作用，如果是在2×2的雙因子實驗設計中可能形成兩條平行線：

當有此種現象產生時，我們可以下結論說A因素在所有情境下皆優於B因素，而且我們應採用A教學法。例如，由上述個案，我們知道高智商組的受試一定優於正常智力組，而啟發式教學的效果最好（$\overline{X}=$ 84.5），建議應採用啟發式教學。但有時研究的結果可能會產生交互作用，在解釋上就必須更加的謹慎。

（六）無次序性交互作用（ordinal interaction）

(A)

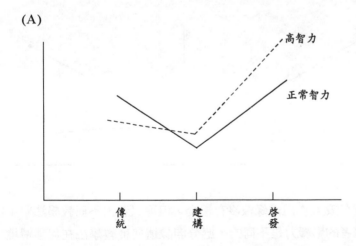

高智力

正常智力

傳
統　　建
　　　構　　啟
　　　　　　發

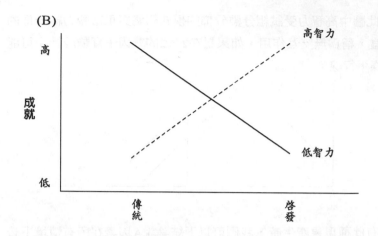

(B)

無次序性交互作用兩條線會相交，若有此情形時解釋上應以交互作用效果為主，以B圖為例，可以解釋為：啟發式教學對高智力學生幫助較大，而傳統教學對低智力學生幫助較大，因此，教師應按照學生的能力與性向來選擇合適的教學方式。

（七）次序性交互作用（ordinal interaction）

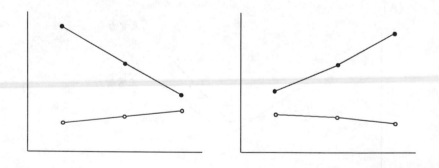

次序性交互作用兩條線沒有相交，但可以看出不同教學法對不同程度受試者的影響力是不同的，應分開陳述何種教學法在何種情境中比較有利。

（八）混合設計二因子變異數分析

例如：有五位男生與女生分別連續接受三種實驗處理，其結果如下：

	受試	X_1	X_2	X_3
	1	80	50	60
	2	90	40	90
男	3	92	30	100
	4	93	60	98
	5	60	70	88
	1	70	40	73
	2	80	60	66
女	3	60	33	83
	4	70	50	90
	5	60	50	98

研究所比較常考這兩種實驗設計，其中又以雙因子獨立樣本設計最常考，此兩種設計以受試者間設計（獨立樣本），在理論上，誤差較大（來自實驗處理與受試者間），而受試者內設計的誤差比較小（只來自實驗處理），多因子實驗設計的最大優點是經濟方便，一次可以估計數個因素的影響。

三、準實驗設計

準實驗設計（quasi-experimental design）與眞正實驗設計不同的地方是準實驗設計沒有隨機化的程序，往往使用現成班級（intact group）爲實驗對象。以現有的班級爲實驗對象，不需打破建制，在行政上較容易配合，因此其被接受、使用的意願也較高，惟其未經隨機

化處理，所以代表性受限，一般在使用準實驗設計時，應給予前測，以確保兩組起始點行為的相等，若懷疑兩組不完全相等，最後的手段是進行統計上的校正（例如，共變數分析），但準實驗設計亦有一些型式，不一定都適合進行統計控制。

（一）不相等前後測設計（nonequivalent pretest-posttest control group design）

1. 結構：

$$O_1 \quad X \quad O_2$$
$$O_3 \qquad O_4$$

沒有以隨機化處理兩組受試，但兩組皆同時接受前測與後測。

2. 內在效度威脅：可能有「選擇與成熟」、「選擇與同時事件」或「統計迴歸」，因為可能選樣偏差。

3. 外在效度的威脅：「測驗的反作用或交互作用效果」、「選擇偏差的交互作用效果」、「實驗安排的反作用效果」。

4. 統計分析：先比較兩組前測是否有明顯差異，如果沒有，則可以直接以t檢定比較兩組後測的平均數，但如果有明顯的差異，則可以以前測為共變數進行共變數分析。

四、時間系列設計

時間系列設計（time-series designs）是針對受試者連續處理與觀察一段時間之後，再瞭解資料發展的模式，以判斷實驗處理是否有效？如果有效，是長期效果或短期效果。

1. 結構： $O_1 \quad O_2 \quad O_3 \quad O_4 \quad X \quad O_5 \quad O_6 \quad O_7 \quad O_8$

由O_1到O_4為處理前的觀察，多次觀察以確立行為發展的模式，X為實驗介入，而O_5至O_8為處理後再連續觀察一段時間，以瞭解實驗效果持續的時間。

2.內在效度的威脅：包括成熟、不穩定工具、測驗、受試流失，本設計可以藉由增加一組的控制組來提升其效度，而成為控制組時間系列設計（control group time series design）其研究結果可能有下列幾種模式：

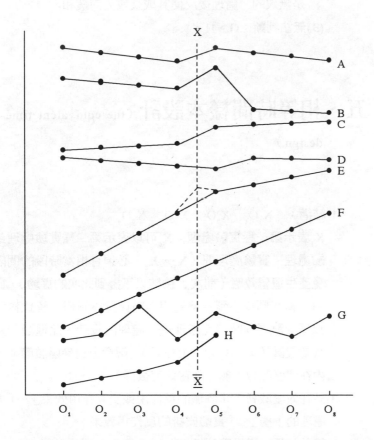

資料來源：王文科（民88）。《教育研究法》。台北：五南。頁612。

在此圖中共有八種模式，可歸類為三種解釋：

(1)有效：A、B、D。

A是理想狀況，處理後水準立刻提升至比先前高的水準。

B雖立刻提升，但又隨即下降，可能是短期效果。

D在處理後，沒有馬上提升，隔一段時間才提升是遲延效果。

(2)無效：C、F或E。

C與F可能是受成熟因素的影響，原來已在上升中，E也可能是無效的，處理後反使其成長較先前緩和。

(3)無法判斷：G、H。

五、相等時間樣本設計（the equivalent time-camples design）

1.結構： X_1O_1　X_0O_2　X_1O_3　X_0O_4

X_1表示第一種實驗處理，X_0可以表示第二種實驗處理或沒有實驗處理。實驗處理間（X_1，X_0）必須有相當時段的間隔，以避免產生遺留效應（前次實驗結果干擾到此次的實驗），此設計適用於當我們找不到合適的相等組作為控制組以資比較時，只好以原受試者同時接受處理與不處理的設計，此種設計類似倒返實驗設計（A－B－A－B設計），解釋上請參照該節。

2.內在效度威脅：無（內在效度很高）。

3.外在效度威脅：「測驗的反作用或交互作用效果」、「多重實驗處理的干擾」、「實驗安排的反作用效果」。

4.統計分析：變異數分析。

觀察

處理	X_1	X_1O_1	X_1O_3
	X_0	X_0O_2	X_0O_4

六、對抗平衡設計（counter balanced design）

1. 結構：

時間

組別					
A	X_1O	X_2O	X_3O	X_4O
B	X_2O	X_4O	X_1O	X_3O
C	X_3O	X_1O	X_4O	X_2O
D	X_4O	X_3O	X_2O	X_1O

(1)共有四個非隨機化的實驗組。

(2)四組分別接受四種實驗處理（X_1、X_2、X_3、X_4）。

(3)在每次處理後進行觀察。

(4)可以回答兩種或兩種以上的假設（為此設計最大的優點）。

2. 內在效度威脅：可能（但不一定）有選擇與成熟的交互作用。

3. 外在效度威脅：多重處理的干擾。

4. 統計分析：拉丁方格（Latin square）重複量數變異數分析法。

5. 注意事項：

(1)本設計共有四個實驗組，但每一組的實驗次序都不一樣，例如，A組是X_1、X_2、X_3、X_4，而B組是X_2、X_4、X_1、X_3，這樣做的目的在避免不同處理順序可能產生的誤差。

(2)為了減少多重實驗處理的干擾，應儘量選擇遺留效果小的實驗，而且實驗與實驗間應有適當的間隔時段。

試題分析

一、何謂研究的外在效度（external validity）？並請說明可能影響研究外在效度的因素？〔成大88〕

答：1.外在效度的定義：外在效度是指研究結果的代表性與推論性，亦即研究結果可以推論至其他類似研究情境及母群體的能力，外在效度非常重要，因為它是關乎研究結果的實用性，若一個研究缺乏外在效度，表示其研究只對該特定的研究情境有效，那麼這樣的研究是不實用的。在量化的研究中，關係到外在效度的因素有取樣的過程與樣本的代表性以及研究本身的嚴謹性，研究越嚴謹加上樣本的代表性越佳，則其外在效度越好（越具有推論性）。

2.研究中影響外在效度的因素：（王文科、朱柔若）

(1)母群體效度（population validity）：是指研究結果可以有效推論至母體的程度。包括下列因素：

① 樣本代表性（sample typicality）：樣本的抽樣誤差與母數間之差距如何？

② 實驗的可接近母群體（experimentally accessible population）與標的母群體（target population）間之接近程度：若母體的範疇太廣，則研究者很難針對所有受試者進行調查，此時必須從研究最終所欲推論之標的母群中選出研究者可以實際接觸的標的母群作為抽樣的來源，但必須確定標的母群是最有代表性的，否則將產生抽樣的偏差。

③ 心理變項（pychological variables）與處理效應的交互作用：在此所謂的心理學變項類似於中介變項或混淆變項，若這些干擾變項介入或與處理變項產生交互作用，則研究結果的正確性降低，因而影響至結果的推論性。因為

不正確的結果根本是不可以推論的。

(2)生態效度（ecological validity）：類似研究結果的可複製性，其他研究者可以利用複製先前研究的方式來檢證先前研究，或者擴充先前研究的適用對象。提升生態效度的方法有：

① 完整描述研究的程序與實驗的情境。

② 避免多重實驗處理的干擾。

③ 避免霍桑效應。

④ 避免新奇性或破壞效應（novelty and disruption effects）。

⑤ 避免實驗者效應（experimenter effect）。

⑥ 注意前測敏感性（pretest sensitization）與後測敏感性（posttest sensitization）。

⑦ 避免臨時事故與處理的交互作用。

⑧ 選用可靠的測量工具。

⑨ 注意測量時間與處理的交互作用（interaction of time of measurement and treatment effects）。

3.朱柔若歸納影響實驗外在效度的因素如下：

(1)實驗的實在性（experimental realism）：亦即受試者行為之改變確實是因為實驗處理而引發的，不是處理以外的因素所造成的。

(2)俗世實在（mundane realism）：亦即研究或實驗情境與真實的世界相似的程度越相似，則推論性越高。

(3)反應效應（reactivity）：是指受試者在實驗情境中會有意或無意產生與真實世界不同的反應，例如，霍桑效應、曝光效應、強亨利效應，都會影響結果解釋的正確性。

(4)想要特質（demand characteristics）：受試者可能在有意、無意間揣測研究者心中想要的，為取悅研究者而表現出

研究者想要觀察到的特質。

(5)安撫效應（placebo effect）：受試者接受到沒有療效的安
慰劑，但由於心理作用卻產生了療效，也會影響我們的解
釋。

通常實驗者的控制程度與內在效度與外在效度有關，例如，在
實驗室中控制比較嚴謹，故內在效度高，但控制越高，越傾向
人工化，而導致喪失了外在效度。

二、名詞解釋：霍桑效應（Howthorne effect）。〔國北師88〕

答：霍桑效應是研究的內在與外在效度之一種，原因是來自實驗期間
實驗組取得比往常更多的資源與關注，在心理上覺得自己受到重
視，因此以更認真的工作來回報研究者，其結果可能使實驗產生
積極性的成效，但這成效有部分或全部來自實驗組的心理因素而
非實驗本身。解決霍桑效應的影響方法是採用雙盲法讓實驗者與
受試者不知道自己是實驗組或控制組。

三、何謂實驗者期望效應（experimenter expectancy effects）？如何
處理之。〔南師87〕

答：通常研究者或實驗者都希望看到其實驗結果是有效的，所以其所
花費的心血是值得的。因此，在資料蒐集、分析的過程，以及最
後結果的呈現上，可能有意或無意間偏袒對實驗較有利的資訊，
稱為實驗者期望，有一種心理學上的基模論與自我應驗預言，可
以解釋期望效應產生的原因。當我們形成一個對實驗較有利的基
模架構（心向）時，在感官記憶上我們會比較注意（敏感）有利
的證據，並立即輸入短期記憶，複誦後再進入長期記憶予以認
知、理解、分析。我們可能以我們的角度、立場去解釋，以符合
我們的期望。

解決實驗者期望效應的方法：

1. 採用雙盲法使實驗者與受試者不知道正在從事實驗或自己的組別。

2. 隱藏眞正的研究動機，如此，則實驗者不知道研究者感興趣的研究對象是什麼，就不會產生實驗者期望效應。

3. 多元資料來源。爲了避免偏見，儘量擴充資料來源，相互驗證。

4. 增加多位觀察者、實驗者，可以彼此相互檢證，以增加研究之客觀性。

5. 增加實驗者之專業素養，知道從事實驗時可能導致的偏見，事先預防，不斷進行反省。

四、某研究採3×4實驗設計，其自變項共有幾個？〔嘉師87〕

答：自變項共有兩個，第一個自變項分爲三個層次，第二個自變項分爲四個層次。

五、請列舉兩項眞正實驗設計，並列表比較這兩項研究設計可能控制的內在效度影響因素。〔竹師87〕

答：比較前測—後測控制組設計（pretest-posttest control group design）與僅爲後測控制組設計（posttest-only control group design）

1. 前測、後測控制組設計之結構：

R O_1 X O_2
R O_3 C O_4

特色：有隨機化，有實驗組與控制組。

本設計可以控制的內在效度威脅爲：成熟、測驗、統計迴歸、選樣不等、選樣與成熟交互作用。

2. 僅爲後測控制組設計之結構：

R   X O_1
R   C O_2

沒有前測，但有控制組。

可以控制的內在效度威脅：成熟、選樣不等、選樣與成熟交互作用。僅爲後測控制組設計因爲沒有前測，所以測驗不是其內在效度的威脅。但前測—後測控制組設計中有前測，故其內在效度威脅包含測驗（對前測之敏感性），但可以透過隨機化，以及以前測爲共變數進行共變數分析的方式予以控制。

六、何謂「受試者間設計」（between-subjects design）與「受試者內設計」（within-subjects design）？兩者在資料處理（統計分析）上各有何優、缺點？如果此兩種設計皆適用於某一研究主題，則你會建議研究者使用「受試者間設計」或「受試者內設計」？理由（爲什麼）？〔竹師87〕

答：1.比較受試者間設計與受試者內設計：在A×B的二因子實驗設計裡，依樣本的獨立或相依，可以分爲兩種設計：

(1)A因子與B因子皆是獨立樣本的設計：是屬於「完全隨機化多因子設計」（completely randomized factorial design），即「二因子受試者間設計」，例如，研究者想探討教學法（建構式vs.傳統式）與教學氣氛（輕鬆vs.嚴肅）對學生學習的影響，其實驗設計圖示如下：

教學氣氛

		輕鬆	嚴肅
教學法	建構	第1組	第2組
	傳統	第3組	第4組

在此設計中，共有四組（獨立樣本）參與研究，理想的情境是四組皆爲隨機化的樣本。

此種獨立樣本的受試者間設計是較爲常見的型式，在多因子實驗設計中可以同時探討因子間的主要影響效果與交互作用

影響效果。本實驗設計的誤差主要來源有二：組間差異（實驗組與控制組）與組內差異（受試者間之個別差異），我們希望組間差異越大越好（表示實驗處理有效），而組內差異越小越好（表示較少的內在效度威脅）。

獨立樣本二因子設計或受試者間設計之統計分析係使用二因子變異數分析（two-way ANOVA），研究者在進行考驗時必須注意：

① 有無交互作用效果的存在（交互作用是否達到顯著水準），如果有交互作用的存在還需判定是次序性交互作用還是非次序性交互作用，而且研究者必須進一步就「單純主要效果」（simple main effects）進行考驗，決定那一種教學法在那一種氣氛之下比較有效。最後，當ANOVA分析的結果達顯著性時，亦可以再進行事後比較，可以選用杜凱氏HSP方法。

② 有關水準（層次）的問題：研究所有時會考3×4的因子設計裡有幾個自變項的問題，答案是兩個自變項，第一個自變項有三個水準，而第二個自變項有四個水準，例如，某研究者有興趣於探討學校大小（大、中、小）與領導風格（高關懷＆高倡導、高關懷＆低倡導、低關懷＆低倡導、低關懷＆高倡導）對學校效能的影響，在此研究中有兩個自變項：領導風格與學校大小，但學校大小分為三個水準，而領導風格分為四個水準，就形成一個3×4的多因子實驗設計。

(2) 受試者內設計：A因子與B因子皆是相依樣本，又稱為「隨機化區組多因子設計」（randomized block factorial design），例如，某位研究者想瞭解兩種教學法（建構vs.傳統）在三種教學氣氛下的教學成效（嚴肅vs.中等vs.輕鬆），其實驗設計為兩組受試皆分別接受在三種情境（嚴肅vs.中

等vs.輕鬆）的實驗：

	受組組別	輕鬆	中等	嚴肅	
建構	實驗組	$\overline{X}_{11}$	$\overline{X}_{12}$	$\overline{X}_{13}$	$\overline{X}_{1.}$
傳統	控制組	$\overline{X}_{21}$	$\overline{X}_{22}$	$\overline{X}_{23}$	$\overline{X}_{2.}$
		$\overline{X}_{.1}$	$\overline{X}_{.2}$	$\overline{X}_{.3}$	

此種設計又稱為分割區重複量數設計，所謂重複量數（repeated measure）是指樣本必須重複接受不同的實驗情境並觀察其研究的結果，此種受試者內設計優於受試者間設計的地方有二：

① 只需較少的樣本即可進行：以上述2×3的實驗設計為例，若使用獨立樣本，受試者間設計，則需要有六組受試者，但若採用受試者間設計，則僅需要兩組受試者，可以節省甚多的人力，但相對的其研究的期限亦將拉長。

② 其誤差較受試者間設計少：受試者間設計有兩個誤差來源：組間差異與組內差異，其F值的計算方式，基本上是組間差異／組內差異，亦即組內差異越小，越容易達到顯著性，在受試者間設計中，以前述研究為例，因為需要六個組進行實驗、測試，故其組內差異較大，而若使用受試者間測試，只需兩個組，人數較少，故其組內差異較少，故在其他條件衡定之下，受試者內設計的內在效度威脅較少，比較容易進行因果的推論。

受試者內設計的統計分析亦使用多因子變異數分析，和前述類似。

2. 選擇何種設計：多數的研究法書會鼓勵選用受試者內設計，因為其誤差較少，但筆者以為應視情況而定，第一要考慮到有無充裕的研究時間，第二應考慮到因為在受試者內設計裡，研究者是重複接受不同的實驗處理，有兩個干擾因素可能介入：(1)

若實驗處理間間隔太近可能互相干擾，而產生所謂的「次序效應」（前面實驗影響後續實驗），而且若使用相同的測量工具則會產生練習效果，使測驗分數越來越高；(2)若時間拉長則疲勞，臨時事故、成熟以及處理與成熟交互作用也可能介入。如此看來，受試者內設計也有許多的限制。因此，筆者建議在回答這題時，不要盲目的寫受試者內設計較好，應該寫視情況而定，並且陳述兩者的利弊得失。

七、名詞解釋：準實驗設計。〔政大87〕

答：準實驗設計與眞正實驗設計相比有兩個特色：

　1.沒有隨機化：如「不相等實驗組控制組設計」。

$$O_1 \quad X \quad O_2$$
$$\overline{}$$
$$O_3 \quad C \quad O_4$$

　2.有些準實驗設計沒有控制組：如「相等時間樣本設計」。

$$X_1O_1 \quad X_0O_2 \quad X_1O_3 \quad X_0O_4$$

　　因此準實驗設計之內在效度與外在效度較差，但因爲常以現成樣本爲研究對象，比較容易實施，故在實際運用上非常常見。

八、請簡單說明隨機選擇（random selection），隨機分派（random assignment）與研究結果內、外在效度間之關係。〔嘉師85〕

答：1.隨機選擇是指隨機抽樣的過程，亦即研究者從母體或可接近母體中抽選樣本的歷程，抽樣的過程關乎樣本的代表性（亦即樣本是否可以代表母群體），如果樣本具有代表性，則以樣本爲對象的研究結果自然可以推論至母體身上，此即爲外在效度。

　2.所謂隨機分派是指研究者將所抽出之樣本隨機分派至實驗組與控制組，目的在增加兩組的同質性，以便兩組的起始點行爲相等，可以做公平的比較。如此做的目的可以控制的內在效度威脅有：選樣不等、選擇與成熟交互作用、選擇與處理交互作用。

3.有良好的外在效度，其先決條件是有正確的結果（內在效度），
所以其推論才具有正確性。因此，一個研究的成功，必先求其
內在效度。

九、幾乎所有的研究方法，不論是質性研究或量的研究，都會強調
「避免偏見」。請問：使一篇研究報告儘量減少偏見或避免偏見的
最佳方法是什麼？〔政大85〕

答：此題是研究法最基本，最常考的觀念題之一，可以以多種面貌來
考，例如，「何謂客觀？使一篇研究客觀的方法？」。控制、增強
研究的內在及外在效度都是減少偏見之法。這樣的題型，其相關
考題幾乎每年都出現。考試時，可以將「控制」、「三角測量法」
以及如何減少內在、外在效度威脅的概念放入。

　1.偏見的來源：

　　(1)研究者固守研究典範，而不管是量化研究或質性研究都有其
　　　優點與限制，固守某種典範不知變通，可能引發「削足適履」
　　　的危險。

　　(2)研究者的偏見：例如，研究者的自證預言、實驗者偏見
　　　（experimental bias）、訪問者偏見。

　　(3)來自受試者的偏見：例如，志願者、樣本缺乏代表性、曝光
　　　效應、強亨利效應、新奇效應、安心藥效果等。

　　(4)來自研究情境的偏見：例如，研究情境太過於人工化、研究
　　　情境與眞實的社會事項有所差距。

　　(5)來自工具的偏見：例如，研究工具缺乏信度與效度。

　　(6)其他因素：例如，文化上的隔閡、資料、證據的不正確或蒐
　　　集不周延、觀點的侷限（以偏蓋全）、解釋、推論不周延
　　　（過度類推）、統計分析錯誤等等。

　2.對於偏見的控制方式：方法有很多，筆者無法一一羅致，只能
　　針對較常用的策略加以歸納：

(1)三角測量法：結合不同的研究典範，可分爲不同方法、不同對象、不同情境等方式。

(2)多元資料來源：一方面確證資料，二方面可以豐富研究內涵。

(3)進行控制：在量化的研究中有許多控制的方法，可以減少誤差，減少內在效度與外在效度的威脅。例如：

① 受試者間差異的控制：隨機化、受試者本身的控制或稱爲「單一組法」或「受試者內設計」（within-subjects design）、「平衡對抗法」（counter balance）（用來抵消「累進誤差」）、配對組法，以及多因子實驗設計。

② 統計控制：例如，共變數分析。

③ 情境間差異的控制：單一變項法則（law of single variable）──將干擾變項予以排除或維持衡定，以便觀察自變項對依變項所造成的影響，維持研究情境之衡定、使用單面鏡、雙盲法等。

(4)長期資料觀察原則：觀察期限延長之後可以提升研究的信度與效度。

(5)使用多位觀察者。

(6)將研究的結果與專家以及參與者討論。

(7)公布研究結果於期刊、雜誌，接納批評。

(8)研究者不但需具備專業能力尚需時時反省，避免產生偏見。

十、若研究「學生性別」（男、女）、「學習動機」（高、低）對於採用「不同的教學方法」（A、B、C）對學生數學學習成效有無增進，此研究之假設需進行何種變項來測量？考驗假設採用何種統計分析？〔中正85〕

答：此研究爲2×2×3之三因子實驗設計。

　1.研究假設：

單純效果：H_0：$\mu_{男}＝\mu_{女}$（男生數學平均數＝女生數學平均數）

(1)H_1：$\mu_{男} \neq \mu_{女}$

(2)H_0：$\mu_{高}＝\mu_{低}$（高學習動機受試者之數學科平均數＝低學習動機受試者之數學科平均數）

(3)H_0：$\mu_A＝\mu_B＝\mu_C$

　　H_1：H_0爲假

(4)二分子交互作用（two-factor interaction）或第一階交互作用（first-order interaction）

　虛無假設：沒有下列A×B之交互作用

　性別×動機、性別×教學法、動機×教學法

(5)三因子交互作用或「二階交互作用」（second order interaction）

　　H_0：沒有性別×動機×教學法之交互作用

2.如何測量變項：

(1)學習動機：使用學習動機問卷，依測量結果分爲高動機組與低動機組。

(2)學習成績採標準化教學成就測驗。

3.應使用三因子變異數分析，可以再進行單純主要效果考驗或事後考驗。

十一、有一教師認爲創造力教學能有效提高學生的創造力表現，逐在附近大學研究人員協助下，進行一項實驗。他從所任教學校之二、四及六年級學生中隨機抽取九十名爲樣本，並將他們隨機分派至實驗組與控制組，所利用之實驗設計模式如下：

實驗組	托浪斯創造力測驗	創造力教學訓練	托浪斯創造力測驗
控制組	托浪斯創造力測驗	－	托浪斯創造力測驗

根據上述之實驗設計，請回答下列問題：

1.本研究所用之實驗設計爲何？

2.本研究中最可能之標的（target）母群及可接近（accessible）母群爲何？

3.本研究最適當可行的資料分析統計方法爲何？

4.若研究者研究的結論犯了第二類型錯誤，其實際的意義爲何？

5.本研究中「創造力」之操作型定義爲何？

6.若研究者想檢測是否出現「前測敏感性」這項實驗誤差，在實驗設計上如何改變？

7.請舉出二個最可能在本實驗中「影響內在效度」之因素？〔嘉師86〕

答：本題是一個非常典型而完整的考題，考生應多熟悉此類型式之考題，此題可以當做相關考題的示範。

1.眞正實驗設計，理由：(1)有隨機取樣與隨機分派；(2)有控制組，其結構爲：

$$\begin{array}{cccc} R & O_1 & X & O_2 \\ R & O_3 & C & O_4 \end{array}$$

2.(1)標的母群：研究者希望其研究結果可以類推至「全國之國小學生」。

(2)可接近母群：研究者所在學校之學生。

3.本研究可使用t檢定，比較實驗組與控制組之後測成績平均數是否有明顯之差異。

4.第二類型錯誤是當虛無假設爲假，但卻接受了假的虛無假設，亦即研究結果無法推翻H_0。

(1)H_0：$\mu_1 = \mu_2$（實驗組之創造力平均數＝控制組之創造力平均數）

(2)本質上H_0爲假（兩組應該有明顯差異），但研究結果卻發現兩組平均數之差異未達顯著水準。因此，接受了假的H_0，可能是因爲對內在效度的威脅無法妥善的控制。

5.操作性定義：創造力是指拓浪斯創造力上之成績，包括獨創力、精進力與變通力等。

6.對前測敏感性的測量有兩個方式：

(1)比較O_2-O_1與O_4-O_3之差，例如：

$O_1（70）X \qquad O_2（90）\qquad O_2-O_1=90-70=20$

$O_3（70）C \qquad O_4（75）\qquad O_4-O_3=75-70=5$

可知前測敏感性的誤差是5，因此眞正實驗效果不是20，而是$20-5=15$。

(2)更嚴謹方式，採用所羅門四組設計：

$R \qquad O_1（70）X \qquad O_2（90）$

$R \qquad O_3（70）C \qquad O_4（75）$

$R \qquad\qquad\quad X \qquad O_5（85）$

$R \qquad\qquad\quad C \qquad O_6（70）$

檢查：O_2-O_1，O_4-O_3，O_5、O_6，$O_2-O_1=20$，$O_4-O_3=5$，故實驗效應是15，前測敏感是5，可以再以$O_6-O_5=15$來確認眞正的實驗效應是15。

7.影響內在效度之因素：本研究因爲有隨機化，以及有控制組，故可以控制大部分的內在效度威脅。尚無法控制的有：

(1)霍桑效應與強亨利效應。

(2)實驗者偏見。

(3)實驗處理擴散：因爲實驗組與控制組在同一個學校，彼此可能相互交流。

十二、在實驗設計中，隨機抽樣（random sampling）與隨機分派（random assignment）的目的有何不同。〔政大83〕

答：隨機取樣是指從母體，依抽樣架構抽取受試者的歷程，其目的在確保樣本具有代表性，所以研究的結果才可以類推的研究所聲明的標的母群上。

　隨機分派是指將所抽出的樣本隨機分派至實驗組與控制組，以確保兩組儘量同質，可以做公平的比較。隨機取樣涉及外在效度而隨機分派涉及內在效度。

十三、假如你有一個研究問題是：「人本主義取向的教學是否能降低青少年的犯罪行為？」請完成下列工作：

　　1.請將此研究問題再加以分化或具體化，使包含二至四個小問題。

　　2.請定義此一研究問題中涉及到的變數。

　　3.請提出一個研究方法來幫助你回答此一研究問題，質或量的方法不拘，但必須描述其研究對象、研究程序或研究設計等必要訊息，以說明為什麼此一方法可以回答你的研究問題。

答：此題考生應知道那些是屬於人本取向的教學法。合作學習、啟發式教學、創造思考教學、批判思考教學都是屬於人本取向的教學法，其中以合作學習最有名，因此可以合作學習來定義人本主義教學法。

　　1.研究的變項定義：

　　　(1)自變項為人本主義教學法，其操作性定義是「合作學習」，其特色為分組學習、任務結構、酬賞結構與權威結構。

　　　(2)依變項為青少年犯罪行為，其操作性定義為：

　　　　① 學校之犯規記錄。

　　　　②「青少年生活適應量表」上的測量結果。

　　2.待答問題：

　　　(1)青少年犯罪行為的類型與比率如何？

　　　(2)青少年的犯罪行為是否會因性別、社經地位、年齡之不同而有明顯的差異？

　　　(3)使用合作學習是否能降低青少年之犯罪行為？

　　　研究假設：

(1)H_0：$P_男 = P_女$（男生犯規的比率＝女生犯規的比率）

(2)H_0：$P_高 = P_中 = P_低$（高社經地位學生犯規比率＝中社經地位學生犯規比率＝低社經地位學生犯規比率）

(3)H_0：$P_1 = P_2 = P_3$（不同年齡受試犯規比率無明顯差異）

(4)H_0：$P_合作 = P_傳統$（使用合作學習之受試其犯規比率＝使用傳統教學之受試）．

3.研究程序：本研究使用調查法與實驗法同時進行。以調查法蒐集青少年犯規的型態、比率、對生活適應與犯規的心態，調查對象為青少年。再以準實驗設計，以班為單位，進行合作學習與傳統教學對學生犯規行為影響之比較，其結構為：實驗組進行一年的合作學習，在此之前蒐集實驗班級受試者之犯規記錄，一年之後再比較其犯規記錄（與前測及控制組後測比較）。

$$\begin{array}{ccc} O_1 & X & O_2 \\ \hline O_3 & C & O_4 \end{array}$$

十四、實驗研究法有何特徵？應用在教育情境的研究有無限制？〔南師81〕

答：實驗法是屬於量化的研究，其特徵與缺點有：

1.化約或具體化：將研究變項化約成可以衡量的具體變項，其優點是具體、明確，但其缺點是：(1)有些教育現象很難或無法化約或具體化，例如，學校文化、教室氣氛或教學成功；(2)即使可以具體化，所衡量到的特質亦可能扭曲或失真，例如，以智力測驗來代表智力將窄化了智力。

2.控制：實驗研究法最大的特色之一就是操控，是屬於單變項關係之研究，儘量排除無關變項干擾，然後觀察自變項與依變項間的互動關係。其優點是比較能斷定因果關係，缺點是有些變項是很難或無法控制的，例如，智力、社經地位，若勉強控制

則顯得太過人工化，使實驗的情境與眞實的社會生活隔絕。

3.實驗法必定進行實驗，但有些情境是無法進行實驗的，例如，實驗違反道德，或實驗花費太多的時間、金錢不具有經濟效益時，例如，比較自我概念高低對學業成就之影響就無法進行實驗，把受試者的自我概念刻意的改變。

4.通常實驗法會伴隨著隨機化，但一般的教育情境是以班級爲單位，不容易打破建制，東抽一個、西抽一個受試者，因而造成行政上的困擾。

十五、師範學院王教授最近發展一種數學教學方法，他想在國小教室中加以試用，並促成國小數學的革新。爲了達成這些目的，他採用什麼研究方法比較理想？爲什麼？〔花師83〕

答：由題意，王教授想促成國小數學的革新，應該是想建立通則、理論，並且推廣（類推）至國小數學教育的情境，因此，只有嚴謹的實驗法才可以達到此目的，這一題有很多同學寫行動研究法，行動研究可以滿足第一個目標：「他想在國小教室中加以試用」，但卻無法滿足第二個最終目的「促成國小的數學革新」，此題考同學對實驗法與行動研究法瞭解的程度，出得不錯。而且，筆者建議採用嚴謹的眞正實驗設計，才容易斷定因果關係，建立通則。

十六、研究者想瞭解新課程對數學成就的影響，並施以性質相近的前後測，前後測的總分各是100，測驗結果發現前測分數低者，後測時進步較多（$X_2 - X_1 = 22.1$），而前測表現較好者，後測進步反而少（$X_2 - X_1 = 3.6$），根據這個結果，研究者認爲新課程對程度較差者較有效。試問這個結論是否合理？是否有其他的原因可以解釋此進步分數的差異？應如何克服此現象，請提出合適的實驗設計。〔竹師84〕

答：1.程度較低者進步較大，而程度較高者沒有什麼進步，可能是統

計迴歸內在效度介入的結果。

2.如何克服統計迴歸：統計迴歸產生的原因是採用極端的受試者
（分數太高或太低），根本的解決之道就是不使用極端組，而以
隨機取樣的方式儘量使受試者呈常態分配。

十七、試舉例說明實驗控制與統計控制之異同處？〔中師84〕

答：實驗控制與統計控制的目的都在減少干擾變項的介入，以便能夠
更正確的解釋因、果關係，不同的地方有二：(1)實驗控制往往在
研究進行之前與過程中進行；而統計控制是在研究結束後執行
的；(2)實驗控制採用的方法很多，包括情境的控制、方法上的控
制、受試者之控制（隨機化）以及科學工具的協助等，而統計控
制純粹限於統計層面，例如，共變數分析。

十八、名詞解釋：John Herry效應（John Herry effect）。〔中師84〕

答：在實驗研究中，往往實驗組接受更好的待遇，更多的資源與關
注，而引發控制組一種不服輸的精神，促使其更努力表現，而使
控制組有所進步。

十九、名詞解釋：雙盲實驗（double blind experiment）。〔中師84〕

答：為了避免引發霍桑效應或強亨利效應，研究者刻意使實驗者與受
試者皆不知道自己是那一組甚至不知道自己正參與研究，如此則
不會引發其心理激起，由於實驗者與受試者皆不知，故稱為雙盲
法。

二十、某國小校長想利用五年級數學較差的學生進行課業輔導，因此
根據前一學期數學期考的成績挑出低於三十分的學生共36名，
經得其家長同意後，於暑假進行四週每週兩次之課業輔導。為
了評估課業輔導的成效，乃商請以鄰近另一所國小的五年級學
生作為比較之用。由於這兩校期考均採用相同的試卷，經查閱

該校五年級學生的期考成績後，發現共有41名學生低於三十分。課業輔導結束後，參加課業輔導的學生和鄰近學校的這41名學生均再施以前學期期考的試卷。經統計分析後，發現參加課業輔導和未參加課業輔導者之成績並無顯著差別。但經比較參加課業輔導學生的前後測成績，卻發現有顯著進步。請回答下列問題：

1. 本研究所用的研究方法為何？
2. 本研究之實驗設計方法為何？
3. 本研究所用之統計方法為何？
4. 有何原因可用以解釋該研究的結果？（請舉出最重要者）

〔嘉師84〕

答：1、2. 本研究為前實驗設計，為實驗法，沒有隨機化，亦無控制組（只有比較組）。

3. 該研究者採用t檢定，兩組後測平均數的檢定為t檢定，獨立樣本，但實驗組前、後測之檢定為t檢定，相依樣本。

4. 本研究的結果可以圖示如下：

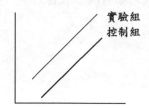

實驗組
控制組

實驗組與控制組皆為極端選樣（成績在三十分以下），而兩組後測皆有明顯的進步，顯然是受到「統計迴歸」的影響，而實驗處理是無效的（因為控制組沒有處理，但卻有進步），這樣的情境造成了兩組的比較在後測成績上無明顯差異，但在前測與後測的比較上卻有明顯的差異。

二十一、霍桑效應（Hawthorne effect）旨在說明何種效度之重要性？ (A)人口效度 (B)內在效度 (C)關聯效度 (D)環境效度

答：(D)與(B)皆可，基本上霍桑效應和外在效度威脅中之生態效度（ecological validity）（又譯為環境效度）有關，但也會影響至內在效度（實驗處理結果有效，原因並非來自實驗處理本身而是來自受試者之心理因素）。

二十二、問題解決（problem solving）的能力向來是國小數學教育所強調的，大多數人傾向於認為問題解決的能力與智力有密切的關聯。為了探討這項看法的真確性，某一研究者以嘉義市一所國小的五年級學生為對象進行研究。由於該校五年級學生人數頗多，該研究者乃抽選學號為五的倍數的學生共390位為研究的對象。首先他對這390位學生施以智力測驗，根據智力測驗的結果將受試者分成高、低兩組，然後再讓受試者接受「數學問題解決測驗」，經統計分析後，發現高智力組在「數學問題解決測驗」的得分並未顯著高於低智力組的得分。

請回答下列問題：

1.本研究之樣本為何？

2.本研究之研究變項為何？

3.本研究所用之研究方法為何？

4.本研究之外在效度為何？

5.請協助其進行統計分析：

　(1)請列出虛無假設及對立假設。

　(2)抽樣分配（sampling distribution）為何種分配？

　(3)若高智力組的人數為186，標準差為13.82；低智力組之人數為204，標準差為12.96，請估算抽樣分配之標準差應為何？〔嘉師86〕

答： 1.該校390位五年級生。

2.自變項：智力；依變項：數學問題解決能力。

3.調查法（並沒有從事實驗）。

4.本研究缺乏外在效度，研究結果只限定於該校有用。

5.$H_0 : \mu_{高} = \mu_{低}$（高智力受試者之數學問題解決測驗平均數等於
低智力者）

$H_1 : \mu_{高} \neq \mu_{低}$

抽樣分配為t分配（兩個平均數之檢定）

抽樣分配之標準差→採用聚合變異數，代入公式：

$$S_P{}^2 = \frac{S_1{}^2 (N_1 - 1) + S_2{}^2 (N_2 - 1)}{N_1 + N_2 - 2}$$

N_1，N_2為兩組受試者人數，$S_1{}^2$與$S_2{}^2$為兩組之變異數。

第14章

單一個案實驗設計

一、倒返實驗設計
二、多基準線設計
試題分析

單一個案實驗設計（single subject design）常用在特殊教育裡或針對班上的特殊兒童予以行為的矯正，多數配合以行為學派的控制方法（增強、消弱、制約等），單一個案實驗設計不同於個案研究（case study），前者比較強調控制，目的在建立因果關係，是屬於量化的研究，而後者並沒有控制，強調自然的觀察，是屬於質性研究，無法判斷因果關係。但兩者的共同點就是其研究對象都是針對「個人」。

一、倒返實驗設計

倒返實驗設計（reversal of withdrawal design）又稱為A－B－A－B設計、「撤回設計」、「操作設計」、「相等時間系列設計」，其原理是藉由重複的介入與徹回來衡量實驗的效果。倒返實驗設計有不同的變化：A－B－A，A－B－A－B，A－B－C－B或B－A－B（王文科、杜正治，民83）。A或A_1稱為量基準線階段，目的在瞭解受試的行為模式，供作比較的標準。B或B_1稱為介入階段（第一次），此階段中實驗延續一段時間，一方面在促進良好行為習慣的養成，同時也連續觀察一段時間以瞭解行為的變遷模式，我們可以將理想的變化情形圖示如下：

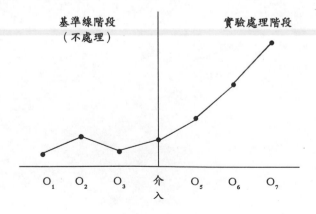

由上圖可以看出，在實驗處理階段（O_5，O_6，O_7），其目標行為明顯的增加，可見實驗處理是有效的。

我們如果再重複進行這樣的程序就成了$A_1 - B_1 - A_2 - B_2$的倒返實驗設計，重複進行的目的是在檢證研究的效度，若$A_2 - B_2$與$A_1 - B_1$所出現的模式是相同的，則我們更有信心下結論，以下即是$A_1 - B_1 - A_2 - B_2$理想上的模式：

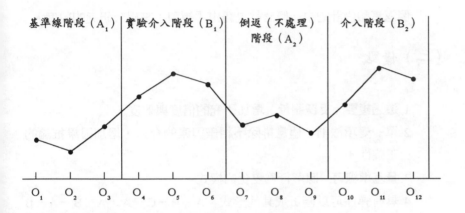

由上圖可以看出，若有實驗介入則目標行為上升，當實驗徹除後又回復至未介入前的水準。而且$A_1 - B_1$與$A_2 - B_2$的模式是一致的，可以證明此實驗是有效的。

（一）實施原則

1. 以行為目標界定終點行為。
2. 對類似（相關）的非終點行為亦要注意，並加以觀察（是否有類化遷移）控制。
3. 蒐集基準線之資料至少要連續三天。
4. 介入期（實驗）至少三天，但可以視情況予以延長。

5. 唯有在第一次蒐集完整的 A_1 階段之行為模式資訊後,方才介入。

6. 只有在第一次之介入(B_1)所引發的行為改變趨於穩定時,才可以進行第二階段的倒返。

7. 當第二基線階段穩定(A_2)時,才又再介入(B_2)。(杜正治,民83)

倒返實驗設計的中心概念就是藉由「複製」來提升研究的效度。

(二)優點

1. 透過複製(反覆測量)增加研究的信度與效度。

2. 單一變項法則:儘量排除不相干因素的介入,增加因果推論的正確性。

3. 量基準線可以瞭解行為變化的模式。

4. 具有彈性可以修正成其他形式:A－B－C－A,A－B－A－B－BC－B－BC。

5. 具有行動特質,目的在解決問題。

6. 具有較高的內在效度。

(三)限制

1. 有些行為一但學成之後不會忘記(倒返),例如,騎腳踏車。

2. 倫理上的衝突,例如,一但受試者增加了目標行為,應繼續給予支持鼓勵,而不是消極的忽略。

二、多基準線設計

多基準線設計（multiple-baseline designs）具有下列的優點：

1. 可用來評鑑教學方案的效率。
2. 不需倒回、介入。
3. 比較容易被教師與家長接受。（杜正治）

多基準線設計有三種模式：(1)跨行為多基準線設計（multiple-baseline across behavior）：針對相同的個案，給予兩種（或以上）的行為處理，例如，先教兒童接電話的禮節，一段時間後再同時教導打電話；(2)跨情境多基準線設計（multiple-baseline across situations）：程序與前述類似，例如，培養兒童在學校與家庭都能說「謝謝」；(3)跨個人多基準線設計（multiple-baseline across individuals），是指在行為與情境衡定的情況下同時處理兩個人。

試題分析

一、個案實驗法裡，何謂倒返設計（reversal design）？又何謂多基
準線設計？〔政大87〕

答：若以A表示基線而以B表示介入，則A－B－A－B設計稱為倒返實
驗設計，亦即重複的徹回與介入實驗以觀察受試者反應之實驗研
究。我們若一次處理兩種或兩種以上的研究情境即為多基準線設
計。又分為：跨行為多基準線設計、跨情境多基準線設計與跨個
人多基準線設計等三種。多基準線設計比較有效率，同時對於已
顯示處理效果的實驗亦不必再倒回，比較可以被家長、教師所接
受。

第**15**章

•••••••••••••••••••••••••••••••••••••••

行動研究法

一、行動研究的意義

黃光雄、簡茂發（民84）綜合各派學者的說法，認為行動研究（action research）是「小規模的介入實際情境，對當前事務中獨特問題的探究；通常由直接涉事的那些人負責執行，並對此一介入的效果作嚴謹的檢查，旨在促成某種獨特情境的改變。……這種由工作者共同參與，謀求工作情境中當前問題之解決，評價並導正決定和行動過程的研究方法，就是行動研究法。」（p.344）簡言之，行動研究目的在解決當前的問題，故重視即時的運用。

行動研究亦可視為一種對團體行為之的診斷、蒐集資料提供回饋與矯正或發展行動的歷程（Corsini, 1984），有些學者視行動研究為實務工作者對其參與工作努力歷程的一種描述，在此定義下的相關概念有自我反省探究（self-reflective enquiry）、教室研究（classroom research）、教師研究者模式（teacher-researcher model）等。或者，可將行動研究視為一種改進實務工作方法與技術，即「統合行動研究」（simultaneous-integrated action research）（蔡清田，民89）。

我們若以研究的實用程度來區分，可以將研究分為三類：「基本研究」（basic research）、「應用研究」（applied research）與「行動研究」（action research）。基本研究的目的是在發展或驗證理論，運用研究的目的在減少理論與實務上的差異，而行動研究之目的在解決問題。

蔡清田（民89）歸納行動研究與基本研究之差異如下：

比較項目	基本研究	行動研究
1.所需之訓練	研究者需具備在統計、測量及研究法上的專門訓練，以提升研究的效度	通常行動研究者不需要太過專門的訓練，不一定需運用到高級的統計或艱深的量化方法，可與外來的專家合作，以補足自己在專門知識上的短缺
2.目的	目的在獲得知識，以便運用在廣大的母體身上，或者發展或考驗理論	目的在獲得知識，便能直接運用於實務的特定工作情境，如課堂上的教學，並且可以提供實務工作者在職進修的機會
3.研究問題的探討	對問題有明確的定義，但研究者不直接涉入研究問題	研究問題來自實際的工作情境，亦即實務工作時所引發的影響工作效率的問題
4.假設	發展特定的假設，以操作性語氣予以定義，可具體的測量觀察	解決問題的特別說明，常被視為研究假設，理論上行動研究假設應該是嚴謹而可以被考驗的
5.文獻探討	必須對文獻作充分的探討以獲致應有的瞭解，並對文獻的方法、結論提出歸納、批判	閱讀一般相關的資料，以便對研究的領域有一般性的瞭解，但不嚴格要求實務工作者，要對資料有深入而完整的探討
6.抽樣	較嚴謹的研究常要求有抽樣的程序，以避免樣本的誤差並增加樣本的代表性	通常以實務工作中所接觸者為對象，例如，教師以該班學生為研究的對象
7.測量	選擇最有信度與效度的測量工具，必要時預試，修正及提升工具的有效性	參與者可能不具備相關的測量知識，因此對測量工具的評鑑不嚴謹，但卻可以透過顧問的諮詢取得協助
8.資料分析	強調結果的概括性，使用複雜的統計分析，並判斷比較的結果是否達到統計上的顯著水準	進行簡單的統計分析，比較重視實用顯著性而非統計顯著性，而且也重視參與者所提供的意見
9.結果應用	雖然重視外在效度，但實際上在理論與實際運用上可能有落差，可能必須加以修正以配合不同的情境需求	研究的結果可以立即運用在日常的工作情境，但只限於與研究者有關的情境，無法類推至其他情境

二、行動研究的特徵

依學者黃光雄、簡茂發（民84）、蔡清田（民89）、張世平、胡夢鯨（民84）指出行動研究具有下述的特徵：

1. 行動研究以解決實務問題為導向：重視行動的價值高於理論的研究。
2. 強調實務工作者的參與：實務工作者對問題最為瞭解，也最務實。
3. 從事行動研究的人員就是應用研究結果的人員：將理論與實務予以結合，亦可促進教師的在職進修。
4. 行動研究的情境就是實務的工作情境。
5. 行動研究的過程重視協同合作：可以邀請與問題相關的行政人員、教師、家長、學生或專家，共同參與以解決問題，故注重參與人員間之協調合作。
6. 強調問題解決的立即性：是目前遭遇到的問題，而不是未來可能發生的問題。
7. 問題或對象具有情境的特定性。
8. 行動研究的計畫是屬於發展性的反省彈性計畫：行動研究是一個循環的歷程，在研究的歷程中不斷的檢討、修改、創造，以促進教育的專業成長。
9. 行動研究所獲得的結論只適用於特定實務工作情境的解放，所以，其目的不在於作理論上的一般推論。
10. 行動研究的結果除了實務工作情境可獲得改善外，亦可使實際工作人員獲致問題解決的經驗以提升專業知能。
11. 行動研究結合了對問題的研究與解決。
12. 行動研究有時必須透過專家的協助，但專家只是從旁指導而已。

13.行動研究採取共同計畫、共同執行與共同評鑑的方式來進行。

14.評論行動研究的成功與否,在於對實際狀況的改善程度,而不
是對知識的增加程度。

三、行動研究的理論基礎

以下這些學說都強調「行動」是為行動研究之理論根源:(張世平、胡夢鯨,民84;蔡清田,民89)

(一)實用主義

實用主義(pragmatism)的代表人物如詹姆士(W. James)與杜威(J. Dewey),即非常強調知識的實用性價值,知識的好、壞應以其在日常生活中之運用結果為判斷的準則。杜威有名的口號:「做中學」即說明了實用與求知間的關聯。依張世平、胡夢鯨的說法,實用主義影響行動研究的理論有:

1.實用主義主張以實際效果為判斷真理的規準。

2.實用主義以為知識為實用而有,也由實用而起。

3.企圖使理論與實用統合。

4.杜威認為經驗是生物與外在環境之交互作用結果。

5.實用主義認為這個世界是變動的,因此,目的是沒有最後的、最終的,應不斷的修正。

(二)批判論

批判論(critical theory)的代表人物如馬克思很強調意識形態的

解放與行動上的重建，教育工作者可以引用批判論來進行教室中的行動研究，教導學生意識形態的解放，並對意識形態的牽制提出批判，其目標在建立一個理想的教學與學習的情境。

（三）行動理論

行動理論（action theory）是由美國功能主義者帕森思（T. Parsons）所提出的，帕森思認為行動具有下列的特徵：(1)是一個（組）為達目的的行為；(2)行動必須發生在環境或情境中；(3)涉及到行動者個人的動機、能力與精力；(4)行動並非單獨產生的，而是整個社會的一環。

四、行動研究的程序

1. 陳述所關注的問題（需在能力範圍內可以解決的問題）：瞭解與診斷問題，掌握情境的脈絡，評估可用的資源。
2. 研擬解決問題的可能行動方案：行動方案是針對問題解決而發展的，是行動研究法的主要特色之一。行動方案中的內容包含：(1)說明需要改善的因素或情境以及所應採取的具體行動；(2)說明行動研究的磋商聲明；(3)指出行動研究中所需的資源；(4)說明訊息的來源與管道，以及相關的倫理架構（原則）。
3. 尋求可能的合作夥伴：可以採用參與式領導（participant leadership）以集思廣益促進問題的解決。
4. 採取行動並予以記錄：仔細觀察研究的歷程與結果，並予以記錄，記錄的方式相當多元，包括訪談、教室觀察、學生作品、日記、評量、測驗等。
5. 評鑑與回饋：可與參與者以及學生共同檢討，並判斷問題解決

之成功與否,若問題尚未獲得完全的改善,則評估再次實施行
動研究的可行性與必要性。

張世平、胡夢鯨綜合國內學者的看法,認為行動研究具有七個實
施的步驟:

1.發現問題。

2.分析問題。

3.擬定計畫。

4.蒐集資料。

5.批判與修正。

6.試行與考驗。

7.提出報告。

黃光雄、簡茂發則歸納下列實驗的原則:(1)行動;(2)實用;(3)
合作;(4)彈性;(5)協調;(6)可行;(7)不斷考核或檢討;(8)講求時
效;(9)在實際環境中進行;(10)由實際工作者來進行;(11)應保持客
觀的態度;(12)充分運用現有的資源;(13)各參與人員應適切的分工
合作。

五、行動研究的優點

1.激發教師的研究動機。

2.在研究中成長,避免「僵化」。

3.改善教師之教學方法。

4.發展對學生的同理心,以促進學習。

5.加強教室管理。

6.作爲考核評鑑的依據之一。

7.促進行政效率。

8.結合教育理論與應用（張世平、胡夢鯨）。

9.行動研究係針對實際工作情境所從事的研究，其結果可以立即應用。

10.研究者與實際工作者結合，有利於問題的解決。

11.研究過程中可以提供立即性的回饋，有助於教育活動的發展。

12.協助參與行動者發展教育專業。

13.適用於教育活動中各種實際情境中之問題解決。

14.對參與者之研究能力要求不高，比較容易進行。

蔡清田則歸納下列教育行動研究之優點：

1.提升教育行政效率與學校管理效能。

2.促進教師從事教學革新的能力。

3.鼓勵教育的實務工作者執行課程的行動研究，尤其在九年一貫課程實施後，應從事行動研究來促進教與學。

六、行動研究的限制

蔡清田認爲行動研究的限制爲：

1.實務的限制：教師在繁忙的教學工作之餘是否還有能力與動機從事研究工作是值得考量的。我們應鼓勵教師積極的參與研究進修工作，以提升專業知能。

2.時間的限制：是指教師時間有限無法兼顧教學與研究。

3.類推的限制：行動研究沒有抽樣，而且樣本有限，故其研究結

果並不具有外在效度，只限於當時的特殊情境中適用，如此，使行動研究的結果在推廣上受限。

4.資料的限制性：資料的限制性包含兩個層面：(1)資料的取得問題：行動研究者不一定能得到其想要的資料；(2)資料測量的精確性問題：由於行動研究者不一定受過嚴謹的測驗理論訓練，其測量結果的信度與效度可能受到質疑。

黃光雄、簡茂發（民84）指出教育行動研究的缺點是：

1.品質不高：由於研究不嚴謹，所以缺乏效度，但可透過專家的協助加以改善，另一方面，教室中的自然情境比在實驗室的人工情境複雜，也會使內在效度下降。

2.參與者在「研究」和「教育工作」兩種角色的調和上易產生困擾，亦即教學與研究難以兼顧。

3.協調困難：研究參與的人多固然可以集思廣益，但若彼此間意見紛歧，其功效會打折。

4.研究者的自我應驗預言：教師本身既是行動者又是評鑑者，球員兼裁判，可能在不知不覺中蒐集符合自己期望的資料。

試題分析

一、有位國小二年級級任導師，自上學期開學以來經過兩次月考後，發現該班同學數學學習效果不佳，因此他想運用行動研究（action research）來瞭解問題所在，以改善學生的情境。試問如果你是該位級任導師，你會設計何種實施步驟？〔市北師88〕

答：依蔡清田（民89）歸納教育行動研究的步驟為：

1. 關注教育情境，發現教育問題，並且界定問題的領域與焦點：問題的焦點是如何提升該班的數學能力。

2. 規劃教育行動研究方案，並且擬定可能的問題解決行動方案：

    (1)瞭解班上數學學習效果不佳的原因〔教師因素、教材、教法、學生問題（缺乏動機）〕。

    (2)針對問題發展可能的問題解決行動方案，例如，改變教學內容（多媒體、電腦輔助教學）以提升學生之學習興趣，或者採用合作與教法學習的方法來促進學習等，採用正增強、負增強的策略。

3. 尋找協助與合作：教師可能尋找專家請益（課程與教學專家、研究法專家）、行政上的配合，並且告知學生可能的轉變。

4. 進行概略的文獻探討：瞭解數學科教材教法、行動研究之方法等。

5. 實施行動研究方案，並蒐集資料：觀察學生進步的情形，可以採用測驗、訪問、調查等方式來實施。

6. 評鑑與回饋：評鑑問題解決的程度、給予參與者回饋。

7. 修正行動方案與再實施：如果問題尚未獲得滿意的解決，則必須反省、修正行動方案，實施直到達成目標為止。

8. 再評鑑與回饋：行動研究的程序可以歸納成三步曲：找出問題→發展與實施行動方案→評鑑與回饋。

二、「教師即研究者」此一概念在我國國民中小學教育研究的必要性
　　為何？又我國國民中小學在推展此一概念時，預期會遭遇到那些
　　困難或瓶頸，如何突破之？類似試題：何謂「行動研究」（action
　　research）？國民小學宜如何推展行動研究，試抒己見。〔國北
　　師83〕

答：1.國小從事行動研究之必要性：

　　(1)法令上的鼓勵：九年一貫國教中鼓勵學校發展成學習型組
　　　　織，教師可以透過行動研究，互相合作，共同成長，以改進
　　　　課程與教學。

　　(2)行動研究強調立即性與實務性，教師經由行動研究的結果可
　　　　以立即改善教學情境，促使教育工作者能夠獲得實際解決問
　　　　題的經驗，以促進教師專業成長。

　　(3)行動研究亦屬於發展性與反省性，隨著社會的變遷，問題的
　　　　性質也在變動，教師透過行動研究不斷的進行反省，獲得深
　　　　度理解。

　　2.教師從事行動研究的限制：

　　(1)教師可能缺乏從事研究的專業訓練，需要向專家請益。

　　(2)教師平常工作繁忙，或兼任行政業務，無暇從事行動研究。

　　(3)行動研究有時需要相關人員或行政上的協調合作，不容易進
　　　　行。

　　(4)教師保守的心態沒接觸、不瞭解行動研究，也沒有從事行動
　　　　研究的熱情。

三、某國小成立資源教室對低年級數學低成就學生進行補救教學，並
　　欲以行動研究（action research）瞭解補救教學實施成效及提升
　　低成就生學習興趣，試以此研究情境為例，設計行動研究法的實
　　施步驟，並說明其功能及限制。〔屏師87〕

答：1.行動研究之實施步驟：

(1)定義問題：如何結合資源教室之設備對低成就學生進行補救教學？

(2)分析問題：考量該問題獲得關注的必要性、進行問題分析可能遭遇的困難（例如，問題的界定不當）、考量透過專家協助的可能性、確定問題的焦點。

(3)規劃教育行動研究計畫。

① 規劃可能的資料蒐集路徑。

② 進行初步的文獻探討。

③ 掌握資源。

(4)研擬教育行動研究策略：擬定行動假設：考量教師、學生、家長、行政人員的意見；學校行政部門所設定的優先順序；在進行行動研究的歷程是否可以減少授課時數，事後是否可以得到獎勵。

行動研究的行動假設與一般的研究假設不同，一般的研究假設以建構理論、知識為主，常是「靜態的」。而行動假設是以問題解決為主，具有「行動」的特質。

(5)發展行動方案：依行動假設發展具體的問題解決實施步驟。

(6)實施行動方案。

(7)評鑑實施的成效。

(8)修正行動方案與再實施。（蔡清田，民89）

2.行動研究的功能與限制：

(1)教育行動研究的功能：（蔡清田）

① 提高教育行政效率與學校管理效能。

② 增進教師從事教學革新的能力。

③ 鼓勵教育實務工作者進行課程行動研究。

九年一貫課程的實施，教育行動研究有何貢獻？

① 可以透過教育行動研究，進行學校層面的整體課程方案發展。

② 透過教育行動研究，進行各學習領域層面的課程設計。

③ 透過教育行動研究，進行教室層次的課程設計。

(2) 教育行動研究之限制：（蔡清田）

① 實務上之限制：研究工作不干擾到教學或行政工作，在進行行動研究時可能面臨缺乏行政支援、經費設備與能力的問題。

② 時間的限制性：教師的教學與行政工作占用太多時間，無暇再從事研究工作。

③ 類推的限制：行動研究屬個案研究的性質，並不具有外在效度，此結論只適用於該研究情境。

④ 資料的限制：不易取得嚴謹、有效的資料。

四、試比較正式的教育研究與行動研究（action research）兩者在目的、假設、抽樣資料分析及結果應用上之不同。〔成大85〕

答：1. 研究目的：

(1) 正式研究：①建立通則；②建構學理；③預測；④驗證、批判理論；⑤瞭解社會事項、探索知識。

(2) 行動研究：①解決教育情境中之問題；②瞭解教育情境事項；③促進教學與行政革新；④促進教師專業成長；⑤促進教師之反省、解放。

2. 假設：

(1) 正式研究：①假設必須是嚴謹的，可以驗證的；②有研究假設與統計假設兩種；③假設建構在理論的基礎上，目的在增加知識。

(2) 行動研究：①發展行動假設，目的在解決問題；②行動假設包含問題解決的具體行動步驟與評鑑方法；③行動假設不若研究假設來得嚴謹，也不需要透過高深的統計或實驗設計去驗證行動假設的可行性與成效。

3.抽樣資料之分析：

(1)正式研究：由於考量建立通則，故注重母群體、樣本的代表性與抽樣的歷程，常使用統計上的推論統計來進行資料分析。

(2)行動研究：多數教師所從事之行動研究並沒有抽樣，屬個案研究的性質，也不需使用很深奧的統計來進行資料的分析。

4.結果的運用：

(1)正式研究：其結果具推論性，可以運用至較廣的類似群體上。

(2)行動研究：其結果不具有推論性，只能運用在該研究情境上。

五、何謂「行動研究」（action research）？國民小學宜如何推展「行動研究」，試抒己見。〔國北師83〕

答：　1.行動研究名詞解釋請參考內文。

2.如何推展行動研究：

(1)鼓勵教師進行行動研究，並具體提供誘因，例如，可以減少上課時數，儘量給予行政上的資源，對於研究成果有助於改善教學與提升行政效率者給予精神與實質上的獎勵。

(2)成立行動研究的「工作坊」，邀請專家定期來校輔導，或者鼓勵教師至大學選修相關課程，教師們亦可以組成讀書會共同研討促進行動研究的能力。

(3)也可以透過立法，例如，若將來實施教師級職制度，可以規定教師在規定的年限內必須從事研究才可以升級。

(4)鼓勵教師將行動研究的結果與大家分享，可以投稿至專業期刊，是為教師升等的依據之一。

六、名詞解釋：行動研究法。〔市北師81〕〔政大83〕〔竹師81〕

答：詳見內文。在解釋時不要忘了將關鍵語「教師在教室內所從事之
　　研究」、「問題解決」寫進去。

第**16**章

●●

質性研究之理論基礎

一、紮根理論
二、俗民方法論
三、現象學
四、質性研究的特徵

質性研究是目前的熱門考試趨勢，有些學校，例如，政大、新竹師範學院等都會考質性研究，其比例有時高達25％。質性研究的考試重點在：(1)質性研究的信度與效度；(2)質性研究的特徵；(3)質性研究的程序；(4)質性研究的理論基礎（名詞解釋）；(5)質性研究與量化研究之比較（申論題）。

質性研究是一種較新的建構知識的方法，若使用在社會學的研究上，則稱爲新教育社會學，有別於傳統以量化研究爲主的社會學，也曾出過考題比較兩者間的差異。考試時，應熟記質性研究的一些關鍵字，例如，「互動歷程」的研究、微觀取向、個案研究設計、參與觀察、田野調察、緊接著的研究設計、深度描述、脈絡、互爲主體性。本章先介紹質性研究的理論基礎。

與質性研究有關的理論相當多，包含：象徵互動論（symbolic interactionism）、俗民方法論（ethnomethodology）、現象學（phenomenology）、詮釋學（herm-eneutics）、紮根理論（grounded theory）、民族誌（人種誌）（ethnography）、行動理論（action theory）。考生只要知道這些名稱即可，在比較質性與量化研究的異同時，考生要能寫出質性研究的理論基礎。然而，新竹師院曾考過紮根理論的名詞解釋，以下筆者挑選重要的理論，予以簡單介紹，以能回答名詞解釋爲主。

一、紮根理論

1. 理論根源於實用主義（pragmatism）與象徵互動論（symbolic interactionism）。

2. 是質性研究法中最具科學的研究法，其遵守科學原則、比較原則、假設驗證與理論建立原則，但爲瞭解社會現象的本質，仍保有相當的彈性。

3.紮根法在研究時常需符合三個原則：

(1)科學的邏輯：重複歸納、演繹與假設驗證的三部曲。

(2)登錄典範：是一種用來刺激研究者思考的策略，包括從四個層面切入思考：產生事件的情況（conditions）、結果（consequences）、處理措施（coping mechanisms）與過程（processes）。研究者依登錄典範的四個層面比較不同的案例，以使其間的差異得以顯現。

(3)「互動地」思考：研究者不斷思考在不同時空背景下，微觀層面與鉅觀層面的互動關係。（徐宗國，民86）

二、俗民方法論

1.ethno源自希臘文ethnos，有種族（race）與民族（peoples）的意思，而methodology有方法之意。劉錫麒、鍾聖校指出「俗民方法（ethnomethods）主要描述藉親身參與社會活動，反映參與者所具有的實在的觀念，有時包括民族誌的研究。……故俗民方法論亦可作為民族誌、民族學使用方法的理論說明。」（p.143）簡言之，俗民方法學在說明常識性解釋與意義的建構如何可能的問題。

2.其理論基礎奠基於現象學、詮釋學與對日常語言的分析，最著名的代表人物為葛芬柯（Garfinkl）。

3.俗民方法學有三點意義：

(1)俗民方法學的目的在研究日常生活民眾如何進行推理思考、尋求意義的學問，是探究社會成員所使用方法的學問。

(2)俗民方法學強調對生活世界的瞭解，認為生活世界才是所有客觀科學知識的最終基礎，要尋求科學的原初意義，必須研

究人在日常生活所使用的方法。

(3)俗民方法論重申懷海德（A. N. Whitehead）所謂科學中常犯的「具體性錯置的謬誤」，強調日常生活民眾使用的方法有意義深長的價值和作用，可供方法論參考。

4.俗民方法學的研究策略：俗民方法學的研究策略有參與觀察、破壞性實驗與不定量重新分析。所謂破壞性實驗即是研究者故意破壞日常生活中「約定俗成」的規範，藉此觀察人們的反應，以及人們嘗試重新建立原有規範的歷程。而不定量分析是指對所提出的證據再加以重新分析的過程，亦即證據本身就應該接受同樣的分析，而透過此種分析，可以對原有的細節重新安排而獲致「最後」、「正式」而權威的解說。（劉錫麒、鍾聖校）

5.俗民方法論對教育的貢獻：

(1)透過對目前研究法的批判檢討，促進教育研究方法的改進。

(2)促使行動研究再度受到重視。

(3)開創新方法，增加教育研究法的選擇性。（劉錫麒、鍾聖校）

三、現象學

現象學的創始者為胡塞爾，為二十世紀興起的一個哲學學派，其理論的要旨有：

1.有關現象的基本假設：

(1)現象即本質。

(2)現象為直觀所得。

(3)現象顯示於將存在放入括弧內。

(4)現象之陳述僅限於有關意向性的陳述。

(5)意向的陳述要合乎「一貫性之判準」。

2.存而不論（Epoche）：存而不論包含兩個相輔相成的歷程：
「放入括弧」（Epoche）與「還原」（reduction）。所謂還原是要
將事物還原成原來沒有主觀滲入時的原始狀態，但要還原，就
必須把不是「原來的」放入括弧內，只要能將不是原來的放入
括弧內，所剩下的，就是原來的。將不是「原來的」放入括弧
內的歷程，稱爲「存而不論」。因此，存而不論的目的即在回歸
事務本身。有些事物的本質並非我們所認定，所知覺到的，只
有當我們把這些原本不是事物本身所存有的偏見放入括弧內，
才能使眞正的事物本身得以還原。

四、質性研究的特徵

此處筆者將質性研究的特徵加以整理，作爲回答質性研究考題的
基礎，考生應熟記在標題上的術語。

劉仲冬（民86）歸納質性研究的特色如下：

1.透過被研究者的眼睛看世界：研究者所要詮釋的是被研究者所
建構的社會事實，而不是研究者所認知的社會事實，研究者必
須長期與被研究者互動，發展同理心，才能深入理解被研究者
之內在思考。

2.深度素描（in-depth description）：質性研究必須對其研究的
對象、場景、脈絡作詳細的記錄，以便讀者能正確的瞭解意義
所從出的脈絡關係。

3. 網絡主義（contextualism）：質性研究強調意義不是片斷、孤立的，意義有其脈絡性，而且必須從整體主義（holism）的觀點來看。

4. 過程：質性研究認為社會是不斷的變動的，而人們的生活即是一連串相互關聯活動的組成，質性研究很重視人們日常生活中各種活動變動的歷程。

5. 彈性：質性研究者不預設立場，避免先入為主，多採用開放式或非結構化的方式來蒐集資料。其研究的過程富有彈性，是一個發現問題、蒐集資料與分析資料的循環歷程。

歐用生比較自然典範（質性研究）與科學典範（量化研究）來顯示質性研究的特色：

1. 現實的性質：
   (1) 科學典範：現實（reality）是單一的、具體的，而且可以分解為一些變項加以研究，直到尋找到解釋為主。
   (2) 自然典範：現實是多重的（multiple），不同的人可能建構不同的社會現實，現實不是具體的，而且，只能從整體的、個殊的方法加以探討。

2. 研究者與被研究者的關係：
   (1) 科學典範：採取「主—客」關係的立場，主、客的界限分明，研究者必須採行某些措失來防止客體的反應，以免混淆研究的結果。研究者必比較具有權威性、武斷。
   (2) 自然典範：採取「主—主」關係，研究者與被研究者間的界限不若量化研究般分明，兩者之間無可避免的產生交互作用，使交互作用成為研究的利器，藉以發展同理心與洞察力，使詮釋更為深入、可靠。

3. 眞理敘述的性質：

(1) 科學典範：認爲眞理是放諸四海而皆準的，是禁得起時、空的考驗的，因此，研究的結果重視發展一套多數人皆可以接受的理論，亦即重視外在效度（推論性）。

(2) 自然典範：認爲發展通則是不可能的，因爲人的思考與行爲會隨著情境之不同而產生變異，因此，質性研究的目的在發展個殊的知識體，質性研究是屬於個案研究的性質，不重視外在效度，比較重視對知識增加的程度。

4. 因果關係：

(1) 科學典範：試圖經由對變項的嚴格控制以便建立因果關係，以便作爲預測、控制之用。

(2) 自然典範：相信社會事件交互作用非常複雜，由其中勉強得出的因果關係，充其量也只是「值得爭論的推論」（plausible inferences），而這些推論是受時空因素的限制的。因此，自然典範不重視因果推論，但重視相關因素間互動歷程的探討。

5. 與價值的關係：

(1) 科學典範：強調價值中立，並且儘可能採用客觀的方法（例如，測驗、非干擾式觀察）來保持中立。

(2) 自然典範：認爲價值中立不可能的，反而鼓勵研究者去發掘不同的價值觀，呈現花花世界的異質面貌，但此處所謂的價值中立是指研究者保持「訓練有素的主觀性」，儘量以客觀的態度捕捉人的主觀意識。

6. 理論的來源：

(1) 科學典範：主張有先驗理論的存在，並且以先驗理論作爲研究的引導。

(2) 自然典範：認爲引導研究的不是理論而是研究的問題，若研究被先驗理論所限制，可能會導致偏見。

7. 知識類型：

(1)科學典範：偏好於可以將知識限定於命題的知識（propositional knowledge），亦即可以用語言表達的知識（明確）。

(2)自然典範：認為人就是工具，強調隱含的知識（tacit knowledge），亦即不容易使用語言表達，但為研究者所洞識，利用直觀和理解所獲得的知識。

8. 工具：

(1)科學典範：常使用非人的工具，例如，問卷、量表、測驗卷，以便系統化、客觀化的蒐集資料。

(2)自然典範：強調以人為工具，因為人具有最大的敏銳度、彈性與適應性，亦能兼顧整體的觀點與使用隱含的知識。

9. 研究設計：

(1)科學典範：事先設計，依先驗理論設定假設、資料蒐集與分析程序。

(2)自然典範：不能事先設計，隨研究而逐漸成形。

10. 研究情境：

(1)科學典範：偏好在控制的情境（例如，實驗室）下進行。

(2)自然典範：偏重在自然的情境中進行。

第**17**章

●●●●●●●●●●●●●●●●●●●●●●●●●●●●●●●●●●●●●●●

質性研究的信度與效度

質性研究的信度與效度和量化研究的信度與效度一樣，爲質性研究中之熱門考題，其考試的方式可以比較質性研究與量化研究對信度與效度的不同觀點，最常考的方式是詢問如何提升質性研究的信度與效度。

一、外在信度（設計的信度）

質性研究對信度的定義不同於量化研究，因爲兩者構成的資料性質不一樣，以量化的觀點而言，信度是指運用相同的工具或不同研究者之間其觀察結果的一致性。但質的研究信度是指不同參與者透過互動、資料蒐集、記錄與分析，其對結果詮釋的一致性。但質性研究是高度個人化，每一個個案都有其特殊的脈絡，使信度不容易達到。

王文科認爲質的外在信度（external reliability）是指「獨立的研究者在相同的或類似的情境中，能發現相同現象的程度。」其主張質的信度的檢核不需經由複製，因爲人的行爲並非是靜態的，而是一連串動態的組合，也無從複製。

提升外在信度的方法有五種：

1. 研究者角色（researcher role）：研究者運用本身的專業素養與社會關係，使研究者能把握在該團體的角色與地位，以提升信度。

2. 提供資訊者的選取（informant selection）：研究者必須對資訊提供者的背景與選取的歷程加以交付，若研究者所選擇的資訊提供者與先前研究類似，則比較容易複製。

3. 社會脈絡（social context）：必須詳細敘述脈絡的物質性、社會性、人際性與功能性。

4. 資料蒐集與分析策略（data collection and analysis

strategies）：研究者必須描述回溯與解釋資料的綜合方法，以及確證與詮釋資料的一般策略。

5.分析的構念與前提（analytical constructs and premises）：研究者公開報導該研究的架構，並以該架構統合各種發現。（王文科）

二、內在信度（資料蒐集的信度）

質的內在信度是表示在單一的研究內，多位觀察者是否一致，特別是當有數個研究小組在幾個工作場所時，內在信度益顯其重要性。質性研究因為是以人為工具，故特別重視交互觀察者信度（interobserver reliability），亦即對事件的描述是否一致而非發生頻率的記錄是否一致。

王文科指出有六種策略可以提升質性研究的內在信度：

1.逐字解說與低推論描述：直接引用文件，具體、精確的田野札記，對正面與負面的報導同樣予以關注。

2.使用多位研究者：質性研究因為要從事長期而專業的觀察，因此使用多位觀察者並不常見，比較常見的是使用兩位觀察者，但應事先：

(1)接受廣泛的訓練與討論。

(2)確認在不同場所所進行的觀察，其一致性如何。

(3)由每個田野工作者獨自為所觀察的現場負責。

3.參與研究者：研究者可以透過參與者的協助來確認記錄的內容、參與者對意義的詮釋。研究者將資料綜合之後，亦可邀請參與者加以檢核。

4.同儕檢查與參與者檢查：同儕檢查有三種方式
   (1)將其他類似的研究加以統整。
   (2)在多種場所同時進行研究，並將資料統整。
   (3)將研究結果出版，供同儕探討，而且將結果交由參與者複
      查。
5.以機械來記錄資料：可以輔以科學儀器來記錄，例如，錄音
  機、錄影機、照相機等。
6.負向個案或不一致資料：負向個案是指與所呈現的意義組型相
  互矛盾者，而不一致的資料是指與意義組型變異的資料，研究
  者對這些資料應加以主動的探討、記錄、分析與檢核。

三、內在效度

　　質的研究其內在效度間的問題是「研究者真正觀察到他們認為他
們所觀察的東西嗎？」（王文科），亦即研究者所觀察、記錄與分析的
事件是否與研究目標相符。王文科認為可以下列之策略來提升質性研
究的效度。

1.長期蒐集資料：俗話說「路遙知馬力」，經由長期的蒐集資料，
  不斷的比較、確證，可以增加資料的效度。
2.參與者的語言：研究者儘量在訪談與記錄的過程使用參與者所
  熟悉的語言，不應使用過於抽象的語言。
3.田野研究：在自然情境中所觀察的，比人為情境更能反映出生
  活經驗的真相，可以提升效度。
4.訓練有素的主觀性（disciplined subjectivity）：質性研究者
  必須有長期、專業的訓練，在研究的歷程中，時時自我監控、

反省。

5.替代性解釋：減少替代性解釋的方法有

(1)有效的資料檢索系統。

(2)有系統的使用確證的與替代的資料來源以取得可能否定發現、或無法證明詮釋的資料例證。

(3)在資料的蒐集與分析期間尋求偏見或混淆（contamination）的來源。

6.選樣（偏差）：若研究的現象極為複雜，或研究者使用合目標抽樣時，就有可能產生選樣的偏差，研究者必須詳細的描述在社會組織網中的人、情境、事件、次級團體、相關因素，以及使用合目標抽樣的程序，使讀者能自行決定所取的樣本是否僅能代表某些團體的觀點。

7.受試流失：質性研究者認為受試的流失是正常的現象，不需要再尋找替代的樣本，但是為使研究具有效度，長期觀察而建立基準線是必要的。

四、外在效度

外在效度問一個問題：由其他研究者產生、改進或延伸的抽樣概括以及構念，可以跨組應用的程度如何？（王文科）。質性研究是屬於個案研究的性質，對結果的運用不以一般量化機率樣本的方式來處理，也無法進行複製以檢查其結果的正確性。因此，質性研究不以概括結果為目的，而以擴充瞭解（extension of the understanding）為目的，經由擴充理解，後續的研究者可以在類似的情境中再產生知識。

研究者可以使用以下策略來提高外在效度：

1. 可比較性（comparability）：研究者適當地描述與界定各研究的要素，包括場所、參與者特徵、使用的文件、分析單位以及產生的概念，以便使研究者可以使用該研究為基礎去擴充其他類似主題為焦點的研究的程度。

2. 可轉譯性：是指研究者可以使用相同的或其他類似學科之理論以解釋研究結果的程度，若可以類似（或不同）的理論來解釋研究的發現，則知識得以擴展。

3. 代表性程度：即研究的結果可以與其他現象相關的程度或比較的程度。有四個因素會影響代表性程度：

   (1) 選樣效應：質性研究者「自然的執著」於描述所研究之團體與時期的顯著特徵。

   (2) 情境效應：質性研究者相信每一個研究的情境都是獨特的，用某一個情境所發展的概念，在另一個情境中可能不適用，因為概念是脈絡與研究者交互作用的結果。

   (3) 歷史效應：與情境效應類似，團體或個人的歷史可能是獨特的，因此在作跨組比較時，可能會受到限制。

   (4) 學理效應：質的研究者必須將他們的研究與先前的研究做比較，若發現有不一致的結論時，必須對歷史與情境的屬性詳細解釋。（王文科）

以上為王文科所整理有關質性研究之信度與效度的概念。

另外，胡幼慧、姚美華（民86）整理學者的觀點，提出的質性研究之概念如下。

五、Kirk與Miller對質性研究信度測量方法的觀點

1. 狂想信度（quixotic reliability）：是針對不同的個案，連續不斷的使用同一種應對的方式，其缺點是，由此一方法所產生的信度，可能有瑣碎及誤導的缺點。

2. 歷史信度（diachronic reliability）：在不同的時間以相似的測量工具測量，其結果相同，是指時間的穩定性。

3. 同步信度（synchronic reliability）：在同一時間內產生類似的研究結果。

六、Kirk與Miller對質性研究效度測量的看法

1. 明顯效度（apparent validity）：亦即測量工具與觀察現象有非常密切的結合，並提供有效的資料。

2. 工具效度（instrumental validity）：使用某一測量工具所得到的資料與另一個被證實有效的工具所得到的資料類似。

3. 理論效度（theoretical validity）：研究者所蒐集的資料與研究所依據的理論架構相互呼應。

七、胡幼慧、姚美華引述Lincoln Guba的觀點

胡幼慧、姚美華引述Lincoln Guba（1984）的觀點，認為質性研究的信度是可重複性（replication），而效度是可靠性（dependability）、穩定性（stability）、一致性（consistency）、可預測性（predictability）與正確性（accuracy），其提出下列策略來增加質性研究的效度：

1. 確實性：是指質性研究之資料真實的程度，亦即質性研究者真正觀察到其所欲觀察到資料的程度，提升此內在效度的方法有五：

   (1)增加資料確實性的機率，例如，對研究情境的控制、資料來源的多元化、對資料的檢查等。

   (2)邀請研究同儕參與討論（peer debriefing）。

   (3)對相異個案資料的蒐集（negative case analysis）。

   (4)以輔助工具來協助資料的蒐集（referential analysis）。

   (5)資料的再驗證（membercheck）。

2. 可轉換性（transferability）：是指外在效度，研究者能將被研究者內在的情感、觀點、經驗很忠實的以資料、文字的方式予以轉換、呈現，而儘量減少扭曲、失真的機率，增加資料可轉換性的技巧為深度描述（thick description），亦即翔實的記錄現象的脈絡、情境、對話。

3. 可靠性（dependability）：是指內在信度，研究者在資料蒐集的過程必須考慮到資料來源的可靠性，被研究者個人經驗的重要性與唯一性。

八、由批判論的觀點來看質性研究的信度 與效度

用批判論觀點來看，知識本身不是客觀的，而是隱含了權力與意識形態。胡幼慧、姚美華引述Altheide與Johson（1994）的觀點，由批判論的立場來看質性研究的效度，其中比較重要的是效度即促權（empowerment）的觀念。

1. 「效度」即文化（validity-as-culture）：認為傳統的文化人類學者是以其本身的文化觀點去研究他人的文化，這種偏見可能未被仔細的檢視。
2. 「效度」即意識形態（validity-as-ideology）：類似效度即文化的觀點，不過特別強調文化觀點中的社會權力、合法性，以及對社會中主宰／服從結構的假設說法。
3. 「效度」即「性別」思考（validity-as-gender）：強調研究者本身夾雜著其文化所認定的性別意識形態去思考別人的文化，並強化了此種性別意識形態。
4. 「效度」即「語言」（validity-as-language）：研究者僅以其本身所熟悉的語言、文化來框架其所研究的社會現象，可能會有偏見或不同的認知。
5. 「效度」即「促權」（validity-as-advocacy）：研究者本身有義務也有權力（empowerment），經由其對社會的研究、理解，揭發社會的不平等，吸引人們對社會問題的關注，提出改革之道，以促進社會的進步，因此，研究不僅只是一種知識的形成而已，研究尚包含「行動」，要以行動來促進社會的平等。
6. 「效度」即標準（validity-as-standard）：研究者期望能獲得科學社群的支持，並合法化其研究的成果。

試題分析

一、試列舉並簡述兩種質性研究方法（qualitative method），再就方法論的觀點，說明質性研究者可採用那些方法，來盡力提高質性研究之「確實性」（credibility）。〔中山88〕

答：1.列舉兩種質性研究方法：

(1)俗民方法（ethnomethodology），依劉錫麒、鍾聖校（民84）的定義：「俗民方法論探究社會生活中有秩序有結構的性格及形貌是如何由成員每日生活的活動所形成、所開展，但其興趣不在於對個別的社會情境及其特徵作細節性的瞭解，也不在於對個別的社會行動或言語在社會活動脈絡中所具有的獨特意義加以闡述，否則將與說故事無異。」（p.145）歸納俗民方法學具有三點特徵：

① 俗民方法論主要在探討日常生活中的個體如何進行思考、尋找意義，亦即研究社會成員如何認識社會現象，解釋社會現象的一種方法。

② 俗民方法學重視對生活世界的認知與瞭解，而生活世界才是客觀科學的終極基礎，因此要探討科學的意義，就必須透過其在日常生活中實踐的情況。

③ 贊同懷海德（A. N. Whitehead）的觀點，認為有時科學研究會犯「具體性錯置的謬誤」，並強調日常民眾所使用的方法是主觀的、價值介入的。

(2)焦點團體法（focus group）：所謂焦點團體法是針對某項研究的議題，尋找相關的受訪者，共同聚在一起互動與討論，研究者藉此歷程觀察與蒐集受訪者對該議題的觀點、意見與態度。胡幼慧（民86）認為焦點團體法具有下述的優點：

① 可以探索一項較新的研究領域與方向。

② 可以依據受訪者的經驗洞察、發展出具體的研究假設。

③ 可以評量不同地點、不同人口群的差異特質。

④ 可以針對以往的研究結果，尋求參與者的解釋。

⑤ 可以幫助研究者在研究過程中擴大探討範圍、探觸十分具體的面向、深入情感、認知、評價意義，並引發出以往的經驗和現有意義之間關聯的說辭。

考生亦可選用人種誌研究法、歷史研究法、參與觀察等方法來介紹。

2. 如何提高質性研究之「確實性」（credibility）：依胡幼慧、姚美華引述Kirk & Miller及Lincoln & Guba的觀點，提升質性研究「確實性」（內在效度，質性研究資料真實的程度或所觀察到的符合研究目的）的方法有五種：

(1) 增加資料確實性的機率，例如，對研究情境的適度控制、資料一致性的確認與多元資料來源。

(2) 邀請研究同儕參與討論（peer debriefing）。

(3) 對相異或負面個案資料的蒐集（negative case analysis）。

(4) 使用輔助工具來協助資料蒐集（referential analysis）。

(5) 資料的可驗證性（membercheck）。

二、請舉一個你／妳曾經讀過的質性研究（qualitative vesearch）為例，說明如何判斷一個質性研究的良窳。〔政大88〕

答：質性研究的方法很多，例如，人種誌、歷史研究、文獻內容分析，考生應選擇自己所讀過的、熟悉的文章加以引用、批判，注意不同的質性研究方法可能有不一樣的判斷規準，筆者引用周雅容（民86）所寫的〈老年婦女的三代同堂支持與依賴〉（節錄於胡幼慧（民86）所編之《質性研究——理論、方法及本土女性研究實例》）來回答本題。本研究採用焦點團體研究法，但筆者以王文

科（民86）所提人種誌研究法的判斷標準如下：

1. 有關於研究的焦點與目標，考慮下列問題：

    (1)研究的焦點或主題是否敘述清楚？

    (2)是否提出預示的問題？

    (3)是否記載研究的脈絡——時間、人們、事件、環境特徵？

    (4)是否對用來分析的學理、架構陳述，例如，心理學、社會學、政治學。

    (5)研究者是否探討相關的文獻？

    (6)研究者是否陳述了研究的目標，例如，提供描述性敘述自然的事件、分析與詮釋事件或者發現新概念與理論以證實研究。

2. 有關研究設計與方法（論）的評鑑：

    (1)駐守田野的時間夠長嗎？觀察到那些社會現象以及有那些參與者接受訪談？

    (2)基於研究的目標，選擇的規準是否合理？

    (3)人種誌研究者採取何種角色，以及如何影響資料之蒐集？

    (4)研究者所接受的訓練、背景以及先前的工作經驗如何？

    (5)人種誌者有主動地尋求不同的觀點嗎？運用了多項資料蒐集的策略嗎？

    (6)提出了設計與資料蒐集策略的限制嗎？

    (7)如何確證已完成的資料？

3. 批判：目前研究的風潮是越來越重視質性研究，有一些文章批判量化研究的不當，最常見的批判是量化研究將複雜的社會現象予以化約（簡化），不精微，不豐富，喪失了社會的脈絡，在此，筆者要為量化研究說一句公道話，並且以這篇文章〈老年婦女的三代同堂支持與依據〉為例。依筆者的淺見這篇文章的重大缺失之一就是其觀點的「狹礙」或「以偏概全」，其訪談的對象來自嘉南地區城鎮及鄉村中之老年婦女，目的在探討三代

同堂的互動關係，筆者引述其研究的歸納結論：

「老人家有錢，就較不用怕看媳婦臉色」、想要與兒子住，「但兒子媳婦沒誠意，住起來也沒意思」、「做阿媽帶孫，做豬吃餿水」，整篇文章有90％是在探討婆媳關係，雖然其題目是在探討三代同堂的關係，似乎不見了祖父、兒子、孫子女這些角色的探討，更讓人驚訝的是全篇都是婆婆在罵（或埋怨）媳婦的（不會說自己兒子不好或很好），如果這些婆婆所言屬實，則她們的處境真讓人同情，但反過來也證明了台灣子女的不孝。這篇文章犯了一個非常嚴重的錯誤，我們不禁要懷疑這些婆婆們的發言是否具有代表性？作者並未再查證媳婦、兒子、孫子女對婆婆的看法，給他們一點辯解的機會，如果讀者不察，以為這就是典型的台灣婆媳關係，而媳婦們總是不關心或是不孝順婆婆，則對於那些默默付出、犧牲奉獻的媳婦們不是很不公平嗎？

這可能是質性研究先天的限制，亦即作者並沒有做到主動尋求相異個案的標準。質性研究具個案研究的性質，常犯這種「以偏概全」的錯誤。

三、張美美是位研究生，打算到吳真真老師的班上進行參與觀察，可是才進行不久，吳老師就對張美美的研究方式提出了一連串的疑問。吳老師說：「妳來看我上課，也沒有用什麼測量工具，這樣寫出來的報告會不會太主觀？」又說：「妳並不是整天、每天都跟我們在一起上課，怎麼能夠瞭解每件事情的來龍去脈？」還有：「妳怎麼知道我不是故意作表面功夫給妳看？妳不在的時候其實班上狀況可能很不一樣？」吳老師又說：「我讓妳到班上來看，我能得到什麼，我為什麼要讓妳來看？萬一寫出一些負面報導怎麼辦？」最後，吳老師說：「每位老師的班級都不一樣，妳光描述一個班的個案。就能推論到其他的班上嗎？」聽完這些質

疑，張美美覺得惶恐，陷入苦思之中。你能幫她回答吳老師的問題嗎？〔竹師87〕

答：竹師教授把在質性研究時可能遭遇的狀況，以故事的方式串連、敘述，是少見的既有趣且能測量考生實力的佳作。此問題考驗學生對質性研究之特色、信度與效度的瞭解，同時考驗學生對質性研究之理解、應用、綜合與評鑑的能力。

1. 有關質性研究中資料蒐集、分析、報告之主觀性與客觀性的問題：質性研究採用參與觀察以及深度訪談的方式來蒐集資料，而不採用標準化的測量工具，固然會增加主觀介入的危險性，但其優點是能夠捕捉參與者內在、深層的情感，使研究能更深入、確實。質性研究是採取「價值介入」的立場，目的在敘述由參與者觀點所構成的社會現象。因此，質性研究不但不排斥主觀性，反而要忠實的陳述個案的不同看法，而質性研究的客觀性，是指忠實的描述個案的想法，以下是一些增加質性研究客觀性的方法。

    (1) 訓練有素的主觀性：質性研究者透過嚴謹的訓練與長期的研究經驗，比較能夠確實掌握研究的對象，就如同經驗老到的醫生對病人的診斷一樣。

    (2) 可以採用同儕討論、多元資料來源、長期資料蒐集原則等種種方式來增加研究的客觀性。

2. 不是整天都跟他們在一起，怎麼能瞭解事情的來龍去脈？

    質性研究者透過一些方法來捕捉真相，包括：

    (1) 參與觀察：透過參與被研究者的某些活動來深刻理解社會事項。

    (2) 進駐現場。

    (3) 長期資料蒐集原則。

    (4) 有時可以配合訪問法來澄清或瞭解事情的來龍去脈。

3. 妳怎麼知道我不是作表面功夫？

使用與前述的策略一樣的確證方式，包括：

(1)參與觀察。

(2)長期資料蒐集原則，時間越長越容易呈現本性。

(3)多元資料來源。

(4)詢問其他參與者教師平時的表現。

4.教師可得到什麼回報？

這是一個很現實的問題，研究者的出現有時會干擾到教師，研究者不該樂觀的期望教師會很自然樂意的配合。筆者建議該研究者與教師應建立「親善關係」，也許可以提供某些協助，例如，幫教師整理教室、看顧學生、幫忙代一、兩節課等方式來取得教師的好感與協助。研究者有時也可扮演傾聽者的角色，成為教師傾訴的忠實聽眾。

5.萬一寫出負面報導怎麼辦？

(1)強調研究的目的是在忠實的陳述社會事項，因此不論是正面或負面的資訊都應客觀、公平的報導。

(2)強調研究者會檢驗資料的確實性，可以針對不同情境、不同參與者（例如，訪問不同人）來檢驗資料，負面資料不會不經過檢查就公布。

(3)保密原則：研究者不會洩露參與者的姓名、身分以及相關的線索。

6.有關推論的問題：質性研究不重視推論性：研究的目的在擴充理解，增加我們對生活各個層面的理解，而不是推論至其他情境。

四、名詞解釋：共融關係（rapport）。〔竹師87〕

答：有些書翻譯成「親善關係」，在質性研究中，由於研究者需長期進駐現場並且透過互動來蒐集資料，因此在進行研究的全程，必須與參與者發展良好的互動關係，以便能減少參與者的心防，使其

表現正常而且樂於與研究者分享，良好的人際關係將使研究更為順暢、深入。研究者尊重受試者、遵守研究倫理、互惠、發展同情的理解等都有助於共融關係的發展。依嚴祥鸞引述Jorgensen（1989），欲建立良好關係有五種方法：(1)謹慎的（be unobtrusive）；(2)誠實的（be honest）；(3)不作預設（be unassuming）；(4)當一個反思的聽眾（be a reflective listener）；(5)願意表露自己（be self revealing）。

五、質的研究者應盡力提高研究的「確實性」（credibility），何謂「確實性」？可採用那些方法提高質的研究之確實性？〔市北師87〕

答：所謂確實性是指研究者觀察到其真正想要觀察的事件，有時亦稱為內在效度。王文科認為提升質性研究內在效度的方法有：

　1.長期資料蒐集，並且不斷的分析、比較與確證資料。

　2.使用參與者的語言。

　3.使用田野研究在自然情境中比較能觀察到人們生活的真相。

　4.訓練有素的主觀性（disciplined subjectivity），嚴格要求自己，時時反省檢討，改進缺失。

影響質性研究的內在效度威脅有：重大事件與成熟（history and maturation）、觀察者／研究者效應（observer／researcher effects）、選樣（selection）、受試流失（mortality）與另一種解釋的可能性（alternative explanations）。

六、如何建立質的研究之效度（validity）？一項質的研究應具備那些基本條件，才算是「好」的研究？請列出五項條件，並分別說明之。〔竹師84〕

答：　1.質性研究的內在效度請參考第五題解答。

　　　2.質性研究的外在效度：依王文科的定義，質性研究的外在效度是指「由其他研究者產生、改進或延伸的抽樣概括以及構念，

可跨組應用的程度。」（p.110）對質性研究的外在效度而言，其目的不在概括而在擴充理解（extension of the understanding），亦即探索、理解人類生活的多樣性。

(1)與質性研究之外在效度有關的因素有：

　① 可比較性：使用「深度素描」詳細而確實的記錄研究對象的場景、脈絡、參與者、分析的單位與理論架構，所以研究者可以使用該研究去擴充理解其他以類似主題為焦點的研究的程度。

　② 可轉譯性：研究者可使用相關理論以解釋其發現，俾使其研究結果的意義得以延伸的程度。

(2)影響外在效度的因素有四種：

　① 選樣效應：質性研究者必須「自然的執著」於其所描述的團體的顯著特徵。如果所選擇的樣本缺乏所要研究對象之顯著特徵，將影響外在效度。

　② 情境效果：質的研究，其意義的產生是情境脈絡與研究者研究方法動力交互作用的結果，因此，研究的結果往往無法類推至他種研究情境。

　③ 歷史效應：由於團體與其所處的社會文化脈絡是獨特的歷史經驗，所以無法從事跨組比較。

　④ 學理效應：質的研究者必須將他們的發現與先前的研究結果比較，若有不一致的發現時，質的研究者必須確實說明其研究對象、情境與方法的各種特徵，使其他研究者能有所警惕。（王文科）

七、請敘述ethnographic method（人種誌法或稱民俗誌法）、action research（行動研究法）、case study（個案研究法）的主要研究程序，並指出哪些地方是科學所不能接受的，如何改，才能變成科學可以接受。〔政大85〕

答：　1. 人種誌、行動研究以及個案研究法的研究程序請詳內文。

　　　2. 此題即是考質性研究有何缺失？以及如何增進質性研究的信度與效度。

　　　由量化／科學的角度來看，此三種研究方法不為科學所接受的地方有：

　　　(1) 量化／科學研究的目的在形成通則，但此三種研究為個案研究取向，無法形成通則。

　　　(2) 量化／科學研究藉由控制，可以判定因果關係、建立理論與預測，但此三種研究沒有控制，只能建立準因果關係，因此無法預測。

　　　(3) 量化／科學研究精確，具體的定義變項，但此三種研究對變項的定義有時不若量化研究般具體、明確。

　　　(4) 量化／科學研強調客觀、中立，但此三種研究中人種誌研究與個案研究採取主觀／價值介入的立場，而行動研究也不如正式研究般的嚴謹。

　　　3. 如何提升此三種研究之信度與效度？人種誌研究法及個案研究法可採用下列策略：長期觀察原則、多元資料來源原則，互為主體性（同理心）。行動研究法重視的是問題解決，其次才是客觀性，應以問題解決為優先考量。質性研究的科學性可能與量化研究的科學性有相同也有不同的地方，例如，量化研究藉由控制來增加科學性，但質性研究無法控制，但透過互動、深入理解、長期蒐證與訓練有素的主觀性等方式來增加科學性。

八、「解讀」題：請先閱讀下列一份研究摘要之後再簡答問題。

A large-scale experiment is described in which kindergarten students and teachers were randomly assigned to small and large classes within each participating school. Students remained in these classes for 2 years. At the end of each grade they were measured in reading and mathematics by standardized and curriculum-based tests. The results are definitive:

(a)a significant benefit accures to student s in reduced size classes in both subject areas and (b) there is evidence that minority students in particular benefit from the smaller class environment, especially when curriculum-based tests are used as the learning criteria. A longitudinal analysis of a portion of the sample indicated that students in small classes outperform their peers in kindergarten classes of regular size and also gain more in reading outcomes during the second year. The question of why these effects are realized remains largely unanswered, but in light of these findings, is particularly important to pursue.

問題：1.本研究是否為真實實驗設計，為什麼？

2.本研究之自變項（獨變項）是什麼？

3.本研究的依變項是什麼？

4.本研究是否有嘗試者控制干擾變項？你如何知道？〔政大85〕

答：1.本研究為真正實驗設計，因為有隨機化與控制組（students and teachers were randomly assigned to small and large classes）。

2.自變項為class sizes（small vs. large）。

3.依變項為閱讀與數學成就測驗成績（reading and mathematics standardized tests scores）。

4.本研究有嘗試控制干擾變項，使用三種方法來控制：(1)隨機化；(2)使用標準化測驗；(3)使用控制組。

第**18**章

● ●

歷史研究法

一、歷史研究的意義

　　從時間的觀點來說，從現在以前的研究都算是歷史研究（historical research），歷史研究最重要的依據就是史料。王文科定義歷史研究為：「有系統的蒐集及客觀的評鑑與過去發生之事件有關的資料，以考驗那些事件的因果或趨勢，俾提出準確的描述與解釋，進而有助於解釋現況以及預測未來的一種歷程。」（p.268）在此必須對歷史下一個定義，所謂歷史是指對事實的記錄或者事實本身，但事實本身並不一定客觀，因為記錄者所觀察的角度不同。另有學者定義歷史為一項具有影響力的事件，但如何才算是有影響力，也必須透過人來定義。周文欽、周愚文（民84）引用我國學者何炳松將歷史研究定義為：「歷史研究法者，尋求歷史真理之方法也。言其步驟，則先之以史料之蒐羅與考證，次之以事實之斷定及編排，再次以專門之著作，而史家之能事乃畢。」

　　王文科認為歷史研究的類別可以區分為：文獻的分析研究（documentary research）、書目的研究（bibliographical research）與法規的研究（legal research）等三種。

二、歷史研究是否具有科學性

　　基本上歷史研究是屬於科學研究的範疇，但因其材料的特殊，其研究的結果不若科學研究來得嚴謹。歷史不是科學的原因有：

1. 自然研究的許多事項可以重複的驗證，但歷史事件是唯一的，只發生過一次，而且不可能複製。
2. 自然科學強調普遍的規律，因果推論，但歷史事件卻是唯一

的，也無法類推。

3. 自然科學研究中可以控制、操縱變項，但在歷史研究中無法控制變項。

4. 科學是可以用來作預測的，但歷史研究無法作預測之用。

5. 科學是關於抽象概念的確認，而歷史是有關事實（史實、證據）的確認。

6. 歷史是主觀的，因為其對象是自己人。

7. 歷史研究涉及道德與宗教的問題。（周文欽、周愚文，民84）。

三、歷史研究的程序

周文欽與周愚文認為歷史研究的步驟是：

1. 問題的形成與確認。

2. 史料的蒐集。

3. 史料的考證。

4. 史料的整理。

5. 史料的理解與解釋。

6. 提出結論。

王文科認為歷史研究的步驟為：

1. 界定研究的問題。

2. 蒐集資料、鑑定資料。

3. 綜合資料。

4. 分析、解釋資料並形成結論。

四、史料的種類

史料以其時、空上的接近性可分為：

1. 直接史料或主要資料（primary sources）：是指事件發生時之直接參與者或觀察者所提出的報告，又稱為第一手資料（first hand information），其正確性最高，直接史料可透過下列方式來取得：
   (1)當事人的直接觀察或回憶，包括一些檔案、記錄、信件或日記。
   (2)同時代人的記載，例如，清朝人對清朝教育制度的記載，而不是民國時代的人對清朝教育制度的記載。
   (3)任何與事實相關的史料，包括遺物。
   (4)必須是第一手史料或原來的史料，並沒有經過第二次處理（例如，轉述、編輯）。
2. 間接史料或次要資料（second hand information）：是由非直接參與或觀察者所作的記錄，比較不可靠。例如，教科書、雜誌、稗官野史、百科全書等。

王文科認為教育史料的來源可分為三大類：

1. 官方的記錄與文件：例如，校刊、期刊、學報、師生檔案、考試、作業等。
2. 口頭的證詞（oral testimony）：使用晤談（針對教師、學生、家長、相關人士等）所蒐集的資料。
3. 遺物或遺跡（remains or relics）：包括學校的建築物、設備、教材、圖片等。

　　有時主要資料與次要資料的劃分不是絕對的，例如，一般將教科書劃分為次要資料，但若研究者要進行海峽兩岸教科書性別意識形態的分析時，則教科書變為主要資料，是為研究的首要對象。

五、史料的考證

　　在引用史料之前必須先就史料的真、偽進行檢驗，一般將考證的方式分為外部考證（external criticism）及內部考證（internal criticism），茲分述如下：（黃光雄、簡茂發，民84；王文科）

（一）外部考證

　　外在鑑定（外部考證）重視外在形式，是以資料的材料性質或人物（作者）來鑑定資料的真偽（acuthenticity）與完整性（integrity），又可分為兩方面來考證：

1. 對史料產生之年代的考證，其方法有：(1)原書即標示出版的時間；(2)後人在校刊後重印，會在序文中再加以說明；(3)參考目錄學方面的書，例如，《崇文總目》、《四庫全書總目提要》，至於近代的書籍則多有出版時間、地點與作者的詳細記載，但研究生在引用時，必須區分原始作者、編者與翻譯者之不同，不要將編者與翻譯者誤寫成作者，這是一般初學者常犯的錯誤。
2. 史料作者的考證：古代史料必須鑑定作者之真偽，是否有冒名或假托之嫌。近代的史料則要區分計畫主持人與真正作者、口授、共同作者、論文是研究生寫的，或者是教授與研究生共同寫的等等。

外在考證亦可透過檢查或比較筆跡、拼法、簽名或原稿的方式來進行，周文欽、周愚文（民84）舉出外在鑑定的原則：

1. 由他種材料中求得有力的反證，而能證明其眞僞者。
2. 不能直接求得反證，但換一個方向從旁邊研究以證明其眞僞者。
3. 由他種材料中，求得旁證而證明其爲眞僞者。
4. 由史料年代之先後而判定其可靠程度者。
5. 用考察者作者之史德、史職與地位而判定其價值者。

（二）內部考證

內部考證是由史料本身著手，以確定內容的眞實性。黃光雄、簡茂發認爲內在考證要從三方面著手：

1. 記載人信用的確定：例如，記載人本身的立場，以及是否有偏見。
2. 記載人能力的確定：例如，記載人的專業知識、背景與文字表達的能力。
3. 記載眞實程度的確定：黃光雄與簡茂發引用杜維運（民70）所列之原則爲：
   (1)凡是兩種記載，不相抄襲，即是毫不相干的兩記載，而所記某事相同，則某事可信。
   (2)凡有客觀證據可資佐證者，則是一類的記載，確實可信。
   (3)兩種或兩種以上的記載互相歧異，較古的記載較爲可信。
   (4)比較正反兩方面的記載，代表反方者，對某事大加非難，代表正方者，保持緘默，不加辯護，則反方之記載較可信。
   (5)文獻記載得到實物的印證，則親切可信。（p.216）

王文科歸納內部考證有四個方向：

1. 作者的知識與能力。
2. 延遲的時間：是指事件發生與記載所間隔的時間，間隔的時間越久，則越不可靠。
3. 作者是否有偏見或特殊的動機。
4. 資料的一致性：例如，不同的資料來源是否有相同的看法。

此外，周文欽、周愚文將辨偽書列為內部考證，其原則為：（周文欽、周愚文、郭生玉）

1. 其書前代久未著錄或絕無人徵引而忽然出現者，十有九皆偽。
2. 其書雖前代有著錄，然久經散佚；乃忽有一異本突出，篇數及內容等與舊本完全不同者，十有九皆偽。
3. 其書不問有無舊本，但今本來歷不明者，即不可輕信。
4. 其書原本，經前人稱引，確有佐證，而今本與之岐異者，則今本必偽。
5. 其書題某人撰，而書中所載事蹟在本人後者，則其書或全偽或一部分偽。
6. 其書雖真，然一部分經後人竄亂之跡既確鑿有據，則對於其書之全體須慎加鑑別。
7. 書中所言確與事實相反者，則其書必偽。
8. 各時代之文體，蓋有天然界畫，多讀書自能知之，故後人偽作之書，有不必從字句求枝葉之反證，但一望文體即能斷其偽者。
9. 各時代之社會狀態，吾人根據各方面之資料總可以推見匡略，若某書中所言其時代之狀態與情理相去懸絕者，即可斷為偽。
10. 各時代之思想，其進化階段，自有一定者，若某書中所表現之思想與其時代不相銜接者，即可斷為偽。

林慶彰、張瑞德（民88）提出幾項資料檢證的方法：

1.利用前人的研究成果。
2.培養資料的辨證能力：例如，從文章、思想、字句遺漏等地方去辨別。

六、史料的引用原則

史料在引用前必須經過考證，在引用史料的過程亦應遵循下列的原則：（周文欽、周愚文）

1.必須對上、下文清楚瞭解，以免斷章取義。
2.儘量使用第一手資料，少用改編後之史料。
3.若後期的史料正確性更佳，則可以引用，但必須得到早期史料的應證。
4.引述史料必須檢查原書。
5.不要輕易更改原字。

七、歷史研究的客觀性

歷史研究是否客觀？歷史研究者採取何種立場來研究史料？有三種類別：（周欽文、周愚文）

1.歷史懷疑論：認為歷史學家多少具有主觀的偏見，主因之一是

證據的薄弱在恆久的歷史之中，遺留下來的證據相當的有限，正如鳳毛麟爪一般的稀有，更何況多數證據都是經過選擇的，只代表部分人士的觀點，因此，歷史具有主觀性是無法克服的障礙。

2. 透視理論：認為固然歷史具有主觀性，但只要研究者能兼持科學的精神，儘量保持客觀性，那麼從不同觀點的歷史研究，正好可以相輔相成，展現人類認知的不同面向。

3. 客觀歷史意識理論：認為在原則上，發展客觀知識，使大家認同一致性的觀點是有可能的。

此外，學者以提出合法主觀與不合法主觀的理論，作為判斷的準則，合法主觀性具三項標準：

1. 它的發生是無法避免的，而且有一定的位置。
2. 對歷史知識客觀性所造成的傷害甚小。
3. 隨著科學的進步，其損害性逐漸的減少。

八、歷史研究的優點與限制

（一）歷史研究之優點

1. 從歷史研究的目的來說，教育史的研究可以幫助發展教育理論，作為實際工作者的指導與對教育愛的培養。
2. 藉由研究歷史來瞭解教育理論、問題的興革、脈絡，並對理論的實踐作公正的批判。

3.將教育活動中之價值成分融入歷史研究，使歷史研究具有教化的功能。

4.歷史研究可以採用鉅觀的觀點介入（例如，教育制度的演變），亦可以採微觀的觀點介入（例如，學生的生活型態研究）。

（二）歷史研究的限制（王文科、郭生玉、周文欽、周愚文）

1.受限於史料之充足與否：歷史知識本身是殘缺不全的，有不完全的部分，只好經由研究者之發揮想像力與判斷力加以填補，難免會有不正確。周文欽、周愚文引述許冠三（民48）的看法，指出供證不全的原因為：

  (1)所存的遺跡或證據的殘缺不全（例如，遭遇戰火的洗禮）。

  (2)供證的內容是人為選擇與改進的結果，例如，可能是帝王、官方、成功的征服者特意規範與保存的內容。

  (3)資料的蒐集一定是有其先天的限制，包括資料的多寡、觀點、真實性、取得的管道等。

2.歷史是已發生過的事件，因此無法對因素加以控制，在解釋時有許多可能的干擾因素存在，而降低了信度與效度。

3.歷史研究是屬於準因果關係。由於無法控制干擾變項，故無法建立因果推論。因此，歷史研究只可供作「借鏡」，無法用來作為預測。

4.歷史研究需較長的時間蒐集證據，而且研究者也必須接受相當完整的訓練。

5.資料的未受重視與保存：某些資料由於未受重視或超過保存的期限而遭丟棄，造成蒐證上的困難。

6.歷史研究不容易科學化，其原因有：

  (1)歷史研究具有主觀性。

(2)不容易建立假設：對過去事件發生的脈絡即因素的複雜性無法掌握。

(3)史料的正確性受質疑。

(4)專門術語（或翻譯）的不一致。

7. 以今論古或現世論（presentism）：即使用現代人的立場去評論古人。周愚文、周文欽舉一個很好的例子，現在有許多教科書認為中國在孔子的時代就已有啓發式教學，原因是出於《論語》：子曰：「不憤不啓，不悱不發，舉一隅，不以三隅反，則不復也。」周愚文、周文欽認為光憑論語的一段話就推論說中國古代有啓發式教學是不夠的（過度的類推），需要有更多的證據。筆者同意兩位的論點，事實上，當我們對照蘇格拉底與其學生的對話，可以發覺蘇格拉底不厭其詳的逐步的引導學生，因此其對話總是有甚多的句子，然而孔子很少與學生談話超過數句的，而且也都是孔子在說，學生很少可以反駁的，以今人對「啓發」的定義與瞭解，孔子的教學法是不符合啓發的原則的。

試題分析

一、名詞解釋：歷史研究。〔市北師85〕

答：歷史研究是對現在以前所發生之事件所從事的研究。周文欽、周
愚文引述楊鴻烈的定義：「凡人對於現在或過去社會上種種事物
的沿革變化有瞭解的必要，而即蒐集一切有關的材料，更精密的
去決定其所代表或記載的事實的眞僞、殘闕或完全與否，然後再
用極客觀的態度加以系統的整理，使能解釋事物間的相互關係和
因果關係，以透徹明白其演進的眞實情形及所經歷的過程，這樣
便是所謂的『歷史研究法』。」（p.6）。

二、名詞解釋：第一手資料（firsthand information）。〔南師84〕

答：第一手資料是指在時空上與事件的發生最接近者，有時亦稱爲直
接史料，直接史料要比間接史料可靠。第一手資料或直接史料的
來源有：（周文欽、周愚文）

　　1.當事人直接的觀察與直接的記錄，包括當事人所遺留的各種文
　　　件、檔案、信件、日記、照片、遺物等。

　　2.同時代人的記載：例如，宋代人對宋代書院的記載，而不是清
　　　人或民國之人對宋代書院的記載。

　　3.一切與事實直接相關的史料。

　　4.直接的史料必須是第一手資料或原來的史料，並非經過轉述或
　　　編輯的史料。

三、試分析歷史的科學研究之特徵。〔屛師84〕

答：歷史研究是否具有科學研究的特徵，有兩派不同的說法：（周文
欽、周愚文）

　　1.主張歷史研究不具有科學研究之特徵：其代表人物如貝斯特
　　　（Best, 1977），認爲歷史研究不是科學研究之原因：

(1)過去的事件在研究的歷程中有許多因素是無法控制的，針對科學的目標──建立通則與預測而言，由於歷史研究很難掌握過去事件的所有變因，故難以建立普遍化的通則。

(2)歷史學家受限於資料的充足性與正確性，必須要經常懷疑資料本身的真、偽，並對資料加以確證。

(3)歷史學家像在玩拼圖遊戲一般，經常是在不完全證據的情形下，去推論過去發生的事件。

(4)歷史研究無法在控制的情境中進行。

(5)歷史研究不能預言，無法給予教訓。

(6)歷史研究是主觀的，對象是人本身。

(7)歷史研究涉及倫理、道理。

2.主張歷史研究具有科學研究的特徵：

(1)歷史研究的程序類似自然科學：界定問題、形成假設、蒐集與分析資料、考驗假設、形成原理原則或作結論。

(2)歷史學家使用「多種資料來源」，以及內部、外部考證方法來佐證各種資料。

(3)歷史學家亦使用機率理論來形成結論。

(4)雖然歷史學家無法控制變項，但某些研究，特別是在社會科學研究中亦無法控制變項。

綜合而言，歷史研究應仍屬於科學研究的範疇，只不過其研究的材料比較獨特，因此無法像科學研究如此嚴謹。周文欽、周愚文引述羅斯（Rowse）的結論：「在最簡單和最基本的方式上，歷史方法和科學方法同為一物。這兩種方法都是從蒐集事實為出發，然後歸納成通則，而後又從通則回返到事實。」（p.6）

四、在歷史性的研究中，資料真偽的鑑定至為重要，請問「內在鑑定」與「外在鑑定」差別何在？〔屏師82〕

答：內部考證是透過資料本身的內容來考證資料的真偽，周文欽、周

愚文引述研究法書籍，指出內部考證的原則：

1.其書前代久未著錄或絕無人徵引而忽然出現者，十有九皆僞。

2.其書雖前代有著錄，然久經散佚；乃忽有一異本突出，篇數與內容與舊本完全不同者，十有九僞。

（其餘請參考內文）

外部（在）考證（鑑定）是以資料的外在形式來鑑定眞僞，例如，筆跡、拼法、原稿與簽名。外證的原則爲：（周文欽、周愚文）

1.由他種材料中求得有力之反證，而證明其爲僞者。

2.不能直接求得反證，而換一方向從旁研究以證其爲僞者。

3.由他種材料中，求得旁證而證明其爲眞確者。

4.由史料年代之遲早而斷定其可靠之程度者。

5.由考察著作者之史德、史識及其地位，而斷定其價值之高下者。

五、名詞解釋：外在鑑定（external criticism）。〔市北師84〕

答：外在鑑定是指由史料的物理特徵來驗證其眞僞，包括史料產生之年代鑑定以及史料作者眞僞鑑定等。

六、在歷史研究法中，非由觀察事件者提出的文件或錄音報告通常被視爲何種史料？　(A)次要史料　(B)主要史料　(C)可疑史料　(D)主觀史料。〔嘉師85〕

答：(A)

第**19**章

內容分析研究法

一、內容分析的意義
二、內容分析中的六個元素（六W）
三、量與質的分析並用
四、內容分析的程序
五、內容分析法之優點
六、內容分析法的缺點
七、內容分析的效度
八、內容分析的信度
試題分析

一、內容分析的意義

歐用生（民84）定義內容分析（content analysis）爲：「透過量化的技巧以及質的分析，以客觀及系統的態度，對文件內容進行研究與分析，藉以推論產生該項文件內容的環境背景及其意義的一種研究方法。」（p.230）早期內容分析主要是對大衆傳播媒體之明顯的傳播內容（manifest content）的分析，目的在瞭解該傳播媒體在說些什麼，而目前內容分析更深入的探討「潛在的意義」，例如，教科書中所傳播之意識形態的分析。

內容分析可以量化的方式，首先將研究的主體加以編碼，再計算各類目出現的次數，亦可以質性的方式針對研究對象深入的探討與描述。王文科認爲，在教育上，內容分析具有下列的功能：

1. 對現行的實際業務或條件加以描述：例如，對大學聯考之考生社經地位加以分析。
2. 發現重要或有趣的主題，以及主題間之關聯性。
3. 研究教科書或其他出版品的難度。
4. 對教科書的偏見或宣導成分加以批判。研究所考試喜歡考這個概念，對教科書意識形態的分析是屬於內容分析法。此處所謂的偏見可以是性別意識形態或政治意識形態。
5. 學生作業錯誤的型式分析。
6. 分析作家的文學風格、概念或信念，例如，杜威的教育主張。
7. 解釋可能引發某項結果、行動或事件的相關因素。

二、內容分析中的六個元素（六W）

歐用生認為內容分析可以從六個W著手：

1. 誰——訊息的來源：可以探討作者本身的能力、特徵，或作者背後的意識形態與價值體系。
2. 說些什麼——訊息的內容：為內容分析的主要部分，可以探討內容在不同時空的變化、作者本身的特徵與內容的關係；以及內容符合某些外在標準的程度。
3. 說給誰——訊息的接受者：探討是否對不同的訊息接受者有不同的傳播內容，例如，對男學生與女學生是否有不一致的傳播內容。
4. 如何傳播——訊息的傳播技巧：內容分析的對象不限於文字，尚可包含非文字的部分，例如，圖片、錄影帶，我們可以利用非口語的表達來分析對象所真正想傳達的意圖。
5. 有什麼影響——訊息的效果：探討訊息傳播後所產生的影響。
6. 為什麼——傳播的理由：瞭解作者背後的動機。

三、量與質的分析並用

歐用生認為內容分析法是量化研究方法與質性研究方法並用，兩者相輔相成，為內容分析的優點之一。首先其對量化的研究提出下列的批判，因此，在從事內容分析時，更應重視質性研究。

1. 數字不一定代表常模，而數量化結果的比例或量尺，不是中性的，而是具有社會意義的。簡單說，數字是具有社會性意義

的，在不同的脈絡之下，可能有不同的意義。例如，中國人喜歡「8」（發），不喜歡「4」（死）。

2. 數量化改變了人、事、物的意義，數量化易使被認為理所當然的突顯出來，使模糊的變為具體。例如，我們對標準的體重有一定的標準，若超過體重太多，即為不標準（不健康）。事實上，一個人的健康與否，除了體重外，心理上的健康亦極為重要，當我們強迫自己減重以符合數量的規範時，我們也應深入瞭解是否我們也陷入了數量的陷阱（標準體重）。

3. 數量化有其歷史性，數字並非獨立於時、空的，受產生數字的社會、歷史脈絡的影響。如果我們比較城市兒童與偏遠地區兒童之學業成就是否有明顯差異，統計的結果發現鄉村兒童明顯比城市兒童的學業成就平均數低，我們不可以下判斷說是鄉村兒童的能力較差，必須考慮到城鄉發展不均衡的因素（脈絡），在城鄉發展不均衡的前提下去解釋兩組受試平均數的差異，才有意義。

4. 數量化是多層面的現象：每個人對量的多寡有不同的看法與需求，有人需要較多，有人需要較少。

5. 數量取代原來的意圖，教育的目的主要是學習，但最後卻流於學期成績的追逐，及格率取代了原本的意義。

6. 數字的產生受社會過程和結構的影響。

7. 數字有強烈的情意的、儀式的意義，科學是解釋日常生活的一種方式，而數字漸被視為科學、合理的同義字。

歐用生認為質與量各有所長，可以依研究目的與內容來選擇。

1. 量的研究較適用於「顯著內容」部分的分析，亦即文件的非推論部分，而質的研究則適用於「潛在內容」，是材料中的推論部分。

2. 量的分析注重分類與類目的統計，可以適用於大範圍，而質的分析僅適用於小型或不完整的選樣。

3. 量的分析比較注重系統性、客觀性、分類固定，而質的分析不勉強分類，但容易流於主觀。

4. 質的分析傾向於非頻率的研究，是一種描述性的研究，而量的分析則比較機械化，注重類目的選擇與分類。

四、內容分析的程序

1. 確定研究目的：例如，研究教科書中之意識形態。

2. 決定資料蒐集方法：

(1)抽樣：抽樣的對象可以是個人，例如，調查大學聯考學生的背景，亦可以是具體實物（例如，相片、錄影帶或字、詞等），首先要形成一個抽樣的架構，再依抽樣程序來進行。

(2)訂定研究的單位（units）與類目（calegories），研究的分析單位與類目必須使用操作性定義明確定義，以教科書為例，分析單位是一種選擇的標準，包含有字（words）、主題（thems）、人物（characters）、項目（items）、時間及空間單位（space and time units）、或課、章、段、詞、頁等。而分析的類目可以依照學理來分類，或者由研究者自行發展。類目的分法極為多元，可視研究的需要而訂定。

3. 決定分析的對象：以隨機抽樣的方式選取較性，但在抽樣時，應考慮下述的原則：

(1)應注意母群體的完整性，例如，若抽樣的對象是教科書，則應包含教學指引。

(2)避免產生系統性的誤差。

(3)若母群體不多，則可以考慮採用普查。

4.考驗信度與效度。

5.蒐集與分析資料：資料的分析可分為量的分析與質的分析兩種，量的分析旨在統計、比較各類目出現的次數，亦可從事方向矩陣分析。質的分析主要在探討內文所隱含的社會意義，例如，由分析男性字詞、女性字詞、相關之男性與女性插圖，以及內容來評論教科學內之性別意識形態。

6.撰寫報告。（歐用生）

五、內容分析法之優點

1.當研究對象已無法接觸時（例如，死亡）則只能使用內容分析法。

2.內容分析法很適用於長時間的縱貫研究或趨勢研究，例如，可以探討那些教科書之意識形態比較保守。

3.內容分析的記錄資料是自然發生的（spontaneity），例如，日記，比較沒有經過人為的引申、修改。

4.資料極為多元，可以包括正式文件、私人文件、統計、錄音帶、錄影帶、雜誌、報紙等，資訊的豐富有利於研究的進行，同時資料與資料之間亦可相互的檢證。

5.因為多數的文獻皆集中在固定場所（例如，圖書館），所以較容易實施。

6.多數文獻是由專家所寫成，比較可靠。

7.內容文獻都是已完成的，因此對其分析不至於會對既有的主題或內容產生影響。

8.內容分析法可以採用較大的樣本，以增加樣本的代表性。（王文科、歐用生）

六、內容分析法的缺點

1. 文件內容可能夾雜作者的偏見、疏失或懷有某些目的。
2. 資料的不完整性：可能隨時間而遺失。
3. 文獻的寫作可能含有隱私成分，使文獻的內容不完整。
4. 有些個案並未記錄，或有記錄而遭致破壞。
5. 內容分析可能產生抽樣偏差：例如，能夠在報紙上寫作專欄者可能是專家以及文筆流暢，其所代表的觀點也可能僅偏重部分教育程度較高者之看法。
6. 多數文獻爲文字記錄，欠缺非文字記錄的輔助。
7. 多數的文獻無一定的寫作格式，因此很難進行文獻與文獻間之比較分析。
8. 編碼困難：文獻的內容或材料殊易，不容易標準化。
9. 類目的分類可能斷章取義，脫離了文字的脈絡。
10. 有些課程專家，爲了避免被內容分析所審查，把一些意識形態加以隱藏。（歐用生）

七、內容分析的效度

1. 使用第一手資料以提升效度。
2. 與其他類似資料對照以取得效標關聯效度。
3. 文獻內容亦應具有建構效度。（王文科）

八、內容分析的信度

1. 將時間內的兩點或更多點相似文獻間互相比較，以查核其信度，謂之工具信度（instrument reliability）。

2. 將兩個或兩個以上研究者在相同時間點上的研究結果作比較，以查核其信度，謂分析者信度（analvct reliability）。（王文科）

試題分析

一、試舉出一項適合採用「內容分析法」探討的教育研究主題,並依
　　此主題合理地擬出兩項研究問題:該研究所欲分析的對象,以及
　　該研究考驗信度的方式。〔市北師86〕

答:研究題目可以設定為:「我國國小社會科教科書政治意識形態之
　　分析」。

　　1.研究對象:國小社會科教科書、教學手冊。分析的單位包括,
　　　主題(themes)、人物(characters)以及項目(items)三
　　　種,並採用普查方式來進行。在分析的類目上則參考伊斯頓與
　　　高橋徹的模式,將政治主題分為四類:政治社群類、政治典則
　　　類、權威當局類、政策傾向類,各類並且包含若干的細目,例
　　　如,政治社群類涵蓋政治符號、愛國主義、民族情操三個細
　　　目,再依對象的性質登錄於各細目,最後統計各細目出現的頻
　　　率。

　　2.信度的考驗方式(黃光雄、簡茂發,民84):研究問題——該
　　　研究之評分者信度如何?

　　　(1)抽取研究對象之樣本,例如,在十二冊社會科教科書中抽取
　　　　二十四課。

　　　(2)邀請評定員,該員在二位或二位以上對教材熟悉者。

　　　(3)將主體、類目評分表定義發給評定員,並且講解評定的方
　　　　法、標準。

　　　(4)進行評定、歸納。

　　　(5)計算評分者信度:

　　　　① 先求相互同意值P_i

　　　　$$P_i = \frac{2M}{N_1 + N_2}$$

　　　　M :兩人中同時同意的項目數

　　　　N_1與N_2:每人應有之同意數

② 再求平均相互同意值P

$$P = \frac{\sum\limits_{i=1}^{n} P_i}{N}$$

N：相互比較比數

③ 求信度R

$$R = \frac{nP}{1 + [(n-1)\ P]}$$

n：評定員人數

第**20**章

··

個案研究法

一、個案研究之定義

郭生玉定義個案研究（case study）是：「採用各種方法蒐集有效的完整資料，對單一的個人或社會單位作縝密而深入研究的一種方法。」（p.228）。高強華的定義：「個案研究係以一個個體，或一個組織體（例如，一個家庭、一個社會、一所學校或是一個部落等）為對象，進行研究某項特定行為或問題的一種方法。個案研究偏重於探討當前的事件或問題，尤其強調對於事件之真相、問題形成的原因等方面作深刻而周詳的探討。」（p.291）。王文科引述蓋依（Gay, 1992）的定義：「個案研究是為了決定導致個人、團體、或機構之狀態或行為的因素，或諸因素之間的關係，而對此研究對象，作深入研究。」（p.391）。個案研究具有下列的特徵：

1. 其焦點置於特定的脈絡。
2. 對個案進行深入的探究。
3. 在自然環境中進行研究。
4. 對個案參與者的內觀觀點（emic perspective）感到興趣。
5. 探討問題行為發生的原因。
6. 發展恰當的期望，接受個案發生的結果。
7. 預防損失，對可能發生問題行為的個案，事先進行預防。（王文科、高強華）

二、個案研究的目標

個案研究的目的在深入瞭解研究對象重複發生的生活事項（life

cycle），以瞭解事件發生的原因，與相關變項間之互動關係，而其研究的對象，所選取的主要因素是代表性（typicalness）而非唯一性（uniquneess）（王文科）。王文科認爲個案研究具有三種目的：探索性（exploratory）、描述性（descriptive）與解釋性（explanatory），在一個個案研究中會同時含有這三種目的，只是在程度上有所差異而已。王文科認爲個案研究具有三種功能：

1. 問題解決：以在學校中的個案研究最具代表性，通常其對象都是一些有問題行爲的學生（例如，逃學、暴力傾向、學業成就低落、孤癖等），而學校的教師、輔導員與行政人員應共同合作，針對個案問題的性質發展出可行的解決方案，直到問題改善爲止，故個案研究從某個層面來說，具有解決問題的行動特性。

2. 可以以個案研究的基礎發展一種假設：研究者在未執行正式的研究之前，可以以較爲經濟的方式對研究相關的對象進行個案研究，以發掘重要的變項，其間的互動關係，並依此而發展往後正式研究的假設。

3. 提供案例：個案本身也可以作爲一種案例，用來說明某種理論或假設在運用上的安當性。

三、個案研究的設計

在設計一個個案研究時，必須考量下列因素：（高強華、王文科）

1. 研究的問題：研究的問題關心五個「W」：「何人」（who）、「何事」（what）、「何處」（where）、「如何」（how）與「爲

什麼」（why），但個案研究特別適合處理爲什麼與如何的問
題。

2. 研究的命題：研究的命題必須明確的指出研究的範圍與內容。

3. 分析的單位：研究的對象可以小至一個人，大至一個學校、社
區、國家或區域。

4. 資料與命題的連結：亦即將命題與所蒐集之資料連結，以證明
（或發展）理論（或假設）。王文科舉坎貝爾（D. Campbell）
的「組型匹配」（pattern-matching）的概念爲例，組型匹配適
合用在發展研究，與單一個案研究中倒返實驗設計，在長期的
觀察中，發掘事件發展的「模式」（pattern）。以下是一個假設
性的交通故事發生率與季節的關係：

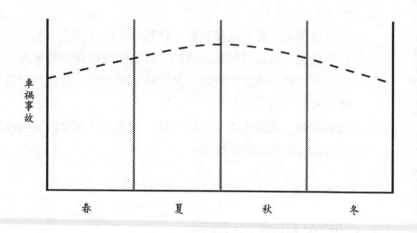

由此組型（pattern）可以看出車禍事故的發生是與天氣的冷熱
（氣溫）有關，個案研究若能長期的蒐集資料，就可以追蹤各種
變項間的關係與可能的發展模式（參考縱貫研究）。

5. 解釋研究發現的規準：規準是一種解釋的依據，例如，統計分
析。

四、個案研究的類別

王文科認為個案研究的設計有四種類型：

1. 單一個案（整體）設計（single-cast [holistic] design）：是單一的單位分析。
2. 單一個案（嵌入）設計（single-case [embedded] design）：是一個單一個案，但卻包含數個子單位（subunits）（多重單位），例如，在一個總計畫底下含有數個方案（projects）。
3. 多種個案（整體）設計（multiple-case [holistic] design）：數個個案進行比較、分析。
4. 多種個案（嵌入）設計（multiple-case [embeded] design）：數個個案本身尚包含有附屬的方案。

單一個案常見於在精神分析中的極端個案研究（例如，連續殺人犯），對某些人而言，是重要的研究對象，另外，也適合對一個理論的驗證具有關鍵性（critical case）的情境時。

在實際的應用上，個案研究可分為下列型式：（王文科）

1. 歷史上組織的個案研究（historical case studies of organization）：例如，宋朝書院研究、中古時期修道院的功能研究。
2. 觀察的個案研究（observational case study）：在質性研究中常用，例如，研究某一學校校長與教師的互動。
3. 生活史（life history）：例如，某人的自傳，或某一部族的生活型態分析。
4. 情境的分析（situational analysis）：對某事件發生的情境加以分析，可能綜合相關人事的調查結果，加以分析，例如，馬

奎斯的小說《預知死亡記事》。

5.臨床的個案研究（clinical case study）：在心理諮商情境中經常使用，例如，精神分析學派藉由探討個案的童年經驗，被壓抑的潛意識，而試圖找出問題發生的關聯。

五、個案研究的程序

郭生玉認為個案研究有四個步驟：(1)確定問題；(2)蒐集資料；(3)分析資料；(4)輔導與矯治。此程序適用於輔導方面。

王文科提出下列的程序：

1.目標的敘述：包括研究單位、研究對象的特徵、歷程。
2.設計研究的方法途徑：例如，研究單位如何選取，資料蒐集的方法。
3.資料蒐集。
4.資料的組織。
5.撰寫報告。

六、個案研究的資料來源

1.正式的文書、文件：例如，信函、會議記錄、官方的統計資料、公文、專案研究報告等。
2.各種檔案記錄與資料：例如，學生的各項成績、各種組織的記錄或調查資料等。

3. 訪問：研究者亦可透過訪問（結構化或非結構化訪問）的方式來取得資料。在學校裡所進行的個案研究，輔導者常需進行對個案的家庭訪視，以便對個案問題行為發生的家庭因素能夠深入理解，這是一個重要的步驟，學生之問題行為多數與家庭有關。

4. 觀察：可分為參與觀察或非參與觀察（見觀察法）。

5. 人工製品：與研究相關的具體實物。

6. 各種測驗結果：例如，智力、性向測驗的結果。在輔導上經常對特殊個案進行某些心理測驗，以診斷其人格狀態。（王文科、高強華）

七、個案研究資料之運用原則

在運用資料時必須把握下列原則，以提升建構效度（construct validity）：

1. 多種途徑或多重資料蒐集原則（using multiple sources or evidence）：質性研究中常使用此原則以提升研究的信度、效度，有時亦稱為三角測量法。事實的面向可能很多，多種方法的蒐集資料可以提供不同立場的觀點，以方便研究者佐證（核對）資料。

2. 創造個案研究資料庫原則（creating a case study data base）：為了對個案有深入、周詳的探索，研究者儘量蒐集相關的資料，為了妥善保存這些資料，必須建立有系統的分類、便於查詢的資料庫，對於一些文字、圖片構成的資料，可以利用電腦來提升效率。

3.建立或維持長期的或系列的研究證例原則（maintaining a chain of evidence）：一個事件（行爲）的發生，背後往往有長期的脈絡關係，因此，也必須長期細心的觀察，才能找出其間所隱含的模式。（高華強）

八、個案研究的優點與限制

1.個案研究的優點：
(1)對背景資料的蒐集非常詳細、徹底，有助於深入的理解，與發展問題解決的對策。
(2)個案研究的結果可以用來作爲案例，佐證理論或假設的正確性。
(3)個案研究的程序條理井然。
(4)使用各種方法來蒐集資料，具有彈性。
(5)對輔導的個案研究而言，可以提出行動方案，有助於以實際行動來解決問題。

2.個案研究的缺點：
(1)由於是個案性質，無法作類推。
(2)費時費事。
(3)對資料的蒐集可能流於「壯觀性」（什麼都蒐集，導致資料太多），而忽略了「重要顯著性」（僅蒐集重要的資料）。
(4)研究者主觀偏見可能介入（例如，使用觀察法時）。
(5)誤將個案研究結果的「相關」關係，視爲因果關係。（王文科、高華強）

九、焦點團體法

　　焦點團體法（focused group）是一種團體訪問的研究方式，受訪者針對某（些）議題產生互動、發言，研究者在旁加以引導、觀察、記錄，適合用來進行探索性的研究，也是質性研究中個案研究的一種策略。

1.焦點團體法的優點為（與深入訪談對照）：

(1)較省時間，也更容易執行。

(2)適合用來探索較廣泛的議題，並且導引出新的假設。

(3)能探討各種團體間互動的特色。

(4)對於具有爭議性的話題，容易引起受訪者的發言與討論。

2.焦點團體法的限制：

(1)焦點團體的互動情境，仍然不是自然情境，外在效度受限制。

(2)研究者無法完全掌控討論的方向與內容（受訪者不一定配合）。

(3)各團體的異質性大，在缺乏嚴謹的控制下，不適合作比較分析。

(4)受訪者言辭的可信度待檢驗。

試題分析

一、試申述個案研究法之優點與限制。〔國北師87〕

答：注意個案研究法有不同的型式，有人種誌研究方式的個案研究、量化研究方式的個案研究，例如，倒返實驗設計，還有在特殊教育中常用，爲解決個案問題行爲的個案研究設計，其優點與限制有些不同，但這些都是屬於個案研究的性質。

　　1.優點：

　　　(1)多元資料來源：針對單一個案多方蒐集資料，不但增加資料的有效性，更能深入而豐富的研究個案。

　　　(2)重視個案意義或行動所源出的脈絡關係，在從事研究時儘量把握其歷史、空間與社會的脈絡關係與人際間互動關係。

　　　(3)某些個案研究可以作爲理論發展、驗證理論或擴充理解的基礎，例如，米德的《薩摩亞人的成長》一書其研究結果推翻了西方心理學家所認爲的有「青春風暴期」的理論。

　　　(4)問題解決：在輔導中之個案研究，其目的在研究個案問題行爲產生的原因並且發展輔導策略，進行問題行爲的矯正工作，其目標是積極的介入，具有行動的特質。

　　　(5)在人種誌的個案研究中，研究者長期進駐現場，採用參與觀察的方式來蒐集資料，因此可以發展出「互爲主體性」的認知，能深入理解，由被研究者的觀點來看這個世界。這是其他量化研究（例如，調查法）所難以達到的。

　　2.限制：

　　　(1)缺乏外在效度：一方面由於沒有抽樣的過程，二方面由於每一個個案都是獨特的，因此個案研究的結果是無法複製的，無法確證其研究的眞實性，而且其結果是無法類推（推論）至其他類似的群體。

　　　(2)個案研究沒有控制，無法建立因果關係，而且很難排除一些

內在效度的威脅。

(3)個案研究需要長時間的蒐集資料，進駐現場，費時費事。

(4)有時資料蒐集過多、過雜，流於偏重資料的壯觀性而無法把握資料的顯著性（重要性）。

二、個案研究（case study）在輔導上通常為計質的研究，如何使之變為科學可接受的計量研究，試舉例說明之。〔政大87〕

答：輔導上的個案研究有些是質性的，有些是量化的，還有一些是質、量並重的，例如，以單一受試為主的倒返實驗設計（Ａ－Ｂ－Ａ－Ｂ），同時具有實驗法與個案研究法的性質，是屬於量化研究，而一般在教育與輔導上的個案研究往往是質、量並重，可以使用調查法觀察個案的智力、性向與學校成績（量化資料），同時亦使用深度訪談（質化研究）訪問與個案相關人士（父母、兄弟、姊妹）。使個案研究偏向量化研究的原則是符合量化研究的典符，例如：

1.分析所欲觀察之個案研究之特質（變項），並以操作性定義將這些變項明確化、具體化。例如，可以使用標準化的智力測驗、性向測驗、學業成就測驗來蒐集個案特質的量化資料。

2.採取客觀的立場：科學的量化研究不同於質性的個案研究，在於科學的量化研究注重客觀、中立、不預設立場，研究時先形成假設，再以資料來確證假設。

3.符合科學研究的程序：確定問題→發展假設→蒐集資料→分析資料→拒絕或接受假設。

若個案研究符合上述的原則，自然成為具科學精神的量化研究。

三、試說明個案資料的蒐集方法？〔南師86〕

答：個案研究使用多元資料來源的資料蒐集策略，因此其資料蒐集方法亦極多元。

1. 使用現成資料來源：以調查法、歷史研究法、事後回溯法、內容分析法等方式來進行，現成資料包含有：學生在學成績、各種測驗結果、歷史文獻、信件、各機構文件、統計資料、遺物、視聽媒體等。

2. 使用各種測驗、問卷、測量方法來蒐集資料。

3. 使用訪問法（調查訪問、深入訪談、電話訪談）來蒐集資料。

4. 使用觀察法來蒐集資料。

5. 使用實驗法來蒐集資料（例如，A－B－A－B設計）。

   個案研究可以其他研究法結合來蒐集資料，所以個案研究是一種取向（approach），可以綜合各種研究方法（methods）與技巧（techniques）。

四、輔導中「個案研究」的意義是什麼？它的優／缺點何在？使用時應注意些什麼？〔市北師86〕

答：1.輔導中之「個案研究」的意義：輔導中之個案研究其目的有：

(1)發展輔導相關理論及運用：有些輔導中之個案研究，其目的在發展理論、驗證或修正理論以及試探該理論的可行性。例如，著名之行為學派心理學家華森曾經針對三歲大的小朋友Albert進行嫌惡刺激的研究，每當Albert撫摸可愛的小白兔時，就大聲的發出噪音，把Albert嚇哭了，久而久之，Albert不但反而害怕小白兔，而且也類化到害怕其他毛茸茸的小動物，這項個案型式的實驗研究創立了嫌惡制約刺激的基礎，在爾後的行為改變技術中成為塑造行為的重要技巧之一。

(2)瞭解個案問題行為，據以發展改進的「輔導方案」，並且實施輔導方案、追蹤其成效。

前述理論的發展是屬於基本研究的學者，但是在教育情境中絕大部分輔導個案的實施，都是屬於具有「行動」性質的個案研

究，通常是當有問題行為發生了，教師與輔導人員、相關人員才針對個案，共同探討問題行為發生的原因，蒐集資料，進行個案諮商、輔導，並且發展輔導計畫，實施一段時間之後再評估實施的成效，直到達成目標為止。

2. 輔導中個案研究之優點與限制：

(1) 優點：

① 可以深入探討、理解、分析個案問題行為產生的背景原因，作為發展「輔導計畫」的依據。

② 具有行動的特質，其目標在問題行為的改善。

(2) 限制：

① 資料的蒐集、分析費時費事。

② 問題行為的產生原因往往錯綜複雜，可能牽涉到一些相關人物，包括該生之家長、兄弟姊妹，在校之行政人員、教師、同儕，或者在校內、外所交往的朋友，這些人並非都願意配合幫忙改進。

③ 個案問題的發生往往是經過一段時間而形成習慣，習慣一但養成就不容易改，所以個案研究可能需要花費相當長一段時間，需要耐心與毅力。

④ 個案本人的認知與動機也會影響個案研究的成敗，主要的關鍵為個案本身是否決心改善。

3. 應注意事項：

(1) 注意研究的倫理：例如，保密、保障隱私；不對個案造成心理上、身體上或法律上之傷害；尊重個案不強迫參與。

(2) 應注意相關人事及行政上之配合。

第21章

●●

人種誌研究法

一、人種誌研究法的意義

王文科（民86）認為人種誌（ethnography）是「一種觀察的形式（form），也是研究方法（論）中，直接資料蒐集的策略，謂之人種誌。人種誌是一種『交互作用的』研究，需要一段較長的時間，在田野觀察、訪談以及記錄在選取之場所自然發生的過程。人種誌已被稱為教育人類學（educational anthropology）、參與觀察（participant-observation）、田野研究（field research）與自然探究（naturalistic inquiry）。」（p.124）

人種誌研究是一種質的分析，綜合了一些質性研究的策略，例如，緊接著的研究設計、參與觀察、田野調查等。而教育人種誌即是人種誌方法在教育研究上的運用，王文科指出教育人種誌是「對社會的情景與團體作分析的描述；這些情景或團體能為有關者重造在教育活動中的那些人所『共同分享的信念、實務、人工製品、民俗知識與行為』」。（p.454）教育人種誌是研究人的生活與教育關係的過程、方式與問題……。透過資料蒐集的策略，可得知人在社會情境中的知覺。此一過程是歸納式的，從已蒐集得到的特定社會建構（資料）中取得抽象概念。

歐用生則將ethnography譯成「俗民誌」，並且定義為：「是在描述一個種族或一個團體中的人的生活方式，重視他們原原本本的面目，敘述他們如何行動、如何交互作用、其意義為何、如何加以詮釋等問題。其目的在發現他們的信念、價值、觀點和動機等，而且要從團體內部，即從團體中的成員的觀點，來瞭解這些信念和價值如何發展和改變。」（p.73）

教育人種誌的研究焦點有：

1.教室內師生互動之語言與非語言行為。
2.各種文化或次文化對系統的影響，例如，學生次文化與教師文

化的互動關係如何？學校、社區文化如何影響教學歷程？較大的文化（例如，法令、家長的價值體系或經濟因素）如何影響教育的歷程？

3.群體的心智文化，例如，校長與教師如何將學生分類。

4.群體如何透過文化模式發展指引其行動「意義」的歷程。（王文科）

歐用生認為教育人種誌的研究焦點有：

1.學校組織結構及其影響：例如，探討各種教學組織（能力分班、常態分班）如何影響學生之學校經驗與對社會的建構。

2.課程實踐的問題：以微觀的方法來探討教師如何透過互動的歷程來達成教育目標，學生如何將課程所傳達的價值觀予以內化。

3.教師的職業社會化和生涯：由教師的觀點探討教師如何社會化、教師如何建構其專業知識，以及教師的辦公室文化研究。

4.學生次文化的研究：強調學生的觀點，探討學生的價值觀、態度、行為、組織適應、性別與種族的意識形態。

5.女性主義（feminism）：對傳統研究中以男性為對象的研究加以批判，希望在教育中建構性別平等。

6.課程的歷史研究：結合歷史研究與人種誌研究，指出顯著課程與潛在課程間的差異。

7.評鑑研究：針對傳統量化評量的缺失，企圖以質性及多元評量來提升評量的信度與效度。

二、（教育）人種誌的特徵

1. 對世界的假定（assumptions about the world）：人種誌學者相信社會是「多種現實」（multiple realities），不同的人，透過其主觀的經驗，建構出不同的社會現實，而人種誌研究者必須透過長期的參與觀察，「進入」被研究者的心靈世界，由其觀點來詮釋所要研究的現象。

2. 目標（purpose）：人種誌研究的目標是透過研究者的參與來瞭解參與者所活動的脈絡（contexts），並且透過敘述參與者的故事，去瞭解人際間互動的歷程。

3. 研究過程與方法（research process and methods）：研究採取「緊接著的設計」策略，具有相當大的彈性，綜合運用參與觀察、深度訪談以及蒐集人口製品等方法。

4. 研究角色（research role）：人種誌研究者在交互作用的角色之中蒐集資料，並且採取「訓練有素的主觀性」（diciplined subjectivity）的角度來分析資料。訓練有素的主觀性類似醫生對病人的診斷歷程，醫生經多年的訓練與經驗，以及詳細的檢查，對病人之症狀所下的判斷是權威的，但也是相當專業的。人種誌研究者對其研究效度的第一道檢查，即是透過自己的專業與對事件的敏感度。

5. 脈絡敏銳度（context sensitivity）：由符號互動論的觀點來看，人所表達的符號必須在其所從出的脈絡上去詮釋，才有意義，對脈絡的重視、理解與描述是質性研究與量化研究最大的共同點之一。脈絡是意義所產生的背景，可以從時間（歷史）的觀點來看，或從地理（空間），或從個人成長的經驗背景來看。例如，「民主」這個概念若放在西方的脈絡與東方的脈絡上，可能有不同的認知。人種誌研究者的最大挑戰，就是要捕

捉參與者內在精微的意義上的脈絡，而從參與者的脈絡上去解讀事項，才能把握意義。

6. 概念分析（concept analysis）：人種誌研究者依據現象學理論（phenomenology）或基礎理論（grounded theory）對所蒐集到的資料予以歸納，進行概念分析。

7. 探索的與發現的研究（exploratory and discovery research）：人種誌研究可以從不同的角度去探索「新」的觀點或現象，使我們對社會有更深入的理解。（王文科）

8. 其研究的途徑採用整體的方法（holistic），對研究的對象蒐集完整的重要特徵，再仔細的研判。

9. 採取自然的研究情境，藉晤談或觀察以獲得第一手資料。

10. 主要在觀察師生間之交互作用，並分析師生行動所依據的常識規則（common sense rule），以便瞭解學校內部的生活與意義。

11. 研究的程序具有彈性。（歐用生）

三、人種誌研究之設計

人種誌研究的程序為：（王文科）

1. 預示的問題（foreshadowed problems）：所謂預示的問題是指與研究情境相關的問題，例如，在什麼時間、地點？有什麼參與者？發生了什麼事？這些預示的問題，只是初步的指出研究的方向，當研究者進入現場一段時間之後，可以重新修改問題與研究的方向。預示問題具有下列特徵：

(1)自然的發現：預示問題並不是先入為主的概念，研究者並不

試圖操控研究的情境，預示問題是用來指引緊接著的研究設計中蒐集事實、問題與概念的一種工作知識。

(2)預示問題與現有的理論的關係有：

① 預示的問題可用來擴展或修改現有的理論。

② 預示問題可以提供問題敘述的概念架構。

③ 預示問題可以重新形成一個問題。

④ 預示問題是為資料蒐集策略的焦點，但不限制研究問題的觀察。

2.進入田野──個案研究設計（case study design）：研究者以參與者的角色選擇合適的場所進行參與觀察，進入田野的目的在取得臨場感，在日常的接觸中，更深入的理解研究的對象。

3.勾勒田野與合目標抽樣：所謂勾勒田野（mapping the field）是對研究對象之社會的、空間的與時間的關係之資料加以詳細的描繪，以取得整體的脈絡，可以是一幅社會關係圖，描述研究對象的社經地位、組織結構與人際關係，也可以是一幅空間圖，描述各種房屋、設備的位置。

合目標抽樣是研究者依據研究的目的，來選擇樣本，並沒有經過隨機的過程，合目標抽樣的策略很多，例如：

(1)綜合取樣：對每個參與者的背景、事件與相關資訊皆予以詳細的檢查，作為抽樣的依據。

(2)最大變異抽樣或配額取樣：研究者選取可以代表分析單位的子單位，並從子單位中選取主要的資訊提供者，例如，依受訪的職業類型加以分類，並從各類型行業中選取適當的受訪者。

(3)網狀取樣或雪球式抽樣：是利用受訪者的人際關係網絡來尋求進一步的研究對象。

(4)極端個案選項：較常見於心理分析的研究中，目的在選取極端的個案，作為偏差心理的研究之用，極端個案不常出現，

但其研究可以增加我們對知識的瞭解。

(5)代表性個案選樣：研究者首先發展一個一般個案的特徵之剖面圖，然後依此剖面圖，找出合適的個案。

除上述五種策略外，尚有：獨特性個案選樣、聲望個案選樣、關鍵個案選樣、密集個案選樣、概念／理論本位選樣與結合合目標抽樣策略。（王文科）

4.選擇資料蒐集策略：資料蒐集的策略有參與觀察（participant observation）；延長資料蒐集時間（prolonged data collection）；參與者的建構現實（participants' constructed realities）──研究者忠實的陳述參與者所建構的世界；確證田野觀察（corroborating field observations）──研究者對所蒐集的資料必須予以檢證，例如，可以訪問不同的人以確認他們對不同事項的觀點；顯著的觀察（salient observations）──由於研究的情境極爲複雜，研究者不可能對所有的因素皆予以檢驗，因此，必須對所觀察的現象有所選擇，只針對顯著的現象予以瞭解。

5.選取資料分析的技術：質的分析是一種歸納分析，在分析的過程需尋找組型（pattern），將資料予以分類（可分爲內觀類別與外觀類別），再配合一些理論（例如，符號互動論、基礎理論）來加以解釋。

6.選擇呈現資料的形式與解釋。（王文科）

四、人種誌研究的優點

1.人種誌研究對研究的對象、環境有深入的記錄與理解。

2.人種誌研究比其他研究更容易獲得新的見地與假設。

3.依自然觀察所獲致的資料比較符合實際。

4.比傳統方法更留意不是期望中的現象，較有意外的收穫。（王
文科）

歐用生認爲俗民誌具有下列的優點：

1.化熟悉爲新奇，「製造問題」：將原來認爲熟悉的事物再重新
加以檢視，以不同的角度關照，可能產生不同的結果。

2.發展並考驗學習理論。

3.促進課程與教學的革新。其包含四個層面：

(1)分析教學過程、提高教學效果。

(2)減少衝突、對立和脫軌行爲，製造較好的學習情境。

(3)協助教師瞭解自己與其他同事的生涯，增加對教學工作之滿
意度。

(4)瞭解學校和社會中的不平等，其再製過程，和限制教師工作
和職業的因素，提供課程和教學改革的基礎。

4.提升教師研究的意識與能力，並促進教師之專業成長。

五、人種誌研究的限制

1.研究者必須接受相當的訓練，並要培養審愼的觀察力。

2.觀察活動必須進行相當長的一段時間，費錢費事，而且研究的
結果不容易複製。

3.觀察的記錄非常冗長，不易量化，也不容易分析。

4.觀察是主觀的，不易檢查其信度，可能有觀察者偏見介入，不
容易察覺。

5.對教室內的觀察活動不容易一一的詳加記錄。

6.觀察者的參與，投入越多，可能造成情感的投入與角色的衝
　突。

歐用生則認為有下列的限制：

1.研究者若「浸潤」（immersion）太深，可能太過分強調對象的
　獨特性，而忽略了其與社會團體的關聯性。

2.研究者可能忙於捕捉情境中立即發生的事物，而偏重於「小宇
　宙世界」的分析，忽略了過去和未來的因素，而陷入了非歷史
　與非結構的弊端。

3.其研究的過程高度專門化與個人化，研究者集觀察者、晤談
　者、記錄者與分析者各種角色於一身，缺乏研究團體的互動，
　容易受研究者主觀經驗的影響。

試題分析

一、「小班小校」的政策是否應實施，近來引起教育學者與社會大眾之爭議，正反雙方對於小班小校是否能提升教育水準看法不一，以下臚列雙方之主張如下：

贊成	反對
・藉由小班小校之實施，較能提升教學效果，教師負擔減輕，可因材施教 ・可以由國家編列預算實施	・現今已存數量不少之小班小校，其教學成就並不比大班大校好，甚至更差 ・都會地區土地即使有錢也難尋

依以上資料，請回答下列問題：

如果你是一位研究者，並決定採用質化方法的個案研究法，及量化方法的調查研究法，試就小班小校問題，說明你將如何分別加以規劃與作為？〔政大86〕

答：此題可以使用三角測量法的策略，融合質性與量化研究設計。

筆者選用同步進行三角檢視的策略，亦即同時進行人種誌研究與問卷調查，其流程如下：（胡幼慧）

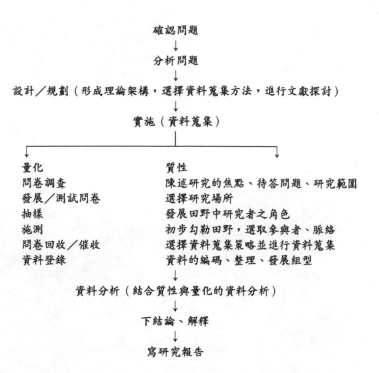

確認問題
↓
分析問題
↓
設計／規劃（形成理論架構，選擇資料蒐集方法，進行文獻探討）
↓
實施（資料蒐集）

量化	質性
問卷調查	陳述研究的焦點、待答問題、研究範圍
發展／測試問卷	選擇研究場所
抽樣	發展田野中研究者之角色
施測	初步勾勒田野，選取參與者、脈絡
問卷回收／催收	選擇資料蒐集策略並進行資料蒐集
資料登錄	資料的編碼、整理、發展組型

資料分析（結合質性與量化的資料分析）
↓
下結論、解釋
↓
寫研究報告

二、教育民族誌是一種真的研究方法，採用此種方法進行研究時，必須具有什麼信念？ (A)為了客觀，應該儘量把所有的資料量化 (B)為了避免干擾實驗效果或干擾所欲觀察的現象，最好不要讓觀察者與被觀察者互動 (C)研究者應該儘量從被觀察者的角度與世界來理解與詮釋資料 (D)在觀察與蒐集資料之前，應先將研究假設做得越具體越好，以便檢定 (E)為了深度解釋，研究者應從歷史、社會及文化脈絡來瞭解被觀察者的語言與行為。〔政大84〕

答：C，E（質性研究重視互動，使用暫時性的假設，質性而非量化資料）

第22章

●●

參與觀察

一、參與觀察的意義

嚴祥鸞（民85）引用Lofland ＆ Lofland對參與觀察的（participant observation）定義是：「參與觀察是實地觀察（field observation）或直接觀察（direct observation），研究者（或調查者）為了對一個團體有所謂的科學瞭解（scientific understanding），而在那個團體內建立和維持多面向和長期性關係，以利研究的過程。」（p.198）學者Jorgensen（1989）認為參與觀察具有下述特質：內部者的觀點（insider's view point）、開放式求知的過程（an open-ended process inquiry）、深度的個案研究方法（an in-depth case study approach）、研究者直接參與提供資訊者的生活（the researcher's direct involvement in informants' lives）與使用直接觀察為資料蒐集的方法（direct observation as a primary data-gathering device）。（嚴祥鸞，民85）總之，參與觀察是透過互動的方式來瞭解人們生活事項的一種研究方式。

二、參與觀察的特色（王文科，民86；胡幼慧，民86）

1. 場所觀察（on-site observation）：為了取得臨場感，瞭解被觀察者的想法，研究者必須長期的進駐現場，以便進行實地的觀察、記錄。

2. 延長資料蒐集的時間（prolonged data collection）：資料蒐集的時間可能延續一段相當長的時間直到達成研究目的為止，一方面是等待事件的演變由開始至自然的結束，另一方面當研究者觀察的時間越長時，其瞭解程度越深入，自然其效度就會增加。

3. 參與者的建構眞相（participants' constructed realities）：人種誌研究者藉進駐現場與長期觀察瞭解被研究者內心對現象的建構，由被研究者的角度來理解事項。

4. 對田野觀察結果的確證（corroborating field observation）：人種誌研究者並非全般接受資訊而不檢查其眞、僞，相反的，人種誌研究者透過一些程序去驗證資訊來源的可靠性，其方法爲多種資料來源——以不同的資料來源相互比較檢證彼此的客觀性。多重資料來源可以使用三種方式來取得資料：

    (1) 多項方法：例如，同時使用參與觀察、深度訪談、對話或內容分析來取得資料。

    (2) 多位參與者：例如，同時訪問、觀察教師、學生與行政人員以瞭解學校效能。

    (3) 多種情境：在不同的時、空脈絡下進行觀察：例如，觀察上課時間、下課時間、校內、校外。

5. 顯著性的觀察（salient observation）：研究者僅針對重要的、有意義的事件進行觀察。

6. 記錄觀察結果（recording observation）：人種誌研究者使用田野札記（fieldnotes）來記錄資料，在離開現場之後，再將這些筆記整理成摘要觀察結果（summary observation），並且加以「詮釋性的旁白」（interpretative asides）。

三、參與觀察的適用時機（優點）與限制

1. 參與觀察的使用時機（優點）：

    (1) 當研究者的出現不會引起情境的變化時，例如，不會引起好奇、戒懼，而團體成員仍能夠自然的活動。

(2)當其他方法無法取得確實的資料時，例如，懷疑問卷或訪談的結果不確實、有隱瞞或社會期許性的現象產生，只好藉由現場、長期的觀察，以發覺事實的真相。

(3)當研究者可以透過團體互動、對話的方式來達成研究目的時。

(4)當事件具有連續性與脈絡關係時。

2.限制：

(1)當研究者的出現會被排斥，例如，被視為入侵者或觸犯了禁忌。

(2)當觸及到被研究對象的隱私權與利益時，必須考慮到研究的倫理問題。（胡幼慧，民86）

四、參與觀察的程序

1.決定研究的場域（research settings）：一般將研究的場域分為公開的場域（public and open settings）與封閉的私人場域（closed settings）兩種，研究場域的選擇是與研究的焦點有關。

2.取得同意，進駐現場（gaining access）：取得同意是一個協調的過程，研究者可以儘量利用人際關係的網絡來進行。

3.發展良好的關係（getting along）：發展親善關係是攸關研究成敗的重要因素之一，可以消除疑慮，並且獲得更深入、可靠的資訊。建立親善關係的技巧有：

(1)謹慎的（be unobtrusive）：知道對方的習俗，什麼是應該的，什麼是不應該的。

(2) 誠實的（be honest）：不應該對被觀察者有所欺騙或隱

瞞。

(3)不作預設（be unassuming）：避免預設立場，保持開放的心胸，以一種赤子之心從事探就。

(4)具有反省式傾聽（be a reflective listener）的能力：是一位良好的傾聽者，不對被研究者的言行進行批判，或表達自己的立場。

(5)願意自我坦露（be self-revealing）：在對話的過程中，為了取得對方的信任與共鳴，在必要時也可以說出自己內心不為人知的往事。

4.實地觀察工作的概要（the framework of the fieldwork）：人種誌研究者每天的觀察工作可分為六大類：

(1)誰：觀察的對象、角色、有那些成員。

(2)什麼：成員們正在做什麼事，表現如何。

(3)何時：事件何時發生的，持續多久。

(4)何地：事件在那裡發生的，此地有何特徵。

(5)為什麼：事件發生的原因為何。

(6)如何：事件間的相關性如何。

5.實地筆記與深度訪談的記錄：實地筆記的內容應包含空間、行動者、活動、主題、行為、事件、時間、目標、感受，以及研究者的個人心路歷程（personal journey），而個人的心路歷程中可以寫下研究者對該研究之分析面向、方法或觀點、困惑的澄清與反省。（胡幼慧，民86）

五、軼事記錄法

軼事記錄法（anecdotal records）是屬於質性觀察研究的一種工

具，是研究者對觀察情境中偶發事件的詳細記錄。記錄內容包含時間、地點、對象、偶發事件或簡短的解釋，研究者需經過一段時間的觀察記錄後再進行統整分析。

1.軼事記錄法的優點：（陳英豪、吳裕益，民87）
   (1)軼事記錄法是在自然情境中進行的，所觀察的行爲比較具有真實性。
   (2)軼事記錄法除了記錄例行的、「正常」的行爲之外，對一些反常的行爲也特別加以注意，例如，平常一向專心上課的學生，突然變得不專心、若有所思，這些異常的行爲有時可以提供研究者重要的資訊。
   (3)軼事記錄法可以適用於小學低年級的學生或缺乏語文表達能力者。
2.軼事記錄法的限制：（陳英豪、吳裕益，民87）
   (1)軼事記錄法所記錄的時間相當長，費時、費事。
   (2)軼事記錄法可能受記錄者的偏見、注意力、期望等因素影響而喪失其客觀性。
   (3)較難取得代表性的樣本；有時個體在不同的場合有不同的表現方式，在某一個場合的觀察結果不一定能代表個體的行爲傾向。

六、軼事記錄法的實作原則（陳英豪、吳裕益）

1.對所要記錄的行爲隨時保持敏感性。
2.對事件發生的情境予以翔實的記載。
3.儘可能在事件發生後立即記錄，以免遺忘。

4.某一次只記錄單一事件。

5.事實描述與解釋必須分開。

6.同時記錄正面與反面的行為。

7.當資料蒐集充足之後才進行分析。

8.具備軼事記錄法的能力。

試題分析

一、何謂參與觀察（participant observation）？作參與觀察的目的何在？一個好的參與觀察者應該具備的特質與條件爲何？請分別敘述之。〔竹師86〕

答： 1.嚴祥鸞（民85）引用Lofland與Lofland對參與觀察的定義爲：「參與觀察是實地觀察（field observation）或直接觀察（direct observation），研究者（或調查者）爲了對一個團體有所謂的科學瞭解（scientific understanding），而在那個團體內建立和維持多面向和長期性關係，以利研究的過程。」（p.198）而其特色包含：內部者的觀點、開放式求知過程、研究者直接參與提供資料者的生活。

2.好的參與觀察者應具備的特質：

(1)遵守研究倫理：例如，要進入私人場所進行觀察之前必先取得同意。

(2)人際互動關係的能力：能夠和參與對象發展親善關係，產生良性互動的能力，能夠與喜歡的人相處。

(3)敏感性與問問題能力：對研究的對象觀察入微，而且能夠深入的、自然的、有時委婉的問問題。

(4)接受過嚴謹的訓練：包括觀察技巧、做記錄的技巧。

(5)具有同理心、包容性、開放的心胸。

(6)對參與者之社會脈絡、生活事項、歷史文化之理解。

(7)如果觀察者具有深刻的生活經驗與歷練更佳。

第**23**章

••

研究結果的分析與解釋

一、量化研究之分析與解釋
二、質的資料分析
試題分析

　　質性研究與量化研究所蒐集的資料不一樣，因此其資料的分析與解釋的歷程亦不相同，本章首先就量化研究的部分介紹其資料分析與解釋，比較偏重於統計的分析（對數字的處理），其次再介紹質性研究對資料之處理、分析程序。最後於下一章再介紹有關因果推論、解釋的哲學考量。

一、量化研究之分析與解釋

（一）資料的編號與記分

　　在量化研究中，研究中會蒐集到一堆的原始資料（raw date）或事實（facts）或數字（figures），這些原始資料有一部分是數字，但也有一部分是文字或其他形式的符號，我們對這些統稱為原始資料或簡稱資料。原始資料必須再進一步處理才能顯現出其意義，處理過的資料稱為資訊（information），這些資訊才是最後研究者依據而下結論的基礎。其歷程為：資料→處理→資訊。

　　「處理」在量化的研究中通常是指將資料予以編碼，輸入電腦再進行統計分析，而統計分析的結果會呈現在一張張的電腦報表上，但要將這些原始資料輸入電腦前，必須先將其編號（coding）或譯為登錄。編碼是一個主觀判斷的歷程，首先研究者依研究的目的與資料的性質判斷，將資料加以分類，並給予各類的資料固定的數值代號，常見的編碼是對研究的自變項、依變項以及問卷的題目等予以代號，例如，將機體變項性別命名為「sex」，而男生給予數值1，女生給予數值2，並將欄位第一欄（colum）定義為性別欄，所輸入的數值簡為性別的代號。

　　郭生玉指出編碼時必須符合三點原則：(1)編碼的類別必須依據研究的問題或研究的假設；(2)編碼的類別必須互斥不可以互相包含；(3)

編碼的類別必須是完整而無遺漏的。

■ 事前編碼（precoding）與事後編碼（postcoding）

　　研究者依資料的性質與本身整理時的人力、物力考量可以選擇事前編碼或事後編碼，事前編碼是事先將代碼印在反應項目上，受試者只要填上這些代碼即可，甚為方便，多數的研究都採用事前編碼。

　　　　例：母親職業＿＿＿＿＿(1)軍＿＿＿(2)公＿＿＿(3)教＿＿＿(4)
　　　　農＿＿＿(5)工＿＿＿(6)商＿＿＿(7)醫＿＿＿(8)其他＿＿＿

　　不過事前歸類亦有其缺點，有時受試者不瞭解其所要歸類的問題，在這樣的情形下即無從歸類起。例如，在上述的問題中，若母親的職業是家庭主婦，或者母親是兼職的工人，偶爾做一些小買賣（商）則應如何歸類？尤其當受訪的對象比較小時，更容易產生這一類的困擾。解決的方法是改採事後歸類，在事後歸類（編碼中）研究者只問一些較容易回答的問題，在問卷回收後，再一一逐步加以歸類編碼，如此則不會造成誤解題意的危險。

　　　　例：您母親的職業名稱是＿＿＿＿＿

　　但事後歸類比較煩瑣，通常研究者不願意這樣做。

■ 記分

　　除了將各變項予以編碼之外，另一個重要的工作是記分（scoring）。依郭生玉引述Tuckman的觀點，記分可以分成四大類：

1.量表記分（scale scoring）：針對評定量表上的每一個問題，在量尺上的每一個反應皆可以給予分數，若以賴克特的五點量尺為例，研究者可以給予非常滿意5分，滿意4分，無意見3分，

不滿意2，非常不滿意1分，在統計上我們可以將各題的分數予以加總，最後形成一個總分，而這個總分被視爲等距量尺（interval scale），可以進行母數分析的處理。

2.等級記分（rank scoring）：其資料的性質是屬於次序變項，只能比較大小，但沒有相等的單位，因此只能進行無母數分析。

3.計算反應（response counting）：是屬於類別性質的題目，可以統計各類別出現的次數與頻率，並進行無母數分析（常用X^2檢定），在問卷調查中較常使用到。

4.計算反應人數（respondent counting）：計算各類選項（反應項目）的人數與百分比，與前述類似，例如，比較贊成與反對興建核四的人數有無明顯的差異。

（二）資料登錄表

資料登錄表是將資料的名稱、位置與內容作仔細的說明，以便作爲資料分析的依據，常見的資料登錄表會記載各變項的名稱、欄位與內容。例如：

欄位	變數	說明	數值
1－2	Subject	受試者編碼	01－50
3	Sex	性別	1＝男 2＝女
4	Social	社經地位	1＝高社經 2＝中社經 3＝低社經
5－7	Math	數學成績	0－100
8－10	Chinese	國語成績	0－100

資料登錄表指引電腦輸入的欄位，其在電腦上呈現的數值類似：

0111090081

0222093074

0323080070

0412086077

0521088073

　　……

0122065098

當這些資料輸入電腦之後，即可進行四則運算，或進行統計的分析，但要符合統計的一些基本假設。

（三）選擇適當的統計方法

■ 統計分析工具的運用

目前由於電腦的普及，絕大部分的統計工作是透過電腦統計軟體來執行的，既快速、又方便。目前常用的社會科學統計套裝軟體有三種：

1. SPSS或SPSS/PC版：全名為Statistical Package for Social Science（社會科學統計套裝軟體），一般的統計公式都可執行，包括有描述統計、推論統計、迴歸分析、無母數分析等，亦有繪圖軟體、趨勢分析可供使用。

2. SAS：原為美國北卡羅來納州立大學（North Carolina State University）所發展的統計分析系統（Statistical Analysis System, SAS），其功能與SPSS類似。

3. MBDP：BMDP（Biomedical Computer Programs）較少用。許多研究所都有開電腦統計的課程，學生可以買到學生版本的

視窗版供使用，比較經濟，市面上亦有教導如何程式設計的書
籍。

由於電腦統計是研究所必修的課程之一，有些研究所也逐漸考
SPSS/PC的程式設計，其考試的內容有：

1.SPSS/PC的程式名稱，例如，要繪製直方圖應該使用何種的
　SPSS/PC程式。
2.程式設計。
3.對SPSS/PC輸出（print-out）之解讀。

SPSS/PC之程式設計有三個步驟，以前述資料登錄表之資料為
例：

Data List / Subject 1-2 Sex 3 Social 4 Math 5-7 Chinese 8-10.
Value Label Sex 1 "male" 2 "female"
　　　　　　　Social 1 "high class"
　　　　　　　　　　 2 "middle class"
　　　　　　　　　　 3 "low class"

此為第一部分，稱為資料定義，目的在告訴SPSS/PC變項的名
稱、欄位，以及變項若有分類，例如，性別分為男、女，則用何種數
值來標示，例如，「1」表示男生，「2」表示女生。

Begin Data
0111090081
0222093074
0323080070
　……

0122060098
End Data

　　第二部分爲資料的輸入，此部分可以分開存在另外一張資料片上，等到要分析時再去把檔案「叫」出來，或者，如果檔案不大，直接放置在SPSS/PC的整體程式裡。

t-test groups＝sex（1,2）/variables＝Math

　　第三部分爲資料分析，上述的程式目的在執行男生與女生數學成績的t檢定（獨立樣本），此部分請參考SPSS/PC的操作說明。
　　最後一道手續爲對資料輸出的判讀，例如：

	Number of Cases	Means	Standard Deciation	Standard Error
Group 1	25	90.36	7.26	1.73
Group 2	25	85.21	8.31	2.24

F value	2-Tail Prob.	Pooled t value	Variace Degrees of Freedom	Estimate 2-Tail Prob.	Separate t value	Variane Degrees of Freedom	Estimate 2-Tail Prob.
2.1	0.07	1.14	60	0.27	1.17	55.61	0.27

　　此輸出說明Group 1（Sex EQ 1）男生共有25個cases，其數學平均數爲90.36，而Group 2 （Sex EQ 2）女生，共有25個cases，其數學平均數爲85.21，男生之標準差爲7.26，女生之標準差爲8.31，t檢定時之自由度（df＝60），t値＝1.14，未達顯著性（p＞0.05）。

■ 統計公式的選擇

　　統計基本上分爲敘述統計（descriptive statistics）與推論統計（interential statistics）兩種。一般論文上常用的統計公式，例如，t檢定、ANOVA、迴歸分析等是屬於推論統計。推論統計是從樣本的統

計量去估計母體之母數的過程，故其先決條件是必須要有抽樣的過程，當研究並沒有抽樣時（例如，普查）就不可以執行，例如，t檢定或F檢定這些推論統計的程序。

研究者在執行推論統計之前，必須研判資料的性質，決定選擇母數分析或無母數分析。一般無母數分析的檢定力只有母數分析的80％，因此，在情況許可下，儘量使用母數分析，不過選擇母數分析必須符合三點基本假設：

1. 資料所從出的母體是常態分配。例如，若研究的對象是小學生的智力，那麼智力是常態分配，但若研究的對象是小學生的期中考、教師自編測驗，則可能是負偏分配，如此就不符合常態分配的假定。

2. 變異數同質性（homogeneity of variance）：在從事各組的比較時，各組的變異數不可差距太大，若各組的變異數差距太大時，就不是一個公平的比較，一般在執行電腦統計的程序時，會同時比較各種的變異數是否差距太大，如果差距太大時，會自然予以校正。

3. 資料的性質是等距或等比變項。

目前研究所比較常考各種統計公式的使用時機，以下是為母數檢定的各種統計公式使用時機：

統計公式	使用時機
t檢定	考驗一個或兩個平均數、比例、或相關是否達顯著性，但母體的 σ 未知
z檢定	考驗一個或兩個平均數、比例、或相關是否顯著不同於母體（母體之 σ 已知）
單因子變異數分析（F檢定）	考驗三個或三個以上的平均數是否有明顯的差異
雙因子變異數分析（ANOVA）	考驗兩個自變項之數個依變項（平均數）之主要影響效果與交互作用效果是否顯著
共變數分析（ANCOVA）	當兩組的起始點行為不等時（例如，沒有隨機抽樣、或使用現成班級），在有共變數（covariate）的情況下可以進行事後的統計控制
因素分析（factor analysis）	將複雜的變項歸納成一些共同的因素，可以用來建構建構效度之用
杜凱方法、薛費方法	當變異數分析達顯著水準之後，可以再進行事後比較

當資料不符合上述母數統計中三個假設中至少一個假設，則必須改用無母數分析（non-para metric analysis）。在無母數分析中最常考的就是卡方檢定（X^2 test），依林清山的見解，X^2檢定的用途有：

1. 適合度考驗（test of goodness of fit）：僅就單一變項考驗其觀察次數與相對應的期望次數是否相符合。

2. 百分比同質性考驗（test of homogeneity of proportions）：目的在考驗研究者所感到興趣的J個群體在I個反應方面的百分比是否都是一樣，亦即這些群體的反應是否為同質。在I×J的列聯表上（crosstabulation table），其中只有一個變項為設計變項（design variable），但被分為J個群體，另一個為反應變項，共被分為I種反應。

3. 獨立性考驗（test of independence）：目的在考驗兩個自變項是否相互獨立，如果不是，則繼續進行「關聯性考驗」（test of association），以瞭解兩變項間之關聯程度，在I×J的交叉表上，兩者皆為「設計變項」。

4. 改變的顯著性考驗（test of significance of "change"）：目的在考驗同一群受試者對同一件事情，前、後兩次反應的差異情形。在I×J交叉表上的兩個變項均為反應變項。

（四）統計分析結果的解釋

黃光雄、簡茂雄認為在解釋統計結果時，應符合下列的原則：

1. 解釋必須以統計分析結果為依據，必要時製作精簡的圖表來幫助理解。

2. 解釋時應針對研究問題，避免過度引申。

3. 解釋時避免違反統計規則。例如，統計上必須p＜.05才算是達到統計上的顯著水準。因此當p＝0.06時，不可以解釋成「差一點」就達到顯著水準，p＝0.06只能說未達顯著性。

4. 解釋時要明確的指出分析結果的實質意義。不僅指出兩組之差異達顯著性或未達顯著性而已，還要指出何組表現較佳，假設是否得到支持或拒絕。

5. 避免過度引申：僅就統計許可的範圍內加以解釋，不可以過度的推論。

6. 避免做因果的推論：在相關研究、事後回溯研究、調查研究、觀察法、訪問法中，因為對變項並沒有嚴格的控制，故儘量避免做因果的推論，即使在實驗研究中，除非研究的程序相當的嚴謹，否則在做因果推論時，應該要更為保守。

郭生玉則建議：

1. 應提及研究本身可能的限制，以及對限制所嘗試的解決、控制
   方式。
2. 對於一些可能的干擾因素應予以解釋。
3. 避免將統計上的意義與實用意義混為一談。統計上的意義僅能
   說明（兩組間的差異）非為機遇因素所造成的，但並不是說這
   樣的研究本身自然就具有實用性，一個研究是否具有實用性，
   尚需考慮其他因素，例如，時間、經濟、接受程度、法令等。

二、質的資料分析

以下所討論的是質的資料分析，基本上是一種歸納的過程，將資
料加以分類、編碼，再歸納成組型（patterns）或關係（relationships）
的歷程。依王文科的看法，質性資料的分析可以分為四個階段：

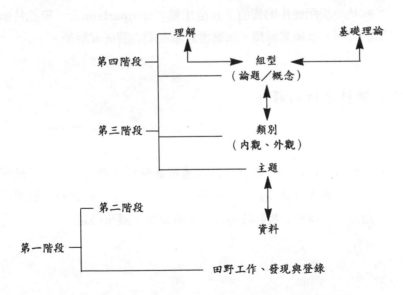

資料來源：王文科（民86）。《質的教育研究法》。台北：師範。頁248。

依王文科的見解質性研究的資料分析是下述四個階段不斷的循環
歷程，直到目的達到為止：

1. 持續性的發現，在整個研究的過程都在進行持續性的發現以便
   確認暫時性的組型。
2. 將資料予以歸類、排序。
3. 以質性的方法確認資料的可信程度，以便對組型予以改進與理
   解，包含對負面或不一致資料的確證。
4. 撰寫抽象或綜合性的概念、論述。

（一）歸納分析的原則

1. 歸納分析是一種將資料加以抽象化「綜合」（synthesis）的歷
   程，研究者在暫時性資料間來回移動，並保持「智能的精密性」
   （intellectual rigor）的態度。
2. 歸納分析所使用的智能工具是比較（comparison）：確認片斷
   的資料，並將其歸類，試圖建立類別間的關係或組型。

（二）資料分析的程序

黃瑞琴（民80）與王文科認為質性研究的資料分析程序為：

1. 資料分析的時間：研究者應該邊蒐集資料，邊分析，而不是等
   待資料都蒐集齊全之後再進行分析。有生產性的資料分析程序
   是資料蒐集與分析同時進行的，可以從下圖來描述：

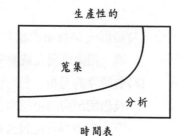

研究者蒐集資料一段時間之後，離開研究現場，固然可以使自己的熱情冷卻，以便更為客觀的理解，但相對的，時間間隔越久，遺忘越多，可能喪失對研究的敏感性。

2. 發現主題與概念：研究者可以參考下列策略來檢視與分析資料：

(1) 重複閱讀已蒐集的資料，也可以請同事或其他人幫忙閱讀資料之後，提出建議，請他人幫忙閱讀資料有時可以指出研究者的偏見或盲點。

(2) 「觀察者評述」或備忘錄：研究者在田野札記與訪談記錄中，可以寫下這類的註解，以利於事後的追蹤，幫助研究者理解與從事自我反省。

(3) 尋找資料中所呈現的主題：可以先定出暫時性的主題，在資料不斷的檢核過程中，尋找更深層意義的主題。

(4) 發展概念與主題類別，建構分類架構：分類的架構可以由研究者自行發展或是參考學理，其目的是作為一種資料解釋的依據。

(5) 文獻探討：閱讀文獻的目的在刺激研究者的思考，而不是替代研究者思考，研究者可以借用這些概念，但不要囿於這些理論。

(6) 暫時操弄隱喻（metaphor）和類推（analogy）但不做標示：所謂隱喻是指原來不相同的事物加以比較，便顯示出事

物的本質。

(7)發展一個故事的路線或情節：故事的路線是分析資料的步驟，用來聯繫和統整資料中各個主題。

(8)暫時性的分析：暫時性分析的目的在決定所欲蒐集的資料以及確認出現的主題與重現的組型，其所使用的策略有：

① 針對資料可能包含的主題，掃描所有蒐集到的資料。

② 尋找可能成為主要論題或組型的再現意義。

③ 重新定位這些研究的方法，研究者作密集式的資料分析，並且將焦點窄化。

3.理論化的過程：在分析資料的過程，需要逐漸發展或引用某種理論予以概念化，理論化的過程有幾種方式：

(1)分析的歸納（analytic induction）。

(2)敏感的概念（sensitizing concepts）：強調實證科學的理論必須與經驗世界有效的結合，才有價值，黃瑞琴指出：「敏感的概念是用來警告研究者注意經驗世界的一般特徵，敏感的概念需要研究者仔細地檢驗現象的獨特性和其與環境中其他現象的關聯性。」（p.176）

(3)紮根理論（grounded theory）：紮根理論是一種「持續比較法」（constant comparison method），包含四個程序：

① 對每個概念的類別（conceptual category）加以編碼、比較。

② 對各類別的特性加以整合。

③ 在不斷的編碼、比較的過程中，最後統整出一個解釋的架構。

④ 撰寫理論。

4.編碼：所謂編碼（coding）是依據分類系統將資料加以分割，給予代號的過程，編碼後研究者即可對這些具有意義的片斷進行「恆常的比較」（constant comparison）以顯出意義，黃瑞

琴認為要編成何種類型的碼，必須依據研究的目的與資料的內涵而定，有下列各種類型可供選擇：

(1)場所／脈絡編碼（setting／context codes）：是指有關研究的場所、主題，或一般性的資料，可以顯現出較大的研究脈絡，例如，「對學校的描述」、「對工廠的描述」。

(2)情境定義編碼（definition of the situation codes）：研究對象如何覺知自己的立場或行動，研究對象對特定主題的看法，例如，「女工視自己為逛街機器」、「偏差學生對自己的看法」。

(3)研究對象所保持的觀點，對特定場所的思考方式：例如，「教師應該有愛心與耐心」

(4)研究對象對於人們和物體的思考方式：即研究對象對於同事，局外人和形成他們世界的理解。例如，教師將學生分類為「乖乖牌」、「蠻牛」、「聰明的」這樣的編碼是由教師來看學生。

(5)過程編碼（process codes）：是指事件依時間、階段而編的碼，例如，在研究某個人的生活史時，分類為「幼年時期」、「少年時期」、「壯年期」、「中年期」與「老年期」。

(6)活動編碼（activity codes）：是以經常發生的行為加以編碼，例如，「學生問問題」、「離座行為」、「吃點心」或「早會」等。

(7)事件編碼（event codes）：事件是指特定的、不常發生的活動，例如，「偷竊行為」、「打架行為」。

(8)策略編碼（strategy codes）：策略是指人們完成各種事情的方法或手段，例如，教師控制班級秩序的方法（例如，正增強、負增強）。

(9)關係和社會結構編碼（relationship and social structure codes）：指人們正式或非正式的社會關係，例如，師生關

係、部屬、上司、朋友、競爭對手等關係。

(10)方法編碼（methods codes）：包含研究的問題、程序，或因研究而引發的情緒，例如，快樂、迷惑等。

王文科認為分類系統的資料來源有五種：

(1)研究的問題與預示問題或子問題。

(2)訪談指引等研究工具。

(3)其他研究者在進行相關研究時所使用的論題、概念或類別。

(4)研究者本身所有的知識。

(5)資料的本身內容。

王文科認為編碼可以選擇下列三種策略之一：

(1)將片斷的資料集成有意義的單位，稱為主題（topics），之後將主題歸納成較大的群集（clusters），而形成類別（categories）。

(2)以預定的類別開始，將每個類別細分成較小的類別。

(3)使用結合策略，運用一些預定的類別以及增加一些新發現的類別。

5.由資料發展組織系統：其歷程是將許多的片斷資料（segments，事件、意義單位或分析單位）組織成一個「意義庫」（pool of meaning），其步驟為：

(1)得到整體的感覺：不斷的閱讀各資料組以得到整體的感覺。

(2)由資料衍生主題：例如，研究者可以選取任一研究主題，然後問自己「與這個主題有關的是些什麼？」、「這些人在談些什麼？」。

(3)比較主題的重複性，依主題出現頻率的多寡區分為：「主要主題」（major topics）、「獨特主題」（unique topics）、「剩餘主題」（leftover topics）。

(4)試驗暫時性分類系統。

(5)將組織系統予以改進。

6.發展類別（categories）：研究者宜避免使用標準化的方法來分
類，以減少分類上的成見，亦即，研究者應從不同的角度來分
類，思考被研究者內心真正的想法，在分類時，研究者可使用
「後翻筋斗技術」——在心理上設計一個相反的情境，與研究者
目前手上的資料做一個對照。另外一種技巧是所謂的確認「紅
旗」（red flag）策略，所謂「紅旗」是記錄中出現的一些「理
所當然」的語句，例如，「從不」、「總是」、「不可能是那種
形式」、「不需要討論」、「每個人都知道」，研究者保持懷疑的
立場，並不將其視為理所當然，而需加以求證。

研究者在發展類別時，亦可以考慮將類別區分為內觀類別
（emic categories）與外觀類別（etic catejories）。內觀類別是
局內人的觀點，是局內人所使用的術語、行動與解釋。而外觀
類別則為局外人的觀點，是研究者或科學社群所使用的概念或
解釋方式。

7.尋找組型（pattern）：研究者在確證類別之後，必須重複的檢
查資料，對照資料與資料間的關係，並設法提出一般性的敘
述，這個步驟，稱為尋找組型。尋找組型來自於研究者的預
感，以及對資料增加的覺知與對資料的透徹理解，而且研究者
亦同時不斷的重複檢證資料，尋找可能的負面證據或替代性的
解釋，或對現有的某一主題提出挑戰。王文科指出尋找組型的
技術有：

(1)對資料的可靠性加以估計：考量研究情境中之微妙性，以及
是否有偏見的介入。

(2)使用三角交叉法（triangulation）：三角交叉法是一種資料
檢核的技術，研究者針對同一事件，檢驗不同情境、不同受
訪者、不同資料來源是否有一致性的見解。例如，研究者針
對校長與教師的人際互動，一方面使用深度訪談，訪問校長
與教師來蒐集資料，另一方面藉蒐集人工製品來印證談話的

內容，例如，會議記錄、校內校外比賽之獎狀及獎杯。

(3)評估不一致的或負面的證據：研究者不可一味的只蒐集有利
的資料，必須主動的蒐集負面的或不一致的資料，所謂負面
資料是指與意義組型衝突的情境、或參與者觀點或社會現
象，這些負面的個案可以凸顯研究脈絡的有限性。

(4)安排類別次序以發現組型：將各種類別以邏輯次序加以配合
以便形成組型。

(5)選擇與確認類別、組型。

(6)建構統整圖以協助分析，包括圖、表以及流程圖。

(7)進行邏輯的交叉（複核）分析。

王文科引述Vierra與Pollock的觀點，指出質性研究資料之組織
與分析過程為：

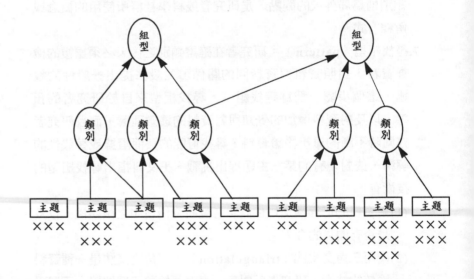

8.撰寫報告：依王文科的解釋，質性資料的寫成其體例有許多
種：詳細報導（detailed reporting）、描述—分析性詮釋
（descriptive-analytical interpretations）與抽象的學理討論

（abstract theoretical discussion）。而其中詮釋性分析亦有四
種型式：

(1)描述性敘述：目的在描述團體間的活動及一段時間內之變化
　　情形。

(2)歸類學（topology）：針對不同的人或團體所發生的類似現
　　象予以歸類，例如，可分爲內觀類別或外觀類別。

(3)論題分析（theme analysis）：研究者選擇特定的人的行動
　　與情境，以再現論題。

(4)基礎理論（grounded theory）。

試題分析

一、以下有五個待答研究問題，請各寫出一種較適當的統計分析方法。

　1.教育學者、國小教師、學生家長對「暫時性疼痛」管教措施的看法分為贊成、不贊成、無意見，是否有所差異？

　2.快樂國小五年級300名學生，在中華智力量表的平均得分，是否與全國常模平均數100有所差異？

　3.五年甲班接受創造思考教學前後都接受拓弄思圖形測驗（甲）式，問：創造思考教學是否可以增進該班學生的創造力？

　4.經隨機化各三組之男女學生，分別接受三種不同的教學法後，測得其閱讀理解成績，問：男、女生接受不同教學法後，其閱讀理解成績是否有所差異？

　5.未經隨機化的兩班學生，排除前測成績後，其後測之批判思考分數是否因教學法不同而有所差異？〔屏師85〕

答：此類問題是常考的統計觀念題，其答題的技巧在於對一般常用的統計公式：Z-test、t-test、F-test、ANOVA、ANCOVA、X^2、Pierson-r等公式使用時機之瞭解。

　1.X^2檢定，因為自變項（教育學者、國小教師、家長）為類別變項，而依變項（贊成、不贊成、無意見）亦為類別變項。

　2.Z檢定，因為母體 σ 已知（標準化測驗）。

　3.t檢定〔相依樣本，兩個平均數（前測vs.後測）之檢定〕。

　4.多因子變異數分析（ANOVA），因為有兩個自變項：教學法與性別，而其依變項為等距變項。

　5.共變數分析（ANCOVA），在題目中有兩個暗示：未經隨機化、排除；未經隨機化表示兩組可能不相等，而排除前測是指以前測為共變數作為調整後測的基準。

二、名詞解釋：後設分析（meta analysis）。〔政大87〕

答：在研究法中所謂的後設分析是指針對某研究主題，蒐集相關的研究報告，再從事統計、分析各種研究報告對相同議題的研究結果，其目的是綜合、歸納的性質。例如，若我們想瞭解建構教學是否優於傳統教學，有兩種的方式：

1.經過實證研究來證明那一種教學法之效果較佳，那麼研究者就必須從事實驗設計（抽樣、實驗、蒐集、分析資料、下結論），研究者可以將其實證研究的結果發表在期刊、雜誌上。

2.另一種研究方法是蒐集過去（五至十年）的研究，來進行歸納分析，例如，研究者利用電腦搜尋出近十年內相關研究有五十篇，研究者在檢查論文的題目、方法、分析程序與結論之後進行選擇，假如剩下四十篇，研究者可以依照這四十篇統計：(1)認為建構教學優於傳統教學的有幾篇（比率）；(2)有部分效果的比率；(3)沒有效果的比率；(4)歸納各研究的方法、結論與建議；(5)若有可能提出一般研究上的限制，此即為後設分析，簡單說「後設」是為歸納、統整的意思。

三、舉例說明下列統計方法的用途：

1.X^2-test。

2.一個樣本之Z考驗。

3.相依樣本之t考驗。

4.獨立樣本二因子變異數分析。

5.迴歸分析。〔屏師88〕

答：1.X^2統計的用途：（林清山）

(1)適合度考驗：針對某單一變項考驗其觀察次數與相對應的期望值是否相符。

(2)百分比同質性考驗：考驗J個群體在I個反應方面是否同質，在I×J交叉表上，只有一個是設計變項（自變項）。

(3)獨立性考驗：考驗兩個變項是否相互獨立，在I×J交叉表上，兩個變項皆爲設計變項。

(4)改變的顯著性考驗：用來考驗同一群受試者對某議題的看法，前、後改變的情形，在I×J的交叉表上，兩者皆是設計變項。

2.一個樣本之Z考驗：使用在母體的σ已知，求某群體的平均數（$\overline{X}$）是否與母體的平均數（μ）有明顯的差異。

3.相依樣本t考驗：使用在母體之σ未知，兩平均數間之檢定（相依樣本）。

4.獨立樣本二因子變異數分析：

(1)母數分析，必須符合母數分析的三個基本假定。

(2)有兩個自變項。

(3)可以求主要效果與交互作用效果。

5.迴歸分析：有簡單迴歸分析與複迴歸分析。其使用時機爲：

(1)變項間呈線性關係。

(2)作爲預測之用。

四、試解釋下列利用SPSS/PC＋資料處理之結果？〔屏師84〕

得到結果如下：

（SPSS/PC：t-test groups＝sex（0，1）/variables＝Ch）

Independent samples of SEX

Group 1：SEX EQ 0　Group 2：SEX EQ 1

t-test for：CH

	Number of Cases	Means	Standard Deciation	Standard Error
Group 1	30	83.0667	8.925	1.629
Group 2	32	79.8750	12.62	2.231

F value	2-Tail Prob.	Pooled t value	Variace Degrees of Freedom	Estimate 2-Tail Prob.	Separate t value	Variane Degrees of Freedom	Estimate 2-Tail Prob.
2.0	0.064	1.14	60	0.258	1.16	55.89	0.253

答：1.Independent samples，與t-test groups這些字表示t檢定、獨立
　　樣本、男生與女生平均數之比較。

　　2.SEX 0（男生）有30個cases而女生SEX＝1有32個cases。

　　3.男生平均數（Mean）＝83.0667，女生$\overline{X}$＝79.8750。男生標準
　　　差（Standard Deviation）＝8.925，女生SD＝12.62。男生標
　　　準誤（Standard Error）＝1.629，女生為2.231。

　　4.同質性檢定，F值為2，未達顯著性（P＝0.064），符合母數檢
　　　定中變異數同質性的基本假設。

　　5.t檢定結果其自由度（D.F）＝60，t值＝1.14，未達顯著性（P
　　　＞0.05），表示男生與女生之平均數無明顯差異。

五、試為下列研究問題，選擇一項最合適的統計方法：

　　1.李生想探討「投考與未投考研究所的國小老師，其對工作滿意
　　　程度是否有差異？」

　　2.張老師想研究「該班學生上學期缺席的次數與數學三次段考的
　　　總分的關係如何？」

　　3.林校長想研究「該校低、中、高家庭社經背景的學生，其假日
　　　休閒活動的種類是否有差異？」〔市北師82〕

答：1.t檢定。

　　2.F檢定。

　　3.X^2檢定。

六、你是一個統計諮商師，有人問你說：「我的自變項是性別，依變
　　項是學習時間，請問我應該用那一種統計分析方法？」作為一個
　　優秀的統計諮商師，你應該怎麼回答？　(A)「建議使用獨立樣本t
　　考驗。」　(B)「建議使用獨立樣本變異數分析。」　(C)「建議
　　使用相依樣本t考驗」　(D)「建議使用相依樣本變異數分析」
　　(E)「請問你的變項是如何測量得到的？」〔政大84〕

答：(E)

第**24**章

● ●

因果關係的解釋

在解釋研究發現時，最常被運用的原則就是因果律，因果律的概念自古即有，最早見於柏拉圖的對話錄中，後其學生亞里斯多德提出四因說，認為所有的物質皆有四個層次：形式因（formal cause）、質料因（material cause）、效力因（efficient cause）與結果因（final cause）。例如，鐵是一種質料因，經人為的打造（效力因），最終可以形成一只刀子（結果因）。這種說法的缺點是循環論證，我們怎麼知道鐵的最終目的是成為一只刀子，而為什麼人世之間有會有壞人呢？難道壞人就是最終目的？

因果論的觀點後來在民智漸開後逐漸受到挑戰，最有名的要屬懷疑論者笛卡兒與休謨。近代自然科學及實證主義的發達，試圖以嚴謹的控制方式，建立普遍的因果法則，而涂爾幹首先以實證的方式研究人類的社會現象，並承認社會現象亦存有普遍的因果法則。（楊銀興）。

一、建立因果關係應有的條件

依楊銀興（民82）的看法，要建立因果關係，必須同時滿足三個要件，缺一不可：

1. 兩變項間必須存在共變關係（concomitant variation）：即X與Y的相關程度與方向必須與假設所測的相關程度與方向相符，X與Y之間存在著共變項，此共變是促成兩者產生關係的原因，例如，天氣熱時，體溫會上升，而人暈倒的次數也增加，在此體溫上升是因，其結果是人暈倒的次數增加，而其共變項是天氣熱。

2. 變項出現的時間順序（time order of occurrence of variables）：因的出現一定在果之前，不可以果出現在因之前

（倒果爲因），當因的出現與果的出現時間間隔越久，則不相干
因素介入的可能性也越大，而越不容易解釋，理想上是因的出
現立即伴隨著果的出現。

3. 必須將其他可能的干擾因素加以排除。干擾的因素包括有共同
因果，以及其他解釋（另一種解釋alternatives）的可能性。

二、因果關係圖

研究者可以利用圖形或（以及）文字來表示變項間之因果關係，
以陳述句「越用功的人，考上研究所的機率越大」爲例，牽涉到下述
的概念：(1)「用功」與「考上研究所的機率」的連結；(2)因果關係的
方向：由用功到考上研究所；(3)關係的符號：越用功則考上研究所的
機率越大（正相關），依照這些概念，因果關係的模式有：（朱柔若）

1.　　　　$X \xrightarrow{+} Y$

2.　　　　$X_1 \overset{+}{\searrow}$
　　　　　　　　　Y
　　　　　$X_2 \underset{-}{\nearrow}$

3.　　　　$X \xrightarrow{+} Z \xrightarrow{+} Y$

4.　　　　　　$\nearrow^{+} Y$
　　　　　X
　　　　　　　$\searrow_{-} Z$

5.　　$\rightarrow X_1 \overset{+}{\searrow}$
　　　　　　　　　　$Z \xrightarrow{+} Y$
　　　　$\rightarrow X_2 \underset{-}{\nearrow}$

圖1是最簡單的因果關係，X直接造成Y，例如，體重越重則跑一
百公尺所消耗的熱量越多。

　　圖2則比較複雜，有兩個變項同時會影響Y，但一個是正的影響，另一個卻是負的影響，例如，智力與上課缺席率都會影響學業成績，只不過一個是正的影響，而缺席率卻是負的影響。在因果的解釋中，若有幾個原因共同影響一個結果，例如：

　　稱爲共同因果，例如，一個人的學業成就可能同時受到智力、親子關係與性向的共同影響，若有共同因果的情形出現，我們不能僅下斷言是智力影響到學業成就的高低而已，這樣的推論所犯的錯誤稱爲「以偏概全」。

　　圖3是另一種常見的因果關係，在此圖中：X→Z→Y，一般將Z稱爲中介變項，亦即X是透過Z來影響Y的，例如，有名的科爾曼調查（Coleman Report）發現家庭因素是透過如父母對子女的教育態度、語言、親子關係、經濟力的因素來影響子女的學業成就。

　　在圖4中X對Y的影響是正的，但對Z的影響卻是負的，有一些社會現象是對某些人的影響有利的，但對另一些人卻有不利的影響，例如，當政治不安定、治安惡化時，對股票的影響是不佳的，但對移民公司的影響卻是好的。

　　圖5的因果關係比較複雜，X_1與X_2是相互影響的，而且對Z造成相反的影響，透過Z對Y造成正面的影響，X_1與X_2的關係類似趨避衝突，例如，在家自行準備（X_1）與上補習班補習（X_2）都會增加考研究所的知識（Z），進而增加考上的機會Y，但上補習班要花錢，與浪費通車的時間，而且補習班良莠不齊，亦可能有不利的影響。

三、因果解釋上的錯誤

研究所考試喜歡問「爲什麼有相關不一定有因果關係？」或因果解釋所可能產生的錯誤的問題，以下歸納一些原因：

（一）「訴諸假因」的謬誤或打擊稻草人的謬誤

訴諸假因或打擊稻草人，是以片面或不實的原因來建立因果關係，例如，有位研究者發現教師加薪與市面上酒的消費量成正比，亦即教師加薪越多，則酒的消費量越多，因此建議不要給教師加薪，即犯了因果歸因的謬誤，因爲教師加薪，社會上其他行業也跟著加薪而刺激了酒的買氣，有時我們故意扭曲原意或只是攻擊話語中的片斷，稱爲攻擊稻草人的謬誤，例如，孔子曾說過「唯女子與小人難養也」，所以孔子是一個大男人主義者。

（二）忽略了潛在的共同原因

這裡所謂的共同原因即前述的共同因果，社會現象往往是極爲複雜的，很難以單一的因果律來加以解釋，往往事件的發生，背後是有一些複雜的因素交互作用的結果，研究者應能夠仔細體察這些可能的相關因素。

（三）訴諸統計的謬誤

統計只是一個參考性的數字，在從事因果推論時應考慮到樣本的代表性，研究工具是否嚴謹、誤差、測量標準誤、第一類型與第二類型錯誤等，量化的研究本身是一種歸納的性質，即使達到統計上差異的顯著性，因而推翻了虛無假設，但仍有犯錯的可能性。同時亦不可將統計的顯著性與實用顯著性混爲一談，一個研究達顯著性，並不表示其自然就有運用的價值。有時統計被批評爲玩人數的遊戲，當人數

越多時越容易達顯著水準。例如,在皮爾森積差相關顯著性的考驗上,當人數越多時(D.F.越大)則其關鍵值越小,越容易拒絕假設。

(四)倒果爲因

另一個常犯的錯誤是倒果爲因,例如,在超級市場當一個媽媽打孩子時,大家會轉過頭去看,認爲媽媽打是因,而孩子哭是果,因而怪罪到媽媽身上,認爲媽媽太凶,沒有耐性,在心理學上稱此爲人格歸因,但事實上是媽媽在帶小孩進入超級市場之前就一再的警告小孩要安靜,不可亂跑,但小孩還是很頑皮,不聽媽媽的話,終於惹來一頓打,所以小孩頑皮才是因,而媽媽打是果。人世間許多社會現象常常是因、果很難分明的,研究者在從事因果推論時應該更爲小心、謹愼。

(五)交互作用

心理學的研究之一是探討自我概念與學業成就的因果關係,到底是自我概念提升之後,刺激了學業成就的提升,或者相反的學業成就提升後,反過來也提升了自我概念,比較圓融的說法是這兩變項間產生了交互作用,即首先學業成就提升,刺激了自我概念的提升,接著自我概念的提升也引發了學業的提升,形成了正面的循環,社經地位與學業成就的關係亦類似。

四、教育研究中因果解釋應注意的事項

楊銀興(民82)認爲在教育研究中要從事因果推論時,有下列的困難:

1.量化的研究重視「單一變項法則」,儘量排除不相干變項的干

擾，觀察自變項對依變項所造成的影響，但教育研究的對象是
人，人是很複雜而不容易控制的。

2. 教育研究中，許多現象是有其特殊的脈絡，是無法複製的，因
此難以評斷其因果關係。

3. 研究者與被研究者之間可能產生交互作用，例如，「霍桑效
應」，而影響因果的推論。

4. 歷史研究是準因果關係而不是因果關係，研究者應對自己的偏
見、價值觀有所理解，儘量蒐集齊備先在因素的資料，以利於
解釋。

五、教育研究中主觀性與客觀性之探討

研究所曾考過「何謂客觀？如何使一個研究客觀？」的問題，在
解釋一個研究的發現時，究竟我們是要採取主觀（subject）或客觀
（object）的立場？要如何做才算是客觀？

（一）主觀與客觀的意義

曾火城引述百科全書的內容指出客觀具有兩層意義：(1)符合事實
或實在，其對立的用法是「主觀的」（subjective）；(2)指能被瞭解事
實（informed）或理性的人所解決，而其對立的用法是「武斷的」
（arbitary）。主觀性與客觀性並非截然二分的，只是程度上的差異，對
一件事情若涉入的情感越少則越客觀，而且主觀與客觀亦並非絕對
的，而是相對的。

在教育的活動中，一般都是「價值關聯」的，教育的活動是把沒
有價值的事務轉換成有價值，或將較沒有價值的事務轉換成較有價值
的事務，因此，教育的活動，無論從研究的對象——人來看，或是從

研究本身的立場來看,都難免是有價值介入的(主觀的)。

(二)經驗—分析研究觀點(自然科學典範)

經驗—分析研究是屬於「理論—技術—型式」,對教育研究中客觀化的看法為:

1.注重客觀明顯性(objective evidence),認為研究的對象應該要清楚,且讓自己明確。
2.相信世界是獨立於人類的價值判斷的,反對個人的經驗或主觀的反應。
3.教育研究應該是「價值中立」的,我們是可以將研究者與研究對象加以區隔、分離,教育的研究不應該受到個人的情感、興趣、社會或政治背景所干涉,對於研究對象的描述,必須完完全全的屬於研究的對象。
4.教育研究是一種系統的探索,在資料的蒐集與分析上都是客觀的,而其中尤以測驗作為客觀的研究工具,最具有代表性。
(曾火城)

(三)詮釋—理解的研究(質性研究)

主張價值介入,重視主體意識與互為主體性(intersub-jectivity),主張以「理解」(understanding)來取代因果說明(causal explanation),此學派對客觀化的立場是:

1.反對認知主體與客觀間可以分離的可能性,相信主體與客體之間存在著相互的動態關係。實在(reality)並非是獨立的,而是被建構的。
2.「詮釋」與「看」是同時發生的,因此對同一現象產生不同的

看法是有可能的。

3.知識是透過研究者與這個世界互動而產生的。

4.我們無法排除研究者的情感、興趣或欲望。（曾火城）

（四）批判—重建的觀點

哈伯瑪斯認為人類有三種生活的興趣：技術的興趣（technical interest）、實踐的興趣（practical interest）與解放的興趣（emancipatory interest），在此三種興趣的引導下，分別形成了經驗—分析科學、詮釋科學與批判科學。批判的目的不只在瞭解教育的動態歷程，而且也為促進人們的覺醒與社會改革。批判—重建的客觀性是建立在互為主體性的基礎上，對人類的社會、教育與文化之間重新的理解與反省。（曾火城）

（五）客觀化過程應有的考量

1.在進行研究時應考量各種研究方法的優點與限制，以及研究的目的與探討的層面，選擇適當的研究方法，以提高研究的客觀性與有效性。

2.在客觀化的歷程中，避免忽視教育現象的歷史性，以及受教者與整體歷史文化的交互作用。

3.為了增加客觀性，應該要注重研究語言的清晰、明確。

4.應建立一個自由批評、意見公開的社會制度，研究者將其研究方法、程序、結果付諸科學社群的檢驗。

▶ # 試題分析

一、何謂事後歸因謬誤（Post Hoc Fallacy）。〔南師82〕

答：以公式來解釋：原來是A→B（A造成B，A是因，B是果），而研究者卻以C→B，C不是真正的原因。造成此種歸因上的錯誤原因很多，通常是因為無法從事事前妥善控制的實驗研究，而改進行事後回溯的研究，例如，歷史研究、調查法，無法對所有的變項一一檢查、探索，因此而忽略了一些重要的變項，研究者誤以某些不重要或不相干的變項為因。可能是因為這些變項比較容易測量，在時空上比較接近依變項，以及真正的自變項隱而不顯，都有可能造成事後歸因的謬誤。而且，有時是無意造成的，但有些時候卻是作者刻意扭曲事實以創造某種結果。當經濟不景氣，有許多人失業，或者在日常生活中不盡如人意，有些人會怪自己的居家風水不好或是找算命師給自己改運，他們認為是風水或命運造成自己的失敗、損失。這就是典型的事後歸因的謬誤。其實造成自己損失的主因在於自己的智慧、判斷力與外在的環境、時勢與機會（chance）的交互作用。風水說、命相說是不可信的，十之八九是騙人的。該相信的是自己：「天助自助者」。

二、說明(1)為什麼科學研究中比較喜歡「預測」而不喜歡「事後歸因」？(2)就驗證理論或詮釋資料的功能來看，「事後歸因」有何優缺點？如何改進缺點？

答：1.可以做到預測必定建立在有嚴謹的理論與實證基礎上，故預測的研究一定比事後歸因的研究來得嚴謹，具有很好的信度與效度。而且，預測是防患事情於未然，其投資報酬率要遠大於事情已發生之後的調查。

2.就驗證理論或詮釋資料的功能來看，事後歸因的好處是可以蒐集過去已發生的事件的資料，例如，歷史研究法、調查法等，

這些成年往事，只能用事後回溯的方式來進行研究，別無他法
可行。但是，相對的，由於沒有嚴謹的控制，可能無法注意或
探討到所有有關的因素，有時可能形成事後歸因的誤差，所以
事後回溯法在驗證或詮釋社會現象上的信度與效度比較差。其
改進之道是可以使用三角測量法、多元資料來源、多元方法的
方式來檢證資料，並且增加資料的豐富性。

第**25**章

• •

研究計畫

一、研究計畫的功能
二、研究計畫的格式
三、質的研究計畫
試題分析

　　研究計畫（researchproposal）是緊接著的正式研究的藍圖，目的在表達研究者之研究目的、方法、程序，作為研究者與其本身，以及外界（指導教授、可能的贊助機構）之溝通橋樑。研究計畫亦分為質的研究計畫與量的研究計畫，其不同的地方在於質的研究計畫是暫時性的，在研究的過程中可以修改、增減，而量的研究計畫比較固定、嚴謹。一旦寫成之後，其後的正式研究都必須遵照其所規劃的方式來進行。

一、研究計畫的功能

　　依郭生玉的見解，研究計畫具有下列的功能：

1. 幫助研究者組織思考：研究者將許多的片斷知識，例如，研究問題的探討、文獻的閱覽、工具的選擇、抽樣方法與可能的統計處理等，加以思考、統合、組織起來，形成一個由抽象到具體的可行計畫。

2. 提供與外界溝通的機會：研究計畫的主要功能之一就是作為一個書面溝通的媒介，是研究生與指導教授們、計畫申請人與可能的提供經費的單位、或專家們與執行單位間的溝通，通常研究計畫必須經過數次的修改、討論與整合意見才算是正式的完成。

3. 作為一種研究的合約（contract）：當研究計畫被正式接受之後，就成為一項正式的合約，研究者必須依研究計畫上所載明的程序來執行研究，並且符合內容所記載的程序。

4. 作為實施研究的藍圖：研究計畫清楚明確的指出研究的目的、研究對象、工具、方法、程序、分析方法，研究者必須遵循。

5. 作為評價研究結果的依據：評鑑者可以依照研究計畫來評鑑研究的品質。

二、研究計畫的格式

郭生玉認為研究計畫分為緒論與研究方法兩部分，緒論主要在描述研究問題、目的與文獻探討（研究之理論基礎），而研究方法包含有研究樣本、研究之材料、研究程序與資料分析。

王文科認為研究計畫的架構為：

```
封面頁
緒論
        研究動機、問題描述        ┐
        問題的重要性               │  研
        名詞定義、假定、限制與範圍  │  究
                                    │  的
        文獻探討                   │  意
        假設                       ┘  圖
研究方法與程序
        樣本                       ┐
        工具                       │  執
                                    │  行
        設計                       │  研
        程序                       │  究
資料分析                           │  方
時間進度表                         │  法
參考書目                           ┘
────────────────────────────
預算
研究人員簡歷
附錄
```

黃光雄與簡茂發則認為研究計畫的程序為：

```
一、緒論
    （一）問題的陳述
    （二）文獻的檢視
    （三）問題或假設
二、方法
    （一）對象
    （二）工具
    （三）設計
    （四）程序
```

三、資料分析
四、研究意義
　（一）蘊義
　（二）應用
五、預算與時間進度表
　（一）預算
　（二）時間進度表
六、附註與參考書目

以下針對各章節予以解釋。

（一）緒論

緒論是對研究的背景、動機、研究問題、變項以及文獻的簡介，是相當重要的一章。緒論包含下列各節：

1. 問題的敘述與研究動機：簡單描述產生問題的原因、脈絡，指出可能的衝突所在，與問題的性質。王文科指出在敘寫研究背景時可以從幾個方面著手：

(1)引用具權威性的資料，例如，皮亞傑、佛洛依德、史金納等人的論點。

(2)依據目前的實際狀況，例如，某些研究的目的是在解決當前的困難，例如，國小實施新數學（建構教學）上的困難、其他如英語教學、鄉土教學、課程統整的實施難題等。

(3)依據先前相關研究的缺失，例如，以往研究在執行上的困難。

(4)依相關理論，例如，認知學派理論、行為學派理論在教學上的運用。

2. 待答的問題：在問題的背景與性質陳述完畢之後，接著必須具體、明確的陳述待答的問題。待答問題可以用敘述句或問句的方式來陳述。王文科認為問題的陳述，必須符合下列的原則：

(1)必須陳述兩個或更多變項間之關係。

(2)陳述必須是具體而明確的，不可以模糊不清。

(3)問題必須是可以以實證方法加以考驗的。

(4)避免代表某一種道德或倫理的觀點。

待答問題限制了研究的方向與範圍，通常在一個大的敘述（major statements）之後，會接著一些更小，更具體的小的敘述（minor statements），或是在一般、抽象性質的問題之後，再提出若干的具體問題。例如：

> 待答問題，主要敘述：本研究主要在探討國小實施建構教學對學生數學科成就的影響。
>
> 待答問題，小的敘述：具體而言，本研究的問題如下：
>
> (1)學生接受數學科傳統教學與建構教學，其學習成就是否有明顯差異？
>
> (2)建構教學與傳統教學的學習成就是否會因性別不同而有明顯的差異？
>
> (3)建構教學與傳統教學的學習成就是否會因年齡不同而有明顯的差異？

3.研究目的／研究重要性：在此節中，研究者描述其研究可能對教育問題之解決，在理論或實務上可能的貢獻，但在寫作時，不可過於誇大，也不可以太過保守，看不出研究的價值。例如：

> 本研究的目的在：
>
> (1)瞭解目前國小數學科實施建構教學的普及程度。
>
> (2)瞭解目前國小實施數學科建構教學的困難所在。
>
> (3)針對國小實施建構教學之困難，發展促進建構教學的策略。
>
> 相信本研究的結果能對國小數學科建構教學之實施以提升

學生問題解決能力有所貢獻。（研究的重要性）

4.名詞定義（definition of terms）：名詞定義分為概念性定義（conceptual definition）與操作性定義（operational definition）兩種，概念性定義比較籠統、抽象，所涵蓋的範圍較廣，而操作性定義較具體、明確，相對的窄化了所衡量的特質。一般在量化的研究中，都要求所定義的變項越精確越好，我們的做法是，在名詞定義中，首先給予各名詞概念性定義，接著，若有可能，再給予操作性定義。例如：

> 本研究中「智力」是指一般學習能力，具體而言，本研究中的智力是指受試者在魏氏智力量表上的成績。

5.研究的限制（limitations）：有些論文會有研究的限制這一節，有些論文則無，依研究者個人的選擇而定。基本上研究多多少少一定會有限制，筆者建議能夠在此節中詳述研究可能的限制，俾展現研究者客觀的立場以及對限制所採取的預防步驟，這些限制可能是來自取樣（例如，人數不夠）、工具（例如，沒有預試）或是問卷的回收率可能會偏低等，研究者預先設想將來正式研究中可能遭遇的困難以及可能的對策。

（二）文獻探討

文獻探討是重要的一章，目的在展示研究者對所研究議題的深入理解，並且建立研究之理論基礎。需注意的是，文獻探討不僅只是被動的吸納、組織各種相關的文獻而已，還應該加以歸納、統整，如果研究者的實力夠堅強，能夠對某些文獻之方法、結論提出批判，則更能顯現研究者的研究能力。

（三）研究方法與程序

第三部分是研究的具體執行程序，研究是否能夠實踐，必須依賴此部分的精心設計。

1. 研究樣本：詳細陳述研究對象的性質、抽樣架構、抽樣方法，如果有分組的話，如何分組，如何進行實驗與控制，後續的研究者或讀者可以由這些陳述瞭解樣本的代表性。
2. 研究假設與統計假設：統計假設又分為虛無假設與對立假設，其目的是作為統計考驗之用。此部分的統計假設是由前一部分的待答問題發展出來的，與後續之資料蒐集、統計分析與結論有很大的關聯性。
3. 研究工具：研究者在此詳細的說明所使用的研究工具，如果是標準化測驗，則需要提及該工具的內容、信度、效度、實施與計分方式，如果是非標準化測驗，例如，研究者所自編的問卷或量者，則比較麻煩，必須陳述該工具之理論基礎、預試方法，以及該工具之內容、信度與效度建立方式以及計分方式，這不是一件容易的事，由於自編工具的煩瑣，多數研究者選擇現成工具。

（四）研究設計

一般以圖示的方法將獨立變項、依變項、中介變項等加以連結，化繁為簡是為研究設計。例如：

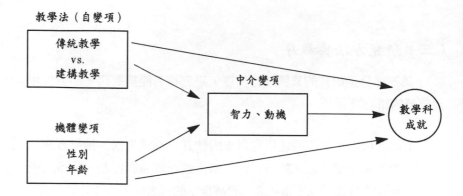

（五）研究程序／時間進度表（甘特圖）

在研究的程序中精確的設定各研究步驟的起始時間與完成時間，詳細陳述各步驟的實施內容、方法與參與的人員，最後將這些步驟與預定的執行時間連結成甘特圖（Gantt Chart method），例如：

日期\準備項目	第一月 ×年×月	第二月 ×年×月	第三月 ×年×月	第四月 ×年×月	第五月 ×年×月	第六月 ×年×月	第七月 ×年×月	第八月 ×年×月	第九月 ×年×月	第十月 ×年×月	第十一月 ×年×月	第十二月 ×年×月
1.準備工作	▬											
2.發展問卷		▬										
3.預試			▬									
4.回收／修正問卷				▬								
5.正式施測					▬							
6.第一次催收						▬						
7.第二次催收							▬					
8.資料登錄								▬				
9.資料分析									▬			
10.撰寫報告												▬

問卷調查之甘特圖

（六）資料分析

在此研究者陳述選擇某些統計公式的理由（例如，t檢定、F檢定），這些統計預定如何執行，例如，利用學校的SPSS/PC套裝軟體來執行分析的工作。

（七）預算

有些研究計畫有預算的部分，詳細預估各種軟、硬體經費，如人事費、交通費、硬體設備（電腦、紙張、文具、圖書）及雜支費等。

（八）參考資料／附錄

參考資料及附錄的寫法請依照規定的格式（例如，APA格式）。

三、質的研究計畫

依王文科指出質的研究計畫（qualitative research proposal）一般格式為：

一、緒論
　（一）一般的問題敘述
　（二）初步的文獻探討
　（三）預示的問題
　（四）研究的重要性
二、設計與方法
　（一）場所與社會網絡的選擇
　（二）研究者之角色
　（三）合目標抽樣策略
　（四）資料蒐集策略
　（五）歸納的資料分析
　（六）設計的限制
三、參考資料（書目）
四、附錄

以下針對質的研究計畫各章節予以解釋。

（一）緒論

1. 一般的問題敘述：對教育研究中的問題做簡要的描述與分析，包括問題的背景與歷程。
2. 初步文獻探討：在初步文獻探討中主要是針對「預示的問題」討論可能的研究概念之架構，或者指出先前相關研究之不足之處，並且引用代表性學者，統合相關的學術領域：政治學、教育學、社會學、心理學，做廣泛性的思考。
3. 研究的可能重要性：指出該研究對知識擴展的可能貢獻、或者對教育實務運用上的貢獻。質性研究的目的除了可以檢驗理論之外，尚可以擴充理解。（王文科）

（二）設計與方法論

1. 場所與社會網絡的選擇：依據預示問題，描述選擇某一研究場所的理由，例如，如果要研究班級體系中師生互動的分析，則必須描述研究的場景——學校、班級之物理特徵（例如，所在區域、人口組成、教師與學生的特徵、社區、家長的特徵、學校大小、設備）、教學歷程、課程結構以及活動歷程等。
   社會網絡是指參與者的互動關係，包含校長、教師、社區人士與相關機構、人員間之互動關係。
2. 研究者角色：研究者必須描述其所選擇之參與角色：局外觀察者、觀察者的參與、參與者的觀察與完全參與者，研究者為何選擇某種角色，這種角色有那些角色組合。
3. 合目標抽樣策略：質性研究之抽樣方法很多：最大變異取樣、

特殊個案、代表性個案、關鍵個案等，研究者陳述選擇某種抽
樣之理由與方法。

4. 資料蒐集策略：資料蒐集策略有參與觀察、深度訪談、人口製
品的蒐集等，研究者陳述各資料蒐集階段的時間與內容：計畫
階段、開始蒐集資料、基本資料蒐集與終止資料蒐集階段。

5. 歸納的資料分析：亦即將資料加以分類、編碼，尋找組型的歷
程。

6. 設計的限制：提出可能的研究範圍、抽樣、設計或方法論上的
限制，例如，使用合目標抽樣與個案研究的性質，只能代表部
分參與者的觀點。

（三）參考資料或參考書目

可以使用美國心理學會格式（APA）或芝加哥格式（The
Chicago Manual of Style）。

（四）附錄

人種誌（質性研究）的附錄可以包含多種物件：（王文科）

1. 得到允許進入場所的信函。
2. 由關鍵參與者所發出的同意信函。
3. 田野筆記、觀察、訪談的摘要、記錄、手稿等。
4. 在試探性研究中所使用的編碼手稿或田野筆記。
5. 透過社會網絡所蒐集的人工製品。
6. 該研究計畫的（預定）時間表。

試題分析

一、請說明研究計畫的主要內容。〔南師84〕

答：依黃光雄與簡茂發量化的研究計畫，其內容有：

1.緒論：待答問題、文獻探討、問題的假設。

2.研究方法：研究對象、工具、研究設計與研究程序。

3.預定資料分析的方法。

4.研究的重要性。

5.預定進行的程序與時間表。

6.參考書目。

二、名詞解釋：甘特圖法。〔市北師85〕

答：甘特圖法是用來呈現研究的進度，分兩個向度來寫，左邊是工作的項目，而上面是時間進度，其畫法請參考內文。

三、簡述「研究計畫」的功用及主要內容。〔市北師81〕〔市北師86〕

答：依郭生玉的看法，研究計畫具有下列功能：

1.幫助研究者將思考組織與具體化實施研究的步驟。

2.提供與外界溝通的媒介。

3.作為一種研究的合約。

4.作為進行研究的藍圖。

四、某研究生想要探討「國小六年級學生家庭社經背景（含父母親雙方的教育程度及職業類別）與其智育成績的關係」，請就此題目撰擬一份較詳細的研究計畫（最少應含研究方法、名詞定義、研究對象、資料蒐集分析方法）。〔屏師85〕

答：

篇名頁

內容目次

第一章　緒論

　　第一節　研究背景與重要性

　　第二節　研究目的

　　第三節　待答問題

　　　　　(1)受試者家庭社經地位與智育成績關係如何？

　　　　　(2)不同教育程度的父、母親，其子女的智育成績
　　　　　　是否有明顯的差異？

　　　　　(3)不同職業類別之父母親其子女的教育程度是否
　　　　　　有明顯差異？

　　第四節　研究的重要性

　　第五節　名詞定義

　　　　　(1)社經地位：父母親的社經地位指數是由父母親
　　　　　　之職業分數與教育程度分數計算而得。學歷分
　　　　　　數分為五個類別：5分──大學或大學以上，4分
　　　　　　──專科，3分──高中職，2分──國中，1分
　　　　　　──國小。職業分數亦分為五等，後依公式：
　　　　　　6X（父職業指數＋母職業指數）＋4X（父教育
　　　　　　指數＋母教育指數）。

　　　　　(2)智育成績：是指受試者接受「魏氏智力測驗」
　　　　　　之結果。

第二章　　文獻探討

　　第一節　有關社經地位之文獻探討

　　第二節　有關智力理論之探討

　　第三節　有關社經地位與智力相關之實證研究探討

第三章　　研究方法

第一節　研究對象：本研究對象母群體爲台北縣、市國小六
年級生，依家長職業的類別與教育程度採分層隨機
抽樣方式。

第二節　研究架構

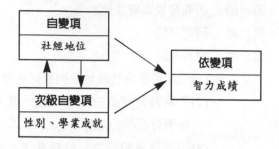

第三節　預定實施程序、採調查法，分別以社經地位問卷以
及智力測驗來蒐集資料，其實施程序爲：

(1)抽樣。

(2)選用／設計研究工具。

(3)施測。

(4)整理／登錄資料。

(5)資料分析與寫成。

第四節　資料分析

使用SPSS／PC套裝軟體，依資料的性質使用t檢
定，皮爾森積差相關係數，或多因子變異數分析。

參考書目

五、近年來大學學費逐年調漲，反對者認爲會傷害清寒學生的就學權
益，贊成者則認爲天下沒有白吃的午餐。爲解決爭議，請使用已
學過的教育研究方法，擬定一份有關「學費調整」的研究大綱。
〔政大87〕

答：此題可以使用與前述相同的架構。但此題偏重於教育政策的評
鑑，在此筆者另外舉例教育評鑑的研究計畫，適用於教育行政方

面的考題，其目的是供決策參考之用。

評鑑研究計畫：（黃政傑）

1. 評鑑的緣起：介紹問題的背景，例如，物價上漲、大學財源自主。

2. 評鑑目的：陳述評鑑的問題、評鑑所需的資料性質與來源（兼顧主觀與客觀資料），重要的是必須陳述評鑑的規準，例如，受教權優先或教育市場自由化優先？怎麼樣才算是合理的學費？各國對大學收費的標準有那些？而我國設定學費政策的規準是什麼？

3. 評鑑設計：

   (1) 選用評鑑模式：例如，外貌模式、目標獲得模式或德懷術。

   (2) 設定評鑑問題。

   (3) 分析所需蒐集的資料、工具與來源。

   (4) 實施資料蒐集。

   (5) 資料整理與分析。

   (6) 準備口頭或書面報告。

4. 撰寫報告：

   (1) 陳述報告的架構。

   (2) 評鑑研究結果之用途。

   (3) 評鑑可能的偏見與限制。

5. 預定評鑑人員、經費與時間表。

六、試說明一份研究計畫應包含那些內容？並申論撰寫一份良好的教育研究計畫，應遵循的原則？〔中山88〕

答：量化的研究計畫請參考內文，筆者補充質性的研究計畫，王文科指出人種誌研究計畫大綱為：

1. 緒論：

   (1) 一般問題敘述。

(2)初步文獻探討。

(3)預示問題。

(4)指出研究的重要性。

2.設計與方法論：

(1)選擇場所或社會網絡。

(2)研究者角色。

(3)合目標抽樣。

(4)選擇資料蒐集策略。

(5)歸納資料分析。

(6)設計的限制。

3.參考資料。

4.附錄。

良好研究計畫應遵循之原則：

1.研究的問題是重要的而且是可行的，可以驗證的。

2.清楚、明確的指出研究的範圍、對象、研究方法、分析方式。

3.具體化研究的實施程序。

4.符合慣例，遵守撰寫的規定（例如，APA格式）。

七、假設你／妳想要對台灣某一離島的教育問題進行一項兩年的研究，你／妳必須先提出一個研究計畫以便向相關單位申請經費支助。你／妳會提出怎樣的研究計畫？請將你／妳研究計畫的重點寫出來。〔政大88〕

答：此題考生應先設想台灣的離島教育問題有那些是值得研究的、重要的而且可以解決的，再依問題的性質選擇質性、量化或評鑑研究計畫模式。離島的教育問題可能有：

1.教學品質／資源／設備的問題。

2.隔代教養問題。

3.升學與就業管道問題。

4.母語教學與政治（種族）意識形態問題（蘭嶼）。

考生可以針對這些議題或您的個人經驗、創見，結合研究計畫大

綱與研究法來寫。

第**26**章

●●

研究報告的撰寫

多數的研究結果最後是以文字來呈現，爲便利讀者們的閱讀與理解，寫作的格式都有一定的規則必須遵守，這些所要遵守的規範稱爲體例（format），以下介紹寫作的體例，讀者在從事寫作時可能需要購買美國心理學會所出版的指導手冊，在實際的寫作中，逐漸熟悉許多煩瑣的規定。研究所的考試比較常考兩個地方：(1)論文的結構，論文是由那些部分、章節所構成的；(2)參考書目的寫法。

一、論文的結構

碩、博士論文以及篇幅較長的研究報告是由下列各部分所組成：篇首（preliminaries）或報告正文前的基本資料（preliminary section or front matter）、主體（body）或各章（chapters）、各節（sections）或次小節（subsections）、結論（conclusions）、參考資料（references）與附錄。王文科將各章節整理如下：

報告主體前之基本資料
- 篇名頁
- 致謝詞
- 摘要
- 內容目次
- 附表目次
- 附圖目次

報告主體
- 第一章　緒論
  - 第一節　緣起與研究動機
  - 第二節　研究目的
  - 第三節　待答問題與假設
  - 第四節　名詞定義
  - 第五節　研究限制
- 第二章　文獻探討
  - 第一節　……
  - 第二節　……
  - 第三節　……
  - 第四節　（針對各變項與變項間的關係予以探討）

（一）報告正文前之基本資料

置於論文主體之前，其頁碼通常是以小寫的羅馬數字編寫，包含下列資料：

1. 篇名頁（title page）：篇名頁是一本論文的首頁。內容包括：報告之題目、作者姓名、提交報告或論文的學校（系所）、學位名稱、提交報告的日期以及指導教授之簽名。

2. 致謝詞（acknowledgment page）：對於協助報告者（指導教授、提供資料者、經費補助單位等）予以達謝，其內容宜簡短，避免誇張，此頁是選擇性的，並非必要。

3. 摘要（abstract）與關鍵字表（keyword list）：摘要可以說是一本論文與外界溝通的第一道窗口，在電腦或網路搜尋資料普及的今天，讀者是由呈現在螢幕上的論文或報告的摘要來決定是否再進一步閱讀論文的主體。摘要須儘量的精簡，並且確實反映研究的目的、程序、結果與建議，其字數的多寡有不同的看法，王文科認為英文的摘要，若是實驗性質的論文，以一百

至一百五十字爲宜，若是學理性的論文，則以七十五至一百字
爲宜，而中文的摘要，以不超過六百字爲宜。曾繁藤（民88）
則認爲標準的摘要是在大約三百字左右。筆者以爲，不管是英
文或中文，其頁長不超過兩頁。

4.內容目次：內容目次即爲一篇論文的完整性大綱，包括有各
　章、節的名稱，以及頁碼。

5.附表、附圖目次：附表不多時宜以表1、表2等次序排列，若附
　表多時，可以各章所附之表，例如，第一章第一個表格爲表1-
　1，第二個表格爲表1-2，以此類推的方式來表示，附圖的安排
　方式如同附表，附表的名稱寫在表的上端，若表的名稱太長，
　必須截斷成兩行或三行時，必須呈倒金字塔形，附圖的名稱同
　附表，但其名稱寫於附表的下方。

6.附錄目次：其排列方式爲附錄一、附錄二等方式。

（二）報告的主體

　　研究所喜歡考報告的主體共有幾章與其內容。報告的主體共有五
章，其三章與研究計畫的三章類似：緒論、文獻探討、研究方法。曾
繁藤（民88）則認爲報告的主體應包含一個重要的部分：「具創獲性
之主文」（main body of contributions），其目的在敘述論文的貢獻與
價值，研究者可以在各章中分述主要的創獲性論點。曾繁藤提出一般
寫作的原則是：「當繁則繁，當簡則簡」，亦即繁、簡適中。

　　論文主體的第四章爲結果與討論（conclusions and discussions）
。第四章的篇幅較長，是研究者對資料之蒐集所做的分析與討論，通
常伴隨著許多詳細的統計圖、表。在結果這節中，研究者只是忠實的
呈現資料分析的結果，例如，許多的推論統計（t檢定、F檢定），並且
判斷統計的結果是拒絕或接受虛無假設。在可能的範圍內，以視覺性
的資料來輔助理解。

　　在討論這節中，研究者嘗試將第二章的文獻探討所指出的理論或

先前的研究結果，以及自己的推論、創見，以及所呈現的資料加以聯絡、統合、分析、討論研究結果之所以推翻或接受假設的可能原因。論文主體的最後一章是結論與建議。結論是對第四章的研究發現與討論再進一步的整理，指出要點，予以簡約的敘述，同時也將以前的研究發現相互的印證，指出研究者自己的發現與以前研究方式一致或不一致之處。在此過程中，有一個重要的程序，就是歸納通則（或通則化的可能性），但通則化不可以過度的引申、離題，必須在現有的研究架構與證據的前提下來推論。曾繁藤（民88）認為應避免下列錯誤：「許多研究通常都是初探性的，故導出通則前，必須先由研究限制可能造成的研究缺失，或研究限制可能影響效度的兩個面向，來反向思考出本研究普遍化通則的適用邊際後，再依證據下筆寫出適當範圍、名實相符的通則化結論。」（p.253）

　　最後一節為建議。建議又分為兩方面，第一種是研究者按在研究的結果，針對相關的議題，提出建言，但必須有研究者所蒐集的資料為基礎，不得過度的引申，另一方面，研究者也可以提供未來類似研究在方法上的建議。曾繁藤（民88）認為此處的寫作原則是：「研究者沒有必要在這個地方，以文字對未來之事，做任何的承諾。基於這樣的考量，展望（建議）的尺度不能太大，而且以自己或相關人士將來有可能從事者為範圍。」（p.253）

二、引用資料或參考書目的寫法

　　研究所是依照APA格式來考，因此，筆者在此僅介紹APA格式參考書目的寫法。APA是American Psychological Association（美國心理協會）的縮寫，他們出版了APA Publication manual（出版手冊），規範了心理與教育領域論文的出版準則。參考資料，在英文有兩種寫法：其一是references（又譯成引用資料），只介紹研究者實際所

引用的資料；另一個為bibliography，可以同時包含研究者實際引用或未引用，但認為可以提供讀者重要參考線索的資料。一般的碩、博士論文，只要列出references即可。以下介紹參考資料的寫法。

（一）專書的寫法

1.作者僅有一人時：

中文：作者姓名（民××）。《書名》。出版地點：出版書局。

例：林清山（民85）。《心理與教育統計學》。台北：東華書局。

西文：作者姓氏，名。名。（年代）。書名。出版地點：出版書局。

例：Allport, G. W. (1961). Pattern and growth in personality. New York: Holt, Rinehart & Winston.

2.作者二人時：

中文：林清山、張春興（民75）。《教育心理學》。台北：東華。

西文：Bodgam, B. C., & S. K. Biklen (1982). Qualitative research for education methods. Boston: Allyn and Bacon.

3.作者三人時：

中文：薛光祖、郭為藩與林美和（民77）。《教育與人生》。台北：國立空中大學。

西文：McCown, R., Driscoll, M., & Roop, P. G. (1996). <u>Educational psychology: A learning-centered approach to classroom practice.</u> Boston: Ally & Bacon.

4.收集於書中文章（有編者與作者）：

中文：單文經（民78）。道德討論教學法。載於黃光雄主編：
《教學原理》。台北：師大書苑。

西文：Brockett, R. G., & Hiemstra, R. (1985). Bridging the theory practice gap in self directed learning. In S. Brookfield (Ed.). <u>Self-directed learning: From theory to practice.</u> Washington: Jossey Bass Inc.

注意：畫底線的部分為所編之書名後，而不是名原始作者所發表之原始文章的名稱。

5.作者三位以上合著：作者在三位以上時，第一次出現在文章中時，一定要將所有作者的姓名列出，第二次出現時及以後在英文之後加「et al.」，中文加「等」於第一位作者姓名之後。三位以上作者合著的寫法：

例：周大成等（民83）。《台灣自然地理》。台北：立人。

以上為專書的寫法，下列介紹有關期刊與雜誌的寫法。

（二）期刊與雜誌的寫法

1.作者一人時：

中文：王文科（民78）。教育研究的基本性質及其相關概念剖

析。<u>特殊教育學報</u>，4期，271-304。

西文：Scars, R. R. (1977). Sourcess of life satistaction of the Terman's gifted men. American <u>Psychologist, 39,</u> 119-128.

注意：畫底線的部分是從期刊的名稱一直畫到期別為止，期別後面的出處（頁數）不用畫底線。

2.作者二人時：

中文：蕭錫錡、陳聰浪（民85）。自我導向學習在教師專業發展上之應用。<u>成人教育</u>，34，32-37。

西文：Calderhead, J., & Robson, M. (1991). Images of teaching: Student teachers' early conception of classroom practice. <u>Teaching & Teacher Education 7 (1),</u> 1-8。

三、其他

（一）教育資料庫（ERIC）

其寫法是將出處（ED）的號碼寫出：

例：Schumacher, S., Esham, K., & Bauer, D. (1985). <u>Evaluation of a collaboration teacher education program:</u> <u>Planning, development and implementation Phase IV.</u> Richmond; Virginia Common Wealth University, School of Education. (ERIC Document Reproduction Services No. ED 278 659).

（二）翻譯著作

翻譯作品之原作者之譯名、原名若出現在書本上，則將譯名寫於前，而原名加於（　　）後，若無原作者之譯名、原名，則只將譯者之名置於書名前，若原書名標示於書上，則以（　　）列於譯名之後，若未標示於書上，則不需寫出。

> 例：Thomas Herzog（1996），朱柔若譯，《社會科學研究方法與資料分析》（*Research methods and data analysis in the social sciences*）。台北：揚智。

曾繁藤指出詳細寫出參考書目的目的為：「一方面在於補充說明論文本文中之枝節部分；另一方面在於讀者能藉此查證研究者所引用之文獻，此實係研究者個人學術信用所應負責之處，本不須過多的外力規範，因為不誠實的註釋或過於簡略的註釋，直接受評論的仍是撰寫論文的研究者。」（p.254）

四、引註的寫法

引註（citation）是指在文章中引用某位（些）權威人士或資料，其根本的寫法是在文章中寫出資料的來源：作者與年代。

> 例：郭生玉（民84）指出……，或依陳龍安、莊明貞（民84）的看法……。亦可以將此資料來源放置在一段文章之中或最後，例：…………（郭生玉，民84）。

　　西文的寫法與中文類似，只不過在中文中要寫出姓與名，而在西文中只寫出姓氏即可，例如，Cage（1963）認為……，或……（Cage, 1963）。在西文中若有兩位或兩位以上之作者，則用「&」或「and」將各作者的姓氏予以連接，例如，Corno & Edelstein（1987）指出……，或……（Corno & Edelstein, 1987）。

五、參考書目的排列方式

　　參考書目的排列原則為：（郭生玉）

1. 中文資料排在英文之前。
2. 中文參考書目的排列係按照中文作者姓氏的筆劃順序。
3. 英文參考書目的排列係按照作者姓氏的字母排列。
4. 同一作者有數篇文章被引用時，按照作品出版的先後順序來排列。
5. 若同一作者，在同一年有數篇文章被引用，則在年代之後加註小寫的英文字母以示區分。

　　例：Johnson & Johnson（1981a），Johnson & Johnson（1981b）。

試題分析

一、一篇實證性研究報告通常包含那五個重要部分，每部分要寫些什麼？〔政大87〕

答：此題是考量化研究（實證研究）論文主體的部分，共分為五章：

第一章　緒論

第一節　緣起與研究動機

第二節　研究目的

第三節　待答問題與假設

第四節　名詞解釋

第五節　研究限制

第二章　文獻探討

第三章　研究方法

包括研究對象、研究設計、抽樣程序、研究工具、實施程序與資料的整理分析方法。

第四章　研究發現

陳述各項統計結果，往往輔以表格或圖示。

第五章　結論與建議

將研究發現與理論連結、分析研究結果，批判並且提出研究方法及相關研究議題的建議。

二、撰寫研究結論時應注意的事項。〔南師87〕

答：1.結論主要是針對研究的重要發現加以歸納，應儘量精簡、具體。

2.結論必須是有根據的，是依研究的結果所作的，必須：(1)與研究的結果有關，不可胡亂引申；(2)不可過度通則化，超出研究結論的範圍；(3)應檢討研究的過程，指出研究的發現與貢獻。（朱浤源）

三、請根據美國心理學會出版手冊（Publication manual of APA）回答下列問題：

1.何謂直接引用與間接引用，請各舉一例說明。

2.寫研究報告後面的參考書目（reference），書與期刊的寫法是否一樣，請舉例說明如何寫參考書目。

3.寫研究報告時，討論部分要寫些什麼？〔政大81〕

答：1.直接引用是研究者直接，一字不變的引用其他作者文章中的段落，須在直接引用的段落之前與結尾加上「 」號或西文的" "符號，並且在段落的結尾附註作者姓名、年代與頁碼。

例：直接引用王文科（民89）第454頁第一段文字：教育人種誌是對社會的情景與團體作分析的描述；這些情景或團體能爲有關者重造在教育活動中的那些人所「共同分享的信念、實務、人工製品、民俗知識與行爲」（Goetz & Lecompte, 1984, 2-3）。在「 」間者爲直接引用。

但另一段有這樣的描述：教育人種誌是研究人的生活與教育關係的過程、方式與問題（Goetz and Lecompte, 1984, 17-18）。此段沒有加「 」引號爲間接引用，是作者以自己的筆法來描述Goetz and Lecompte的見解，一般在間接引用中只需寫出原始作者之姓名（西文只需姓氏）與年代即可，不需標示頁碼。

2.參考書目寫法：

(1)書。例：王文科（民89）。<u>教育研究法</u>。台北：五南。

(2)期刊，例：Minton, J. M. (1975) Impact of sesame streat on reading readiness. <u>Sociology of Education, 48,</u> 141-151.

3.討論些什麼：討論是在第五章中，是作者在其研究發現的基礎上，重新思考、分析研究理論、架構、先前實證研究與自己發現間之相關，探討自己的發現與前人研究一致或不一致的地

方，分析其原因，指出該研究的限制，在此階段應發揮研究者
的創造力與批判思考能力。

三、如果您在寫研究報告時，引用了別人的圖或表，您要如何註明出
　　處？請就資料來源是書或期刊，分別舉例說明之。（請依
　　APA,1983年版規定寫）〔政大82〕

答：引用別人的圖或表，要事先取得對方的同意，並且在註裡有
　　"Adapted with permission by the author" 的字樣。依王文科的
　　分析，引用別人的圖或表時，其註的寫法為：

　1.期刊論文：
　　註：取自「論文名詞」by A.B Author and C.D. Author,
　　　　19XX，刊物名稱，期別，p. XX. Copyringt 1994 by版權
　　　　所有者。Reprinted (or Adapted) with permission of the
　　　　author.

　2.書本：
　　註：取自書名（p. XX）, by A.B Author and C.D. Author，
　　　　出版地點：出版商。Copyright 1994 by版權持有人。
　　　　Reprinted (or Adapted) with permission of the author.

第27章

． ．

研究倫理

研究倫理牽涉到在研究歷程中對研究方法、道德兩難與價值觀衝突的關切，研究倫理對什麼是應該的，而什麼是不應該的問題加以界定。研究倫理通常只能做到原則性的規範，而無法做具體的陳述，因為研究的情境有個別差異的存在。研究倫理常常是兩種價值觀衝突與妥協的結果——科學知識與被研究者權利。以下筆者陳述一些案例來解釋價值觀衝突與倫理規範的重要性。一個與我們有切身關係的例子是二次大戰時，日軍在中國東北對當地人所從事的「活體實驗」，有些是對無辜的受害者注射某些細菌，並且觀察這些人在感染之後的反應歷程。筆者從報載的研究中得知，有一次日軍開了幾輛卡車進入某地，抓了一些人，送進實驗室解剖，幾小時之前，這些人還是活生生的，幾小時之後，這些人被分解成一些器官，裝在罐子裡，而心臟還在跳動。這些案例我們讀來感受深刻、悲哀，但這些並非是個案，在歷史上不乏記載，例如，二次大戰時，德軍就曾命令犯人跳下冰冷的海水中，以觀察人類體溫急驟下降而死亡的歷程，而美國人也曾命令其子弟兵跳入原子彈試驗爆炸後的彈坑，以證明原子彈是無輻射的，這些士兵後來有不少人死於血癌。

多年來我們一直利用動物作為實驗的對象，以證明某些藥物的治療效果，幾乎所有藥品在上市之前都必須經過動物實驗的階段。一個典型的例子，是將健康的動物刻意注射世紀黑死病——愛滋病的病菌，使其感染、身體潰爛，之後再實驗愛滋病新藥的療效，許多動物一出生就被關在籠子裡，不斷的被實驗、注射、解剖。這些動物中，有些是相當聰明的靈長類，有認知、記憶、情緒，也能學習。

在科學昌明的今天，基因的研究一直是熱烈爭論的話題，例如，複製羊、基因改造的食品。複製科技的進步，人開始扮演上帝的角色，可以從實驗室中創造出一些未曾有過的品種。一個爭論的議題是複製人是否不道德？複製人有許多的用途，美國太空總署的研究員希望將來人類移民別的星球時，可以利用複製人的技術「大量生產」所需的「勞工」。生物科技公司希望利用複製人的技術大量生產各種器

官、皮膚，以供移殖之用，中國人普遍不願意捐贈器官，這樣做未必不是一個好主意。一些與遺傳有關的疾病，例如，阿茲海默症，在不久的將來都可以透過基因的治療而有所突破，甚至人類也可以對基因進行選擇與控制，以便使其子女更聰明，或者有不同於其父、母的膚色（避免種族歧視）。

　　科技文明一日千里，可以造福人類，但若不慎，亦可帶來難以挽救的浩劫。冷戰時期，威脅全世界的核子武器就是一個鮮明的例子。到目前為止，基因改造食品是否對人類有副作用，尚無定論，為了避免產生不良的後果，所以我們必須有倫理規範。以下介紹有關的倫理規範。

一、不當的科學行為

　　不當的科學行為（scientific misconduct）是來自研究者本身，常見的有兩種：作假與抄襲。作假（research fraud）是指提供假的證據或刻意將資料扭曲，修改或只蒐集符合研究目的的資料。有一位英國研究人員，將琥珀切開，把家蠅放進去，再將琥珀小心密合，而使家蠅的歷史往前推了一段很長的時間，因為後來的研究者只以琥珀的年代來決定家蠅的年代。在歷史上有許多假造證據的例子，部分原因是假造者因此而得享盛名。另一個著名的例子是尼斯湖水怪（英國），數十年之後，作者才承認當年他所提供有關史前有很長頸子的恐龍照片是假的。

　　另一個常見的不當行為是抄襲（plagiarism），發生在研究者偷取別人的概念或資料而當作自己的作品發表，這裡所謂的別人包含正在接受指導教授指導的研究生。

　　對不當科學行為的處理方法是一方面要強化科學社群的專業審查制度，同時也要強調公開而誠實的倫理行為（朱柔若）。

二、保護受試者

保護受試者是研究者最首要的責任，受試者應免於心理與生理的傷害。

（一）生理傷害

在研究進行之前研究者就必須預先設想可能造成生理傷害的因素，並且事先處理、預防，考慮到實驗器材、空間與研究程序的安全性，如果研究的內容涉及「壓力」，則應避免使用高危險群的受試者，例如，有心臟病史、精神衰竭者。（朱柔若）

（二）心理壓力或失去自尊

在社會科學的研究中比較少造成生理的傷害，但有較多的實驗情境是將受試者置於焦慮不安、極度壓力的情境下，以觀察受試者的反應，例如，在Milgram的服從研究中，實驗者一直命令受試者加強對另一位受試者電擊的次數與電量，以觀察受試者服從的程度，但遠超過受試者在心理上可以承受的壓力。有一種研究，其目的是觀察受試者加入某一組織之前的「投資」，以及是否投資越多，則不論這個組織表現如何，就會越喜歡這個組織。研究者要求某些女性受試者要當著眾人的面前，朗誦一些粗俗的性語言（投資較多組），也會造成心理上的壓力，對於這些會產生心理上壓力或焦慮或喪失自尊的研究，研究者在研究之前就必須告知受試者研究的性質與程序，並且必須取得受試者的同意，萬一受試者受到心理上的傷害，必須在實驗完成之後立即道歉，並且說明研究的目的、程序與結果。

（三）法律的傷害

有些研究者特別對反社會行為的研究感到興趣，例如，販毒、同

性戀、少年幫派、攻擊與性犯罪，或者在正常行為歷程中偶發性的異常行為，例如，新竹師院曾考過一題：質性研究者在觀察師生互動的歷程中發現教師有過度體罰學生的現象，某位研究者發現機構內某些員工有監守自盜的行為，某位人類學家發現當地原住民有捕獵瀕臨絕種動物的行為。在此種情形下，研究者面臨了兩難的決定：保持沈默，直到研究終了為止，或者立刻終止研究並且要求調查這些非法行為。另一方面，研究者出現在犯罪行為的現場，亦可能給自己惹來法律上的麻煩。

對這方面的處理是，在教師對學生過度體罰的個案中，由於研究的對象——學生——尚無法保護自己，身為「大人」的研究者有必要優先考慮學生的權益與安全，也就是該研究者應該首先試圖溝通，阻止這位教師的不當行為（但有可能引發教師的戒心與反感而不再配合研究），如果教師不聽從，則必須採取必要的程序以維護學生的安全，亦即該研究者應立刻停止研究。

研究者對於可能會發生不當行為的情境應事先設想其出現在現場所可能付出的代價，若以同性戀這一類隱私性但不會產生攻擊、破壞性的行為為例，研究者應謹守保密、誠信的原則，不得透露參與者有關任何身分的暗示。

如果所觀察的對象一時之間可能造成立即性生理上的傷害，例如，鬥毆，則研究者應適時的介入，但若只是言語上的嘲諷則研究者只需繼續觀察即可。

三、欺騙與誠實

研究者為了研究目的，在只有欺騙才能達到目的的情形下是否可以欺騙受試者？有時這是一個兩難的問題，如果誠實告知受試者研究的目的，則可能引發受試者的戒心，使受試者隱藏動機與不良行為，

而只表現出符合社會期許性的行為。但若不誠實告知，則可能違反了倫理的規範，關於此問題的處理原則是：

1. 以含混的說明取代具體、明確、詳細的說明，例如，某位研究者不說其研究目的是在瞭解棒球隊男選手們的性與攻擊趨力，而是想瞭解棒球隊男孩們平常都是在說什麼、做什麼（黃瑞琴）。黃瑞琴引述Spradlty與McCurdy（1988）對質性研究中誠實的解釋為：「誠實是指坦白地告訴當事者，你想來瞭解他們的生活方式，但誠實並不是指你必須向他們解釋研究目的和方法的每一方面，解釋應盡可能地簡單，不需要自動提供太多不必要的資料，如果當事者問你一些問題，就誠實地，但同時也簡單地回答。」（p.158）。朱柔若（譯者）指出：「用到欺騙的研究者應該取得知會同意，絕對不可錯估風險，並且在事成之後總是要對受試者進行實驗執行報告。他可以描述涉及到的基本程序，只隱瞞某個被檢定假設的那部分。」（p.841）

2. 如果不需要用到暗中觀察，就不應該使用暗中觀察。

3. 如果研究者不確定是否應該隱藏身分（例如在非法組織中），則最好逐步揭露自己的身分。（朱柔若）

四、知會同意

所有參與研究的受試者都必須是在完全明白研究的性質的前提下而自願參加的。研究者必須提供可能的受試者「知會同意書」，以及要求自願者簽署，其內容包括：

1. 研究目的、程序以及研究執行的期限。

2.說明受試者參與研究可能遭遇的風險或傷害。

3.對保密與匿名的保證。

4.有關研究者身分的資料。

5.受試者在何處可以取得有關受試者權利或相關研究的資訊。

6.對於參與者完全是自願的,而且隨時可以自行終止而不必受罰
　的陳述。

7.關於支付報酬與有多少位受試者的陳述。

8.對於提供研究結果摘要的陳述。（朱柔若）

五、關於無行為能力者

無行為能力者是指例如小孩或有精神疾病者,對於這一類的受試
者必須先取得其法律上之監護人的書面同意書,以及研究者必須遵守
所有的倫理規範。（朱柔若）

六、被強迫的受試者

最常見的被迫受試者是學生,研究者針對學生採取「有限度的強
迫」立場,亦即需滿足三個條件:(1)研究具有明確的教育目標;(2)學
生有權選擇是否參與研究;(3)研究者遵守研究倫理。（朱柔若）有些
特殊個案,例如,法院判決某些罪犯強迫接受心理治療,則研究者必
須個別評鑑個案參與研究的真正動機。

七、有關寬心藥（安慰劑）效果（Placebo effect）

有些製藥廠為了要研究新藥的功效，將受試者分為兩組，一組給予新藥，另一組給予寬心藥（安慰劑），對一些嚴重的疾病而言，若新藥確實有更佳的治療效果，那麼相對的也顯示出延誤了寬心藥組接受更佳醫療的機會，對被延誤醫療者而言，是極為不公平、殘忍的。解決之道有二：(1)不給予寬心藥，但是提供舊的、最好的醫療；(2)控制組受試亦有接受新藥的機會，在實驗一段時間之後，控制組轉變為實驗組，接受新藥，而實驗組轉變為控制組，接受傳統、最好的醫療。（朱柔若）

八、有關隱私、匿名與保密

研究者除非不得已，儘可能不去窺伺別人的隱私，在自由的社會中，隱私權是受到法律的保障的。而研究者保護受試隱私的作法之一就是予以匿名與保密。匿名（anonymity）是給予參與者一個代號或密碼，在文章中修改研究的地點與參與者的某些特徵，使讀者無法辨認地點、機構及人名，而保密則包括對提供資料者之姓名與身分的保密。

保密是非常重要的規範，一位長期研究台灣獼猴的學者，由於不慎洩露了台灣獼猴的出沒地點，導致一隻觀察多年的母猴被獵殺。同樣的，如果南部少數現存蝴蝶谷的地點被公布出來，接踵而至的觀光客將永遠消滅該谷。

九、有關贊助者與外在壓力

研究者應遵守專業倫理，採取公正、客觀的立場，但某些時候在面對資金提供者與外來壓力時，這樣的立場是不容易把持的。某些提供資金者可能要求或暗示研究者產生對公司有利的結論，或者要求對組織不利的資訊予以刪除，研究者所面對的壓力也可能來自政治、軍事或是利益團體（民眾）。例如，一群學者發現台灣青蚵的砷污染多過美國標準的100倍以上，造成青蚵的滯銷與養蚵民眾的強烈抗議，其結果是農委會「拼命」否定研究的正確性，與官員們「拼命」的「生吃」牡蠣。如果官員生吃牡蠣可以解決台灣到處都有的污染問題，事情不就簡單多了嗎？讀者記憶猶新的官員促銷當場表演的事件尚有狂牛症時的牛肉、豬肉、魚等，不知道您是相信學者的專業判斷，還是「媚俗」的官員？

研究者在面對這些壓力時有三種選擇：(1)離開；(2)表示反對的立場，忠實面對較大的民眾；(3)屈服於組織、壓力。選擇清流的人不多，因為一場仗打下來可能傷痕累累，而且不見得事情就有改善，但有少數的例外，例如，推動車禍無過失賠償的柯媽媽，就是憑其不屈不撓的意志，以小蝦米對大鯨魚的精神，得以伸張正義。另外，研究者在正式執行研究之前，亦可以與資金提供者進行協商，在什麼條件下，可以公布那些發現。

十、長期的互動

質性研究者與其研究對象不斷的進行磋商、互動、理解與調整，以發展同情的理解，這種互動關係亦稱為「滲透」（infiltration），黃瑞琴認為「質的研究者長期地沈浸在一個團體、社會或組織的生活

中，以學習人們的習慣和思想，在這種滲透的過程中，研究者需要有社會性的覺知，對於研究現場的人事、結構和氣氛保持相當程度的敏感度，以符合研究現場原有的倫理關係。」（p.159）。研究者可以藉著幫忙參與者做某些事，提供某些協助，以謙虛、學習的精神，促進彼此的關係。

十一、感同身受

質性研究者有時在進行訪問時會激發受訪者一些深沈、痛苦的記憶，會發掘到受訪者痛苦的情緒，此時，研究者一方面不忍心看到受訪者遭受過往的折磨，但另一方面，這些失敗、挫折，可能又是受訪者珍貴的經驗，可能對當事人具有相當的意義，因此，研究者的角色是一方面發展同理心，但另一方面也是反省的、理性的。（黃瑞琴）

試題分析

一、某研究生寫論文採質的研究，並向參與研究之當事人保證保密及不受可能的傷害，但當事人常在教室內不當體罰學生，甚至有學生受傷。研究生不知道該不該向校長舉發當事人之不當體罰，曾和當事人、校長溝通，但不得要領，且研究論文完成在即。若是你，該不該舉發，理由是什麼？〔中正85〕

答：關於此題的處理有三種方式：(1)不聞不問，直到論文完成即離開學校，並沒有做任何處理；(2)因為論文完成在即，先完成論文，再行處理（例如，舉發教師、採取法律行動、告知家長）；(3)立即停止研究，並與教師溝通，要求教師立刻停止不當體罰，若教師不從再採取更強烈手段。您會選擇那一種？筆者認為比較好的方式是第三種，最重要的理由是研究者必須遵守保護受試者免於生理、心理與法律傷害的倫理信條。雖然保密也屬倫理信條之一，但保密必須在不造成傷害的前提之下。當受試者無法保護自己，而研究的情境有可能對受試者造成傷害時，研究者有責任介入以防止災害的發生。

二、請說明研究應有的倫理觀。〔南師87〕

答：此題可以按筆者所歸納的主題來寫，請參考內文。

1. 有關不當的科學行為：例如，避免抄襲、作假。
2. 有關受試者之保護：避免受試者遭受生理、心理、法律上之傷害。
3. 儘量誠實，若有欺瞞必須在研究完成之後立即向受試者澄清、解釋。
4. 必須知會受試者，並獲得其同意參與。
5. 對於無行為能力者必須事先取得其監護人的書面同意書。
6. 讓控制組亦有接受新藥的可能性，以避免寬心藥效果。

7.保護受試者之隱私權與匿名。

8.避免受外在壓力干擾而影響研究。

教育研究法

編　　著／林重新

出　版　者／揚智文化事業股份有限公司

發　行　人／葉忠賢

總　編　輯／林新倫

執行編輯／鄭美珠

登　記　證／局版北市業字第 1117 號

地　　　址／台北市新生南路三段 88 號 5 樓之 6

電　　　話／(02)2366-0309

傳　　　真／(02)2366-0310

E-mail ／book3@ycrc.com.tw

網　　　址／http://www.ycrc.com.tw

郵政劃撥／19735365

戶　　　名／葉忠賢

印　　　刷／偉勵彩色印刷股份有限公司

法律顧問／北辰著作權事務所　蕭雄淋律師

初版二刷／2003 年 6 月

ＩＳＢＮ／957-818-332-1

定　　　價／新台幣 500 元

國家圖書館出版品預行編目資料

教育研究法 ／ 林重新編著. -- 初版. -- 台北
市：揚智文化，2001 [民 90]
面； 公分

ISBN　957-818-332-1（平裝）

1. 教育－研究方法

520.31　　　　　　　　　　90016296